2013 中国新闻出版统计资料汇编

国家新闻出版广电总局规划发展司 编

目　　录

二〇一二年全国新闻出版业基本情况 …………………………………………………… （1）

一、图书出版

全国各类图书出版数量及与上年相比增减百分比 ……………………………………… （19）
中央出版单位各类图书出版数量及与上年相比增减百分比 …………………………… （23）
地方出版单位各类图书出版数量及与上年相比增减百分比 …………………………… （27）
全国出版图书用纸量与上年相比增减百分比 …………………………………………… （31）
全国出版图书用纸量 ……………………………………………………………………… （31）
使用《中国标准书号》图书出版数量中各类图书所占百分比 ………………………… （32）
全国各地区图书出版总量 ………………………………………………………………… （33）
全国各地区、各类图书出版数量 ………………………………………………………… （34）
全国各出版社图书出版数量 ……………………………………………………………… （60）
全国各类少年儿童读物出版数量 ………………………………………………………… （76）
全国各地区少年儿童读物出版数量 ……………………………………………………… （77）
全国各出版社少年儿童读物出版数量 …………………………………………………… （78）
全国课本出版数量 ………………………………………………………………………… （88）
全国课本出版数量与去年相比增减百分比 ……………………………………………… （88）
课本出版数量（中央出版社） …………………………………………………………… （89）
课本出版数量与去年相比增减百分比（中央出版社） ………………………………… （89）
课本出版数量（地方出版社） …………………………………………………………… （90）
课本出版数量与去年相比增减百分比（地方出版社） ………………………………… （90）
全国各地区课本出版总量 ………………………………………………………………… （91）
各地区、各类课本出版数量 ……………………………………………………………… （92）
全国各出版社课本出版数量 ……………………………………………………………… （99）
在地方图书出版数量中各省（自治区、直辖市）所占百分比 ………………………… （109）
全国图书出版数量（书籍、课本、图片） ……………………………………………… （110）
全国各出版社图书出版数量（书籍、课本、图片） …………………………………… （112）
使用《中国标准书号》各类图书的平均印数、平均印张、平均定价和
　　平均印张定价 ………………………………………………………………………… （144）
各地区使用《中国标准书号》各类图书的平均印数、平均印张、平均定价和
　　平均印张定价 ………………………………………………………………………… （147）
各类课本的平均印数、平均印张和平均定价 …………………………………………… （170）
少数民族文字图书出版数量与去年相比增减百分比 …………………………………… （171）
少数民族文字图书出版数量 ……………………………………………………………… （172）

二、期刊出版

全国各地区各类期刊出版的种数、印数、印张数、金额数 …………………………… （176）

各类期刊占期刊出版总数的百分比 ………………………………………（181）
　　平均期印数在25万册以上的期刊 …………………………………………（182）
　　主要刊期的期刊出版数量 …………………………………………………（186）
　　各类期刊的平均印张和平均定价 …………………………………………（187）
　　全国少数民族文字期刊分类种数、印数、总印张、总金额 ……………（188）
　　全国少数民族文字期刊出版数量与去年相比增减百分比 ………………（189）

三、报纸出版
　　全国各级报纸出版数量 ……………………………………………………（193）
　　各级综合报纸出版数量 ……………………………………………………（195）
　　各级专业报纸出版数量 ……………………………………………………（197）
　　中央及省、自治区、直辖市级综合报纸出版数量 ………………………（199）
　　主要刊期的报纸出版数量 …………………………………………………（204）
　　全国少数民族文字报纸出版数量 …………………………………………（206）
　　全国少数民族文字报纸出版数量与去年相比增减百分比 ………………（206）

四、音像、电子出版物出版
　　按载体形式分类全国各地区录音制品出版品种、数量及发行总量 ……（209）
　　按内容分类全国录音制品出版品种、数量 ………………………………（211）
　　按内容分类全国各地区录音制品出版品种、数量 ………………………（213）
　　按载体形式分类全国各地区录像制品出版品种、数量及发行总量 ……（224）
　　按内容分类全国录像制品出版品种、数量 ………………………………（226）
　　按内容分类全国各地区录像制品出版品种、数量 ………………………（228）
　　全国电子出版物出版品种、数量汇总表 …………………………………（241）

五、出版物发行
　　全国新华书店系统、出版社自办发行单位出版物发行进、销、存情况 …（245）
　　全国新华书店系统、出版社自办发行单位出版物纯销售情况 …………（246）
　　全国新华书店系统、出版社自办发行单位出版物销售分类情况 ………（247）
　　全国出版物发行网点数量和人数 …………………………………………（248）

六、出版物印刷
　　全国出版物印刷生产情况 …………………………………………………（251）

七、出版物进出口
　　全国图书、期刊、报纸进出口情况 ………………………………………（255）
　　全国音像、电子出版物进出口情况 ………………………………………（255）

八、版权管理及贸易
　　全国版权合同登记情况统计 ………………………………………………（259）
　　全国作品自愿登记情况统计 ………………………………………………（260）
　　引进版权汇总表 ……………………………………………………………（262）
　　输出版权汇总表 ……………………………………………………………（262）

九、出版机构、人员及单位名录

各地区图书、音像、出版物印刷、物资机构数及职工人数 ……………………（265）

全国图书出版社名录 ………………………………………………………………（266）

全国音像出版社名录 ………………………………………………………………（272）

二〇一二年全国新闻出版业基本情况

2012年全国出版图书、期刊、报纸总印张为3074.01亿印张，折合用纸量711.36万吨，与上年相比用纸量降低0.79%。其中：书籍用纸占总量13.08%，课本用纸占总量8.95%，图片用纸占总量0.01%，附录用纸占总量0.01%；期刊用纸占总量6.47%；报纸用纸占总量71.49%。

图　　书

截至2012年年底，全国共有出版社580家（包括副牌社33家），其中中央级出版社220家（包括副牌社13家），地方出版社360家（包括副牌社20家）。

一、图书出版总量

2012年全国共出版图书414005种（初版241986种，重版、重印172019种），总印数79.25亿册（张），总印张666.99亿印张，折合用纸量156.78万吨，定价总金额1183.37亿元。与上年相比，图书品种增长12.04%（初版增长16.62%，重版、重印增长6.17%），总印数增长2.85%，总印张增长5.12%，定价总金额增长11.32%。其中：

1. 书籍

出版书籍332042种（初版213125种，重版、重印118917种），总印数44.15亿册（张），总印张394.04亿印张，折合用纸量92.60万吨，定价总金额825.47亿元。与上年相比，种数增长14.36%（初版增长17.82%，重版、重印增长8.62%），总印数增长4.63%，总印张增长9.47%，定价总金额增长13.64%。

2. 课本

出版课本81271种（初版28363种，重版、重印52908种），总印数34.75亿册（张），总印张270.79亿印张，折合用纸量63.64万吨，定价总金额351.13亿元。与上年相比，种数增长3.82%（初版增长9.32%，重版、重印增长1.09%），总印数增长1.01%，总印张下降0.79%，定价总金额增长6.35%。

3. 图片

出版图片692种（初版498种，重版、重印194种），总印数0.08亿册（张），总印张0.22亿印张，折合用纸量0.08万吨，定价总金额1.00亿元。与上年相比，种数下降21.63%（初版下降26.55%，重版、重印下降5.37%），总印数下降13.03%，总印张下降16.52%，定价总金额下降15.71%。

4. 附录

出版附录总印数0.27亿册（张），总印张1.95亿印张，折合用纸量0.46万吨，定价总金额5.77亿元。

二、各类图书出版情况

在使用中国标准书号的22类出版物中，各类图书的出版数量、所占比重及与上年相比增减百分比如下：

1. 马列主义、毛泽东思想类594种（初版379种）、1596万册（张）、216972千印张、总定价31649万元，占总品种0.14%（初版占0.16%）、总印数0.20%、总印张0.33%、总定价0.27%。与上年相比，种数下降1.66%（初版下降3.32%），总印数增长8.72%，总印张下降22.41%，总定价下降12.99%。

2. 哲学类8338种（初版5908种）、5853万册（张）、840613千印张、总定价199744万元，占总品种2.01%（初版占2.44%）、总印数0.74%、总印张1.26%、总定价1.69%。与上年相比，种数下降3.05%（初版下降9.05%），总印数下降7.11%，总印张下降6.94%，总定价增长3.69%。

3. 社会科学总论类5163种（初版3327种）、3338万册（张）、517049千印张、总定价125634万元，占总品种1.25%（初版占1.37%）、总印数0.42%、总印张0.78%、总定价1.06%。与上年相比，种数下降3.39%（初版下降4.34%），总印数下降24.38%，总印张下降4.34%，总定价增长27.50%。

4. 政治、法律类16791种（初版12967种）、15551万册（张）、1988298千印张、总定价435736万元，占总品种4.06%（初版占5.36%）、总印数1.96%、总印张2.98%、总定价3.68%。与上年相比，种数增长7.16%（初版增长5.23%），总印数增长10.94%，总印张增长3.01%，总定价增长6.44%。

5. 军事类1279种（初版936种）、948万册（张）、129515千印张、总定价28612万元，占总品种0.31%（初版占0.39%）、总印数0.12%、总印张0.19%、总定价0.24%。与上年相比，种数增长8.57%（初版增长4.93%），总印数增长1.61%，总印张下降8.59%，总定价下降3.63%。

6. 经济类29681种（初版19558种）、15285万册（张）、2582612千印张、总定价571156万元，占总品种7.17%（初版占8.08%）、总印数1.93%、总印张3.87%、总定价4.83%。与上年相比，种数下降1.89%（初版增长0.64%），总印数下降7.49%，总印张下降6.56%，总定价下降1.81%。

7. 文化、科学、教育、体育类159190种（初版79841种）、593715万册（张）、41077233千印张、总定价5916386万元，占总品种38.45%（初版占32.99%）、总印数74.92%、总印张61.59%、总定价50.00%。与上年相比，种数增长19.64%（初版增长34.61%），总印数增长2.64%，总印张增长5.63%，总定价增长13.35%。

8. 语言、文字类20923种（初版10623种）、21211万册（张）、3319899千印张、总定价642013万元，占总品种5.05%（初版占4.39%）、总印数2.68%、总印张4.98%、总定价5.43%。与上年相比，种数增长7.02%（初版增长2.97%），总印数下降3.23%，总印张增长2.33%，总定价增长3.88%。

9. 文学类42148种（初版30190种）、48661万册（张）、5517309千印张、总定价1118035万元，占总品种10.18%（初版占12.48%）、总印数6.14%、总印张8.27%、总定价9.45%。与上年相比，种数增长30.42%（初版增长31.89%），总印数增长22.38%，总印张增长 25.93%，总定价增长 30.80%。

10. 艺术类 22832 种（初版 15636 种）、16761 万册（张）、1521605 千印张、总定价 536243 万元，占总品种 5.51%（初版占 6.46%）、总印数 2.12%、总印张 2.28%、总定价 4.53%。与上年相比，种数增长 15.17%（初版增长 19.41%），总印数下降 4.05%，总印张增长 21.26%，总定价增长 11.44%。

11. 历史、地理类 16916 种（初版 12687 种）、12583 万册（张）、1492909 千印张、总定价 485101 万元，占总品种 4.09%（初版占 5.24%）、总印数 1.59%、总印张 2.24%、总定价 4.10%。与上年相比，种数增长 16.57%（初版增长 13.91%），总印数增长 13.05%，总印张增长 6.21%，总定价增长 23.80%。

12. 自然科学总论类 846 种（初版 530 种）、736 万册（张）、69844 千印张、总定价 17308 万元，占总品种 0.20%（初版占 0.22%）、总印数 0.09%、总印张 0.10%、总定价 0.15%。与上年相比，种数增长 2.30%（初版增长 6.21%），总印数下降 6.95%，总印张下降 9.24%，总定价增长 3.26%。

13. 数理科学、化学类 7143 种（初版 3007 种）、4163 万册（张）、684962 千印张、总定价 117321 万元，占总品种 1.73%（初版占 1.24%）、总印数 0.53%、总印张 1.03%、总定价 0.99%。与上年相比，种数增长 2.09%（初版增长 10.11%），总印数下降 3.48%，总印张增长 2.29%，总定价增长 2.60%。

14. 天文学、地球科学类 2438 种（初版 1621 种）、1213 万册（张）、134489 千印张、总定价 36019 万元，占总品种 0.59%（初版占 0.67%）、总印数 0.15%、总印张 0.20%、总定价 0.30%。与上年相比，种数增长 21.05%（初版增长 24.60%），总印数增长 23.78%，总印张增长 21.86%，总定价增长 26.89%。

15. 生物科学类 2442 种（初版 1512 种）、1653 万册（张）、186112 千印张、总定价 44059 万元，占总品种 0.59%（初版占 0.62%）、总印数 0.21%、总印张 0.28%、总定价 0.37%。与上年相比，种数增长 8.10%（初版增长 10.12%），总印数增长 20.22%，总印张增长 1.76%，总定价增长 8.64%。

16. 医药、卫生类 16855 种（初版 10384 种）、15254 万册（张）、1788489 千印张、总定价 402759 万元，占总品种 4.07%（初版占 4.29%）、总印数 1.92%、总印张 2.68%、总定价 3.40%。与上年相比，种数增长 7.28%（初版增长 8.85%），总印数增长 33.80%，总印张增长 2.13%，总定价增长 7.84%。

17. 农业科学类 5883 种（初版 3106 种）、3806 万册（张）、338950 千印张、总定价 79186 万元，占总品种 1.42%（初版占 1.28%）、总印数 0.48%、总印张 0.51%、总定价 0.67%。与上年相比，种数下降 6.69%（初版下降 2.48%），总印数下降 39.07%，总印张下降 27.56%，总定价下降 16.51%。

18. 工业技术类 43964 种（初版 23051 种）、20423 万册（张）、3306328 千印张、总定价 760556 万元，占总品种 10.62%（初版占 9.53%）、总印数 2.58%、总印张 4.96%、总定价 6.43%。与上年相比，种数下降 1.29%（初版增长 0.23%），总印数下降 5.22%，总印张下降 4.82%，总定价增长 0.44%。

19. 交通运输类 4224 种（初版 2157 种）、2586 万册（张）、352218 千印张、总定价 87600 万元，占总品种 1.02%（初版占 0.89%）、总印数 0.33%、总印张 0.53%、总定价 0.74%。

与上年相比，种数增长0.84%（初版增长4.71%），总印数增长5.46%，总印张增长5.36%，总定价增长8.20%。

20. 航空、航天类461种（初版312种）、200万册（张）、25344千印张、总定价7229万元，占总品种0.11%（初版占0.13%）、总印数0.03%、总印张0.04%、总定价0.06%。与上年相比，种数增长36.39%（初版增长32.77%），总印数增长35.14%，总印张增长28.76%，总定价增长24.70%。

21. 环境科学类1781种（初版1289种）、906万册（张）、100547千印张、总定价26460万元，占总品种0.43%（初版占0.53%）、总印数0.11%、总印张0.15%、总定价0.22%。与上年相比，种数增长4.40%（初版增长3.70%），总印数下降8.67%，总印张下降3.76%，总定价下降1.25%。

22. 综合性图书类3421种（初版2467种）、2509万册（张）、291030千印张、总定价97164万元，占总品种0.83%（初版占1.02%）、总印数0.32%、总印张0.44%、总定价0.82%。与上年相比，种数增长20.04%（初版增长29.98%），总印数下降24.56%，总印张下降20.21%，总定价下降14.09%。

三、各类课本出版情况

各类课本的出版数量与上年相比增减的百分比如下：

1. 大专及大专以上课本50270种（初版19655种）、32190万册（张）、5600646千印张、总定价989365万元，与上年相比，种数增长4.45%（初版增长9.34%），总印数下降3.06%，总印张下降3.10%，总定价增长1.77%。

2. 中专课本5805种（初版1767种）、6883万册（张）、880433千印张、总定价146904万元，与上年相比，种数下降5.63%（初版增长8.94%），总印数下降7.69%，总印张下降8.13%，总定价下降3.39%。

3. 中学课本7137种（初版1457种）、169956万册（张）、12755821千印张、总定价1316655万元，与上年相比，种数增长13.16%（初版增长52.73%），总印数增长1.07%，总印张下降0.68%，总定价增长5.52%。

4. 小学课本5821种（初版1078种）、125010万册（张）、6374192千印张、总定价717726万元，与上年相比，种数增长10.52%（初版增长47.67%），总印数增长2.62%，总印张增长2.23%，总定价增长10.12%。

5. 业余教育课本5655种（初版2306种）、4576万册（张）、728378千印张、总定价159039万元，与上年相比，种数下降10.07%（初版下降26.72%），总印数增长8.23%，总印张增长6.23%，总定价增长10.32%。

6. 扫盲课本6种（初版4种）、13万册（张）、970千印张、总定价139万元。

7. 教学用书6577种（初版2096种）、8830万册（张）、738350千印张、总定价181482万元，与上年相比，种数增长7.22%（初版增长38.72%），总印数下降3.17%，总印张下降6.69%，总定价增长35.73%。

四、少年儿童读物出版情况

2012年，全国共出版少年儿童读物30966种（初版19396种）、47823万册（张）、

2854119千印张、总定价808182万元，与上年相比，种数增长40.38%（初版增长37.79%），总印数增长26.52%，总印张增长33.49%，总定价增长33.94%。

期　　刊

一、期刊出版总量

2012年，全国共出版期刊9867种，平均期印数16767万册，总印数33.48亿册，总印张196.01亿印张，定价总金额252.68亿元。与上年相比，种数增长0.18%，平均期印数下降0.67%，总印数增长1.91%，总印张增长1.70%，定价总金额增长5.98%。

二、各类期刊出版情况

各类期刊的出版数量、所占比重及与上年相比增减百分比如下：

1. 综合类期刊370种，平均期印数1218万册，总印数25487万册，总印张1322523千印张；占期刊总品种3.75%，总印数7.61%，总印张6.75%。与上年相比，种数下降14.94%，平均期印数增长1.02%，总印数增长0.51%，总印张增长4.46%。

2. 哲学、社会科学类期刊2559种，平均期印数7319万册，总印数144317万册，总印张7480547千印张；占期刊总品种25.93%，总印数43.11%，总印张38.16%。与上年相比，种数增长1.71%，平均期印数增长2.02%，总印数增长3.94%，总印张增长4.17%。

3. 自然科学、技术类期刊4953种，平均期印数3240万册，总印数48567万册，总印张3794308千印张；占期刊总品种50.20%，总印数14.51%，总印张19.36%。与上年相比，种数增长0.67%，平均期印数下降1.28%，总印数下降0.31%，总印张下降0.08%。

4. 文化、教育类期刊1350种，平均期印数3395万册，总印数76041万册，总印张4695214千印张；占期刊总品种13.68%，总印数22.71%，总印张23.95%。与上年相比，种数增长0.07%，平均期印数下降7.35%，总印数下降3.18%，总印张下降4.84%。

5. 文学、艺术类期刊635种，平均期印数1595万册，总印数40386万册，总印张2308413千印张；占期刊总品种6.44%，总印数12.06%，总印张11.78%。与上年相比，种数增长0.95%，平均期印数增长2.70%，总印数增长8.96%，总印张增长10.22%。

三、少年儿童期刊出版情况

2012年，全国共出版少年儿童期刊142种，平均期印数1497万册，总印数39432万册，总印张1054925千印张；占期刊总品种1.44%，总印数11.78%，总印张5.38%。与上年相比，种数增长20.34%，平均期印数增长7.92%，总印数增长8.17%，总印张增长11.66%。

四、画刊出版情况

2012年，全国共出版画刊（不含面向少年儿童的画刊）60种，平均期印数91万册，总印数2006万册，总印张169724千印张；占期刊总品种0.61%，总印数0.60%，总印张0.87%。与上年相比，种数增长3.45%，平均期印数下降19.40%，总印数下降3.07%，总印张下降3.71%。

五、动漫期刊出版情况

2012年，全国共出版动漫期刊27种，平均期印数322万册，总印数10906万册，总印张741631千印张；占期刊总品种0.27%，总印数3.26%，总印张3.78%。

报　　纸

一、报纸出版总量

2012年，全国共出版报纸1918种，平均期印数22762.00万份，总印数482.26亿份，总印张2211.00亿印张，定价总金额434.39亿元，折合用纸量508.53万吨。与上年相比，种数下降0.52%，平均期印数增长5.79%，总印数增长3.17%，总印张下降2.68%，定价总金额增长8.48%。

二、各级报纸出版情况

各级报纸的出版数量、所占比重及与上年相比增减百分比如下：

1. 全国性和省级报纸1022种，平均期印数16757.84万份，总印数325.46亿份，总印张1458.78亿印张。占报纸总品种53.28%，总印数67.49%，总印张65.98%。与上年相比，种数下降1.92%，平均期印数增长4.71%，总印数增长3.21%，总印张下降3.44%。其中：

全国性报纸220种，平均期印数3219.71万份，总印数76.74亿份，总印张218.74亿印张；占报纸总品种11.47%，总印数15.91%，总印张9.89%。与上年相比，种数增长1.38%，平均期印数增长9.53%，总印数增长11.27%，总印张增长9.42%。

省级报纸802种，平均期印数13538.13万份，总印数248.72亿份，总印张1240.04亿印张；占报纸总品种41.81%，总印数51.57%，总印张56.09%。与上年相比，种数下降2.79%，平均期印数增长3.63%，总印数增长0.95%，总印张下降5.40%。

2. 地、市级报纸878种，平均期印数5973.73万份，总印数155.98亿份，总印张750.59亿印张；占报纸总品种45.78%，总印数32.34%，总印张33.95%。与上年相比，种数增长1.04%，平均期印数增长9.01%，总印数增长3.20%，总印张下降1.17%。

3. 县级报纸18种，平均期印数30.43万份，总印数0.81亿份，总印张1.63亿印张；占报纸总品种0.94%，总印数0.17%，总印张0.07%。与上年相比，种数增长了5.88%，平均期印数下降9.41%，总印数下降13.10%，总印张下降7.31%。

三、各类报纸出版情况

各类报纸的出版数量、所占比重及与上年相比增减百分比如下：

1. 综合报纸817种，平均期印数9668.28万份，总印数327.89亿份，总印张1829.32亿印张；占报纸总品种42.60%，总印数67.99%，总印张82.74%。与上年相比，种数增长0.99%，平均期印数增长1.21%，总印数增长0.76%，总印张下降4.48%。

2. 专业报纸1101种，平均期印数13093.72万份，总印数154.37亿份，总印张381.68亿印张；占报纸总品种57.40%，总印数32.01%，总印张17.26%。与上年相比，种数下降1.61%，平均期印数增长9.44%，总印数增长8.71%，总印张增长6.95%。

音像制品与电子出版物

截至 2012 年年底，全国共有音像制品出版单位 369 家，电子出版物出版单位 268 家。

一、录音制品出版情况

2012 年，全国共出版录音制品 9591 种，出版数量 2.28 亿盒（张），发行数量 2.32 亿盒（张），发行总金额 11.03 亿元。与上年相比，品种下降 3.42%，出版数量下降 7.32%，发行数量下降 10.77%，发行总金额增长 6.57%。

各类录音制品的出版数量及占总量的比重如下：

1. 录音带（AT）2681 种，17265.30 万盒（新出 1013 种、4466.99 万盒，再版 1668 种、12798.31 万盒）。与上年相比，品种下降 17.51%，数量下降 7.95%。其中：

自编节目 2669 种、17264.29 万盒，占录音带种数的 99.55%、数量的 99.99%。自编节目中：歌曲 105 种、151.78 万盒，占录音带种数的 3.92%、数量的 0.88%；戏曲 54 种、1.32 万盒，占录音带种数的 2.01%、数量的 0.01%；曲艺 9 种、0.18 万盒，占录音带种数的 0.34%、数量的 0.001%；教育 1942 种、6746.41 万盒，占录音带种数的 72.44%、数量的 39.07%；文学 24 种、0.66 万盒，占录音带种数的 0.90%、数量的 0.004%；语言 526 种、10360.36 万盒，占录音带种数的 19.62%、数量的 60.01%；除以上各类外其他类 9 种、3.58 万盒，占录音带种数的 0.34%、数量的 0.02%。

引进节目 11 种、1.01 万盒，占录音带种数的 0.41%、数量的 0.006%。引进节目中：教育 10 种、1.00 万盒，占录音带种数的 0.37%、数量的 0.006%；语言 1 种、0.01 万盒，占录音带种数的 0.04%、数量的 0.0001%。

对外合作节目 1 种、0.002 万张。

少年儿童录音带 174 种、数量 124.84 万盒。

2. 激光唱盘（CD）5029 种，3545.61 万张（新出 3085 种、1840.24 万张，再版 1944 种、1705.37 万张）。与上年相比，品种增长 6.64%，数量下降 4.98%。其中：

自编节目 4343 种、3099.97 万张，占激光唱盘种数的 86.36%、数量的 87.43%。自编节目中：歌曲 1319 种、748.69 万张，占激光唱盘种数的 26.23%、数量的 21.12%；乐曲 717 种、306.97 万张，占激光唱盘种数的 14.26%、数量的 8.66%；戏曲 151 种、65.51 万张，占激光唱盘种数的 3.00%、数量的 1.85%；曲艺 38 种、26.12 万张，占激光唱盘种数的 0.76%、数量的 0.74%；教育 1509 种、1523.63 万张，占激光唱盘种数的 30.01%、数量的 42.97%；文学 92 种、58.61 万张，占激光唱盘种数的 1.83%、数量的 1.65%；语言 420 种、324.15 万张，占激光唱盘种数的 8.35%、数量的 9.14%；除以上各类外其他类 97 种、46.56 万张，占激光唱盘种数的 1.93%、数量的 1.31%。

引进节目 686 种、445.64 万张，占激光唱盘种数的 13.64%、数量的 12.57%。引进节目中：歌曲 463 种、277.57 万张，占激光唱盘种数的 9.21%、数量的 7.83%；乐曲 159 种、83.94 万张，占激光唱盘种数的 3.16%、数量 2.37%；教育 46 种、60.76 万张，占激光唱盘种数的 0.92%、数量的 1.71%；语言 2 种、1.80 万张，占激光唱盘种数的 0.04%、数量的 0.05%。除以上各类外其他类 16 种、21.58 万张，占激光唱盘种数的 0.32%、数量的 0.61%。

无对外合作节目。

少年儿童激光唱盘（CD）678 种、数量 540.22 万张。

3. 高密度激光唱盘及其他载体 1881 种，1978.90 万张（新出 950 种、698.88 万张，再版 931 种、1280.02 万张）。与上年相比，品种下降 4.27%，数量下降 8.13%。其中：

自编节目 1872 种、1973.67 万张，占高密度激光唱盘及其他载体种数的 99.52%、数量的 99.74%。自编节目中：歌曲 32 种、250.21 万张，占高密度激光唱盘及其他载体种数的 1.70%、数量的 12.64%；乐曲 40 种、21.36 万张，占高密度激光唱盘及其他载体种数的 2.13%、数量的 1.08%；教育 341 种、433.81 万张，占高密度激光唱盘及其他载体种数的 18.13%、数量的 21.92%；语言 1349 种、1216.99 万张，占高密度激光唱盘及其他载体种数的 71.72%、数量的 61.50%；除以上各类外其他类 110 种、51.30 万张，占高密度激光唱盘及其他载体种数的 5.85%、数量的 2.59%。

引进节目 9 种、5.23 万张，占高密度激光唱盘及其他载体种数的 0.48%、数量的 0.26%。引进节目中：教育 2 种、0.70 万张，占高密度激光唱盘及其他载体种数的 0.11%、数量的 0.04%；语言 3 种、2.31 万张，占高密度激光唱盘及其他载体种数的 0.16%、数量的 0.12%。

无对外合作节目。

少年儿童高密度激光唱盘及其他载体 22 种、数量 13.81 万张。

二、录像制品出版情况

2012 年，全国共出版录像制品 8894 种，出版数量 1.66 亿盒（张），发行数量 1.17 亿盒（张），发行总金额 7.54 亿元。与上年相比，品种下降 6.15%，出版数量下降 23.85%，发行数量下降 8.59%，发行总金额下降 4.68%。

各类录像制品的出版数量及占总量的比重如下：

1. 录像带（VT）及其他 134 种，132.67 万盒（新出 129 种、131.67 万盒）。与上年相比，品种下降 4.96%，数量增加 110.65%。其中：

自编节目 62 种、100.57 万盒，占录像带及其他种数的 46.27%、数量的 75.80%。自编节目中：教育 41 种、26.87 万盒，占录像带及其他种数的 30.60%、数量的 20.25%；语言 2 种、1.50 万盒，占录像带及其他种数的 1.49%、数量的 1.13%；除以上各类外其他类 19 种、72.20 万盒，占录像带及其他种数的 14.18%、数量的 54.42%。

引进节目 72 种、32.10 万盒。

无对外合作节目。

少年儿童节目 30 种、12.42 万盒。

2. 数码激光视盘（VCD）2207 种，4850.65 万张（新出 1124 种、2244.28 万张，再版 1083 种、2606.37 万张）。与上年相比，品种下降 26.28%，数量下降 29.34%。其中：

自编节目 2177 种、4644.95 万张，占数码激光视盘种数的 98.64%、数量的 95.76%。自编节目中：故事片 69 种、118.30 万张，占数码激光视盘种数的 3.13%、数量的 2.44%；电视剧 2 种、3.20 万张，占数码激光视盘种数的 0.09%、数量的 0.07%；戏曲片 160 种、139.74 万张，占数码激光视盘种数的 7.25%、数量的 2.88%；风光片 3 种、2.30 万张，占数码激光视盘种数的 0.14%、数量的 0.05%；卡通片 44 种、431.25 万张，占数码激光视盘种数的 1.99%、数量的 8.89%；音乐舞蹈 98 种、102.86 万张，占数码激光视盘种数的 4.44%、数量的2.12%；卡拉OK、MTV37种、73.65万张，占数码激光视盘种数的1.68%、数量的1.52%；社会科学15种、15.90万张，占数码激光视盘种数的0.68%、数量的0.33%；教育1253种、3341.97万张，占数码激光视盘种数的56.77%、数量的68.90%；语言44种、76.97万张，占数码激光视盘种数的1.99%、数量的1.59%；科技30种、50.54万张，占数码激光视盘种数的1.36%、数量的1.04%；经济30种、26.77万张，占数码激光视盘种数的1.36%、数量的0.55%；体育28种、17.05万张，占数码激光视盘种数的1.27%、数量的0.35%；医药卫生38种、33.52万张，占数码激光视盘种数的1.72%、数量的0.69%；农业科学224种、100.00万张，占数码激光视盘种数的10.15%、数量的2.06%；综合28种、30.90万张，占数码激光视盘种数的1.27%、数量的0.64%；除以上各类外其他类74种、80.03万张，占数码激光视盘种数的3.35%、数量的1.65%。

引进节目30种、205.70万张，占数码激光视盘种数的1.36%、数量的4.24%。引进节目中：故事片8种、9.20万张，占数码激光视盘种数的0.36%、数量的0.19%；卡通片9种、181.40万张，占数码激光视盘种数的0.41%、数量的3.74%；除以上各类外其他类13种、15.10万张，占数码激光视盘种数的0.59%、数量的0.31%。

无对外合作节目。

少年儿童数码激光视盘（VCD）469种，数量2124.53万张。

3. 高密度激光视盘（DVD－V）6553种，11592.68万张（新出5399种、10037.98万张，再版1154种、1554.70万张）。与上年相比，品种增长3.33%，数量下降21.99%。其中：

自编节目5668种、11063.03万张，占高密度激光视盘种数的86.49%、数量的95.43%。自编节目中：故事片191种、327.96万张，占高密度激光视盘种数的2.91%、数量的2.83%；电视剧408种、5156.73万张，占高密度激光视盘种数的6.23%、数量的44.48%；戏曲片188种、134.57万张，占高密度激光视盘种数的2.87%、数量的1.16%；风光片81种、168.40万张，占高密度激光视盘种数的1.24%、数量的1.45%；卡通片169种、251.35万张，占高密度激光视盘种数的2.58%、数量的2.17%；音乐舞蹈322种、287.69万张，占高密度激光视盘种数的4.91%、数量的2.48%；卡拉OK、MTV131种、70.05万张，占高密度激光视盘种数的2.00%、数量的0.60%；社会科学281种、358.08万张，占高密度激光视盘种数的4.29%、数量的3.09%；教育2049种、2411.83万张，占高密度激光视盘种数的31.27%、数量的20.80%；语言123种、130.36万张，占高密度激光视盘种数的1.88%、数量的1.12%；经济53种、78.08万张，占高密度激光视盘种数的0.81%，0.67%；体育128种、65.88万张，占高密度激光视盘种数的1.95%、数量的0.57%；医药卫生194种、55.83万张，占高密度激光视盘种数的2.96%、数量的0.48%；综合281种、644.65万张，占高密度激光视盘种数的4.29%、数量的5.56%；除以上各类外其他类1069种、921.57万张，占高密度激光视盘种数的16.31%、数量的7.95%。

引进节目881种、511.35万张，占高密度激光视盘种数的13.44%、数量的4.41%。引进节目中：故事片537种、248.34万张，占高密度激光视盘种数的8.19%、数量的2.14%；音乐舞蹈33种、25.34万张，占高密度激光视盘种数的0.50%、数量的0.22%；卡通片191种、102.61万张，占高密度激光视盘种数的2.91%、数量的0.88%。除以上各类外其他类120种、135.06万张，占高密度激光视盘种数的1.83%、数量的1.16%。

对外合作节目4种、18.30万张。

少年儿童高密度激光视盘（DVD-V）1003种，数量1218.05万张。

三、电子出版物出版情况

2012年，全国共出版电子出版物11822种、26344.86万张。与上年相比，品种增长5.99%，数量增长23.56%。其中：只读光盘（CD-ROM）7620种、20335.38万张，与上年相比，品种增长0.98%，数量增长27.74%。高密度只读光盘（DVD-ROM）3352种、5058.44万张，与上年相比，品种增长22.02%，数量增长26.61%。交互式光盘（CD-I）及其他850种、951.04万张，与上年相比，品种下降1.28%，数量下降32.41%。

出版物发行

一、发行网点与从业人员情况

2012年全国共有出版物发行网点172633处，与上年相比增长2.40%。其中新华书店及其发行网点9403处，与上年相比减少1.16%；供销社发行网点748处，与上年相比减少24.97%；出版社自办发行网点446处，与上年相比减少0.22%；文化、教育、广电、邮政系统发行网点37821处，与上年相比增长3.75%；上述系统外批发网点7505处，与上年相比增长5.10%；集个体零售网点116091处，与上年相比增长1.89%。

2012年全国出版物发行业从业人员72.64万人，与上年相比减少0.14%。其中新华书店及其发行网点从业人员14.03万人，与上年相比增长0.57%；文化、教育、广电、邮政系统发行从业人员9.01万人，与上年相比增长17.01%；上述系统外批发点从业人员16.02万人，与上年相比增长5.26%；集个体零售网点从业人员32.64万人，与上年相比减少6.04%。

二、出版物购进情况

2012年全国新华书店系统、出版社自办发行单位出版物总购进189.04亿册（张、份、盒）、2160.91亿元，与上年相比数量增长2.71%，金额增长6.72%。其中：新华书店系统购进123.59亿册（张、份、盒），比上年增长0.07%，购进金额1180.31亿元，比上年增长9.49%。

三、出版物销售情况

（一）总销售情况

2012年全国新华书店系统、出版社自办发行单位出版物总销售190.08亿册（张、份、盒）、2159.88亿元，与上年相比数量增长6.68%，金额增长10.57%。其中：新华书店系统销售124.87亿册（张、份、盒）、1194.88亿元，与上年相比数量增长6.26%，金额增长14.85%。其中：

1. 居民和社会团体零售总额648.00亿元，比上年增长11.26%。其中城市零售538.55亿元，农村零售109.45亿元，城乡零售比重为4.92:1。

2. 出版物批发销售总额1509.72亿元，比上年增长10.27%，批零比重为2.33:1。其中：批给市、县批发、零售出版物发行企业1447.30亿元，比上年增长11.34%；批给县以下单位或个人31.52亿元，比上年增长16.27%；其他批发30.90亿元，比上年减少26.59%。

3. 出口总额 2.16 亿元，比上年增长 8.54%。

（二）纯销售情况

2012 年全国新华书店系统、出版社自办发行单位纯销售 68.32 亿册（张、份、盒）、712.58 亿元，与上年相比数量增长 3.86%，金额增长 9.03%。

（三）各类出版物零售情况

2012 年全国新华书店系统、出版社自办发行单位，各类出版物的零售数量和金额、所占零售总量的比重如下：

1. 图书 61.55 亿册、617.13 亿元，占零售数量 98.02%、零售金额 95.24%。其中：

（1）哲学、社会科学类图书 2.59 亿册、45.94 亿元，占零售数量 4.13%、零售金额 7.09%。

（2）文化、教育类图书 50.35 亿册、442.15 亿元，占零售数量 80.18%、零售金额 68.23%。其中，中小学课本及教参 28.72 亿册、228.49 亿元，占零售数量 45.74%、零售金额 35.26%；教辅读物 15.44 亿册、142.17 亿元，占零售数量 24.59%、零售金额 21.94%。

（3）文学、艺术类图书 2.57 亿册、38.79 亿元，占零售数量 4.10%、零售金额 5.99%。

（4）自然科学、技术类图书 1.85 亿册、34.14 亿元，占零售数量 2.94%、零售金额 5.27%。

（5）综合类图书 4.19 亿册、56.11 亿元，占零售数量 6.67%、零售金额 8.66%。

此外，少年儿童读物图书 1.89 亿册、23.89 亿元，占零售数量 3.02%、零售金额 3.69%；大中专教材、业余教育及教参 1.04 亿册、18.29 亿元，占零售数量 1.66%、零售金额 2.82%。

2. 期刊 0.20 亿册、11.75 亿元，占零售数量 0.32%、零售金额 1.81%。

3. 报纸 0.18 亿份、1.88 亿元，占零售数量 0.30%、零售金额 0.29%。

4. 音像制品 0.65 亿盒张、8.42 亿元，占零售数量 1.04%、零售金额 1.30%。

5. 电子出版物 0.19 亿张、8.68 亿元，占零售数量 0.30%、零售金额 1.34%。

6. 数字出版物（电子书等，不包含电子阅读器等硬件）0.01 亿个、0.14 亿元，占零售数量 0.02%、零售金额 0.02%。

四、出版物库存情况

全国新华书店系统、出版社自办发行单位年末库存 56.00 亿册（张、份、盒）、841.88 亿元，与上年相比数量增长 0.25%，金额增长 4.70%

五、非出版物商品销售

非出版物商品销售金额 54.16 亿元（不含在销售总额之内）。

印刷复制

一、印刷复制总体情况

2012 年，印刷复制（包括出版物印刷、包装装潢印刷、其他印刷品印刷、专项印刷、打字复印、复制和印刷物资供销）实现营业收入 10360.49 亿元，与上年相比增长 11.34%；增加值 2679.51 亿元，与上年相比增长 15.25%；利润总额 721.81 亿元，与上年相比增长 17.44%。

二、出版物印刷（含专项印刷）

2012 年，全国出版物印刷企业（含专项印刷）8714 家，职工年末平均人数 55.09 万人，与上年相比下降 4.39%；职工工资总额 204.22 亿元，与上年相比增长 28.72%；人均年工资 3.71 万元，与上年相比增长 34.91%。

（一）出版物印刷厂产值产量（含专项印刷）

1. 工业销售产值 1409.88 亿元，比上年增长 6.75%。
2. 图书、报纸、其他出版物黑白印刷产量 32654.34 万令，与上年相比增长 8.52%。彩色印刷产量 164712.99 万对开色令，比上年增长 7.72%。
3. 装订产量 29740.21 万令，比上年增长 2.61%。
4. 印刷用纸量 63821.20 万令（包含平版纸和卷筒纸）。

（二）出版物印刷厂主要经济指标（含专项印刷）

1. 资产合计年末数 1997.22 亿元，与上年相比增长 12.08%。
2. 年末负债合计 979.97 亿元，与上年相比增长 7.06%。
3. 所有者权益合计年末数 1017.24 亿元，与上年相比增长 17.38%。
4. 主营业务收入 1397.70 亿元，与上年相比增长 6.50%。
5. 利润总额 106.82 亿元，与上年相比增长 36.30%。
6. 增加值 518.15 亿元，与上年相比增长 25.65%。

三、包装装潢印刷厂主要经济指标

1. 营业收入 7523.00 亿元，与上年相比增长 11.49%。
2. 增加值 1742.65 亿元，与上年相比增长 14.87%。
3. 利润总额 475.75 亿元，与上年相比增长 17.45%。

四、其他印刷品印刷厂主要经济指标

1. 营业收入 1032.54 亿元，与上年相比增长 14.64%。
2. 增加值 312.98 亿元，与上年相比增长 5.90%。
3. 利润总额 99.56 亿元，与上年相比增长 3.30%。

出版物进出口

一、图书、报纸、期刊出口

2012 年，全国累计出口[①]图书、报纸、期刊 2061.77 万册（份）、7282.58 万美元；与上年相比，数量增长 33.09%，金额增长 23.56%。其中：全国出版物进出口经营单位累计出口 1639.27 万册（份）、4863.15 万美元；与上年相比，数量增长 43.27%，金额增长 24.52%；其中：

---

① 包括全国出版物进出口经营单位的出口和部分出版单位、发行单位的出口，系不完全统计。后同。

1. 图书出口 1325.69 万册、4250.09 万美元；与上年相比，数量增长 54.91%，金额增长 29.71%。

2. 期刊出口 220.31 万册、556.00 万美元；与上年相比，数量下降 12.88%，金额下降 3.04%。

3. 报纸出口 93.27 万份、57.06 万美元；与上年相比，数量增长 162.58%，金额增长 2.88%。

全国出版物进出口经营单位各类图书出口的数量、金额及所占全国出版物进出口经营单位图书出口总量的比重如下：

1. 哲学、社会科学类 131.58 万册、826.47 万美元，占图书出口数量 9.93%、金额 19.45%。

2. 文化、教育类 177.72 万册、669.34 万美元，占图书出口数量 13.41%、金额 15.75%。

3. 文学、艺术类 196.53 万册、778.54 万美元，占图书出口数量 14.82%、金额 18.32%。

4. 自然、科学技术类 81.29 万册、390.25 万美元，占图书出口数量 6.13%、金额 9.18%。

5. 少儿读物类 489.54 万册、446.79 万美元，占图书出口数量 36.93%、金额 10.51%。

6. 综合类 249.03 万册、1138.70 万美元，占图书出口数量 18.78%、金额 26.79%。

二、图书、报纸、期刊进口

2012 年，全国出版物进出口经营单位累计进口图书、报纸、期刊 3138.07 万册（份）、30121.65 万美元；与上年相比，数量增长 5.31%，金额增长 6.16%。其中：

1. 图书进口 743.51 万册、13707.99 万美元；与上年相比，数量下降 1.50%，金额增长 17.49%。

2. 期刊进口 490.33 万册、14120.03 万美元；与上年相比，数量增长 11.46%，金额增长 1.54%。

3. 报纸进口 1904.23 万份、2293.63 万美元；与上年相比，数量增长 6.67%，金额下降 18.09%。

各类图书进口的种次、数量、金额及所占图书进口总量的比重如下：

1. 哲学、社会科学类 45.93 万册、1861.68 万美元，占图书进口数量 6.18%、金额 13.58%。

2. 文化、教育类 138.78 万册、2420.40 万美元，占图书进口数量 18.67%、金额 17.66%。

3. 文学、艺术类 165.18 万册、1861.16 万美元，占图书进口数量 22.22%、金额 13.58%。

4. 自然、科学技术类 107.74 万册、3593.28 万美元，占图书进口数量 14.49%、金额 26.21%。

5. 少儿读物类 76.14 万册、440.31 万美元，占图书进口数量 10.24%、金额 3.21%。

6. 综合类 209.74 万册、3531.16 万美元，占图书进口数量 28.21%、金额 25.76%。

三、音像制品、电子出版物与数字出版物出口

2012 年，全国累计出口音像制品、电子出版物与数字出版物 26.15 万盒（张）、2191.50 万美元；与上年相比，数量增长 214.30%，金额增长 45.86%。其中：全国出版物进出口经营

单位累计出口 9.34 万盒（张）、33.54 万美元；与上年相比，数量增长 21.14%，金额下降 4.63%；其中：

1. 录音带（AT）136 盒、0.04 万美元，占音像、电子、数字出版物出口数量 0.15%、金额 0.12%。

2. 高密度激光视盘（DVD-V）91574 张、30.97 万美元，占音像、电子、数字出版物出口数量 97.99%、金额 92.34%。与上年相比，数量增长 32.47%，金额下降 9.58%。

3. 数码激光视盘（VCD）1738 张、2.53 万美元，占音像、电子、数字出版物出口数量 1.86%、金额 7.54%。与上年相比，数量下降 73.73%，金额增长 272.06%。

四、音像制品、电子出版物与数字出版物进口

2012 年，全国出版物进出口经营单位累计进口音像制品、电子出版物与数字出版物 18.56 万盒（张）、16685.95 万美元；与上年相比，数量下降 53.15%，金额增长 18.05%。其中：

1. 激光唱盘（CD）123396 张、103.73 万美元，占音像、电子、数字出版物进口数量 66.47%、金额 0.62%。与上年相比，数量下降 16.22%，金额下降 20.68%。

2. 高密度激光视盘（DVD-V）62093 张、42.37 万美元，占音像、电子、数字出版物进口数量 33.45%、金额 0.25%。与上年相比，数量下降 17.75%，金额增长 218.09%。

3. 电子出版物 157 张、106.73 万美元，占音像、电子、数字出版物进口数量 0.08%、金额 0.64%。与上年相比，数量下降 99.91%，金额下降 99.24%。

4. 数字出版物 16433.12 万美元，占音像、电子、数字出版物进口金额 98.48%。

版权管理与版权贸易

一、版权管理

（一）版权合同登记

2012 年，全国版权合同登记 18645 份，其中图书 16554 份，期刊 199 份，音像制品 319 份，电子出版物 417 份，软件 1085 份，电影 24 份，电视节目 14 份，其他 33 份。

（二）作品自愿登记

2012 年，全国作品自愿登记 560583 份，其中文字作品 179471 份，音乐作品 3901 份，曲艺 58 份，舞蹈 40 份，杂技 4 份，美术作品 85873 份，摄影作品 239801 份，建筑 102 份，影视 30335 份，设计图 3968 份，地图 227 份，模型 13 份，其他 16790 份。

二、版权贸易

（一）版权引进

1. 总体情况

2012 年，全国共引进版权 17589 种，其中图书 16115 种，录音制品 475 种，录像制品 503 种，电子出版物 100 种。

版权引进地情况如下：

美国 5606 种，英国 2739 种，德国 941 种，法国 846 种，俄罗斯 61 种，加拿大 138 种，新加坡 293 种，日本 2079 种，韩国 1232 种，香港地区 590 种，澳门地区 5 种，台湾地区 1558

种，其他地区 1501 种。

2. 出版物版权引进情况

2012 年，全国共引进图书、音像制品和电子出版物版权 17193 种。其中，图书版权引进地情况如下：

美国 4944 种，英国 2581 种，德国 874 种，法国 835 种，俄罗斯 48 种，加拿大 122 种，新加坡 265 种，日本 2006 种，韩国 1209 种，香港地区 413 种，澳门地区 5 种，台湾地区 1424 种，其他地区 1389 种。

（二）版权输出

1. 总体情况

2012 年，全国共输出版权 9365 种，其中图书 7568 种，录音制品 97 种，录像制品 51 种，电子出版物 115 种。

版权输出地情况如下：

美国 1259 种，英国 606 种，德国 354 种，法国 130 种，俄罗斯 104 种，加拿大 122 种，新加坡 292 种，日本 405 种，韩国 310 种，香港地区 511 种，澳门地区 1 种，台湾地区 1796 种，其他地区 3475 种。

2. 出版物版权输出情况

2012 年，全国共输出图书、音像制品和电子出版物版权 7831 种。其中，图书版权输出地情况如下：

美国 1021 种，英国 606 种，德国 352 种，法国 130 种，俄罗斯 104 种，加拿大 104 种，新加坡 173 种，日本 401 种，韩国 282 种，香港地区 440 种，澳门地区 1 种，台湾地区 1781 种，其他地区 2173 种。

（说明：统计数据未包含香港、澳门、台湾地区有关统计机构数据。）

一、图书出版

全国各类图书出版数量及与上年相比增减百分比

(一) 种 数

	本版图书种数(种)			与上年相比增减%			租型图书种数(种)	与上年相比增减%
	合计	新出	重印	合计	新出	重印		
图 书 总 计	**414005**	**241986**	**172019**	**12.04**	**16.62**	**6.17**	**10780**	**2.76**
(一)使用《中国标准书号》部分合计	413313	241488	171825	12.12	16.76	6.19	10704	2.04
A 马克思主义、列宁主义、毛泽东思想	594	379	215	-1.66	-3.32	1.42	5	-28.57
B 哲学	8338	5908	2430	-3.05	-9.05	15.49		-100.00
C 社会科学总论	5163	3327	1836	-3.39	-4.34	-1.61	8	-11.11
D 政治、法律	16791	12967	3824	7.16	5.23	14.25	53	12.77
E 军事	1279	936	343	8.57	4.93	19.93	1	
F 经济	29681	19558	10123	-1.89	0.64	-6.43	34	-35.85
G 文化、科学、教育、体育	159190	79841	79349	19.64	34.61	7.60	10392	3.52
H 语言、文字	20923	10623	10300	7.02	2.97	11.56	17	41.67
I 文学	42148	30190	11958	30.42	31.89	26.86	121	80.60
J 艺术	22832	15636	7196	15.17	19.41	6.91	38	
K 历史、地理	16916	12687	4229	16.57	13.91	25.38	8	-70.37
N 自然科学总论	846	530	316	2.30	6.21	-3.66		
O 数理科学、化学	7143	3007	4136	2.09	10.11	-3.05		-100.00
P 天文学、地球科学	2438	1621	817	21.05	24.60	14.59		-100.00
Q 生物科学	2442	1512	930	8.10	10.12	4.97		-100.00
R 医药、卫生	16855	10384	6471	7.28	8.85	4.86	5	-94.95
S 农业科学	5883	3106	2777	-6.69	-2.48	-10.99		-100.00
T 工业技术	43964	23051	20913	-1.29	0.23	-2.92	7	-77.42
U 交通运输	4224	2157	2067	0.84	4.71	-2.91		-100.00
V 航空、航天	461	312	149	36.39	32.77	44.66		
X 环境科学	1781	1289	492	4.40	3.70	6.26	11	266.67
Z 综合性图书	3421	2467	954	20.04	29.98	0.21	4	-33.33
(二)不使用《中国标准书号》部分合计	692	498	194	-21.63	-26.55	-5.37	76	
1. 图片	692	498	194	-21.63	-26.55	-5.37	76	
2. 国标(GB)、部标(BB)等标准类文件印品								
3. 活页文选、活页歌篇、小件印品等								

全国各类图书出版数量及与上年相比增减百分比(续表1)

(二)总印数

	本年图书总印数(万册、张)				与上年相比增减%	
	合计	新出	重印	租型	合计	租型
图 书 总 计	**792464**	**247546**	**391080**	**153838**	**2.85**	**2.11**
(一)使用《中国标准书号》部分合计	788951	244907	390220	153824	3.00	2.10
A 马克思主义、列宁主义、毛泽东思想	1596	259	901	436	8.72	3533.33
B 哲学	5853	3789	2064		-7.11	-100.00
C 社会科学总论	3338	1835	1499	4	-24.38	
D 政治、法律	15551	10823	3973	755	10.94	1137.70
E 军事	948	645	303		1.61	
F 经济	15285	9271	6004	10	-7.49	-44.44
G 文化、科学、教育、体育	593715	137281	304131	152303	2.64	1.38
H 语言、文字	21211	7450	13739	22	-3.23	266.67
I 文学	48661	30982	17456	223	22.38	374.47
J 艺术	16761	9850	6867	44	-4.05	-22.81
K 历史、地理	12583	7970	4610	3	13.05	-95.77
N 自然科学总论	736	375	361		-6.95	
O 数理科学、化学	4163	1299	2864		-3.48	
P 天文学、地球科学	1213	676	537		23.78	-100.00
Q 生物科学	1653	960	693		20.22	
R 医药、卫生	15254	6612	8636	6	33.80	-89.47
S 农业科学	3806	1300	2506		-39.07	-100.00
T 工业技术	20423	10369	10052	2	-5.22	-88.24
U 交通运输	2586	995	1591		5.46	-100.00
V 航空、航天	200	127	73		35.14	
X 环境科学	906	530	364	12	-8.67	33.33
Z 综合性图书	2509	1509	996	4	-24.56	-33.33
(二)不使用《中国标准书号》部分合计	3513	2639	860	14	-23.28	
1. 图片	848	762	72	14	-13.03	
2. 国标(GB)、部标(BB)等标准类文件印品	1683	1199	484		8.23	
3. 活页文选、活页歌篇、小件印品等	982	678	304		-52.07	

全国各类图书出版数量及与上年相比增减百分比(续表2)

(三)总印张

	本年图书总印数(千印张)				与上年相比增减%	
	合计	新出	重印	租型	合计	租型
图 书 总 计	**66699442**	**25210522**	**30766420**	**10722500**	**5.12**	**-0.43**
(一)使用《中国标准书号》部分合计	66482327	25063577	30696417	10722333	5.05	-0.44
A 马克思主义、列宁主义、毛泽东思想	216972	38756	167518	10698	-22.41	915.95
B 哲学	840613	538541	302072		-6.94	-100.00
C 社会科学总论	517049	305595	210971	483	-4.34	-26.37
D 政治、法律	1988298	1402474	557882	27942	3.01	84.34
E 军事	129515	89674	39825	16	-8.59	
F 经济	2582612	1562911	1017946	1755	-6.56	-44.76
G 文化、科学、教育、体育	41077233	10891552	19524482	10661199	5.63	-0.52
H 语言、文字	3319899	1094318	2222640	2941	2.33	236.11
I 文学	5517309	3619899	1886813	10597	25.93	77.50
J 艺术	1521605	944017	573734	3854	21.26	0.68
K 历史、地理	1492909	1035012	457548	349	6.21	-91.72
N 自然科学总论	69844	34949	34895		-9.24	
O 数理科学、化学	684962	211346	473616		2.29	-100.00
P 天文学、地球科学	134489	73730	60759		21.86	-100.00
Q 生物科学	186112	90431	95681		1.76	-100.00
R 医药、卫生	1788489	955141	832727	621	2.13	-90.14
S 农业科学	338950	135318	203632		-27.56	-100.00
T 工业技术	3306328	1642179	1663882	267	-4.82	-88.78
U 交通运输	352218	143491	208727		5.36	-100.00
V 航空、航天	25344	16634	8710		28.76	
X 环境科学	100547	61602	37633	1312	-3.76	115.44
Z 综合性图书	291030	176007	114724	299	-20.21	-51.85
(二)不使用《中国标准书号》部分合计	217115	146945	70003	167	32.86	
1. 图片	21914	17958	3789	167	-16.52	
2. 国标(GB)、部标(BB)等标准类文件印品	156117	100022	56095		118.21	
3. 活页文选、活页歌篇、小件印品等	39084	28965	10119		-40.44	

全国各类图书出版数量及与上年相比增减百分比(续表3)

(四)图书总定价

	图书总定价(万元)				
	合计	增减%	新出	重印	租型
图 书 总 计	11833682	11.32	5838104	4913304	1082274
(一)使用《中国标准书号》部分合计	11765970	11.36	5788378	4895352	1082240
A 马克思主义、列宁主义、毛泽东思想	31649	-12.99	9713	19811	2125
B 哲学	199744	3.69	143083	56661	
C 社会科学总论	125634	27.50	89537	35960	137
D 政治、法律	435736	6.44	322803	107940	4993
E 军事	28612	-3.63	21135	7473	4
F 经济	571156	-1.81	385909	184931	316
G 文化、科学、教育、体育	5916386	13.35	2057333	2789378	1069675
H 语言、文字	642013	3.88	227933	413647	433
I 文学	1118035	30.80	776824	338671	2540
J 艺术	536243	11.44	399240	136285	718
K 历史、地理	485101	23.80	383095	101864	142
N 自然科学总论	17308	3.26	10455	6853	
O 数理科学、化学	117321	2.60	40568	76753	
P 天文学、地球科学	36019	26.89	23518	12501	
Q 生物科学	44059	8.64	26419	17640	
R 医药、卫生	402759	7.84	241817	160800	142
S 农业科学	79186	-16.51	41212	37974	
T 工业技术	760556	0.44	454560	305949	47
U 交通运输	87600	8.20	39276	48324	
V 航空、航天	7229	24.70	5277	1952	
X 环境科学	26460	-1.25	17967	7839	654
Z 综合性图书	97164	-14.09	70704	26146	314
(二)不使用《中国标准书号》部分合计	67712	4.48	49726	17952	34
1. 图片	9999	-15.71	8805	1160	34
2. 国标(GB)、部标(BB)等标准类文件印品	49167	30.18	34650	14517	
3. 活页文选、活页歌篇、小件印品等	8546	-43.68	6271	2275	

中央出版单位各类图书出版数量及与上年相比增减百分比

（一）种 数

	本版图书种数（种）			与上年相比增减%			租型图书种数（种）	与上年相比增减%
	合计	新出	重印	合计	新出	重印		
图 书 总 计	**170203**	**101402**	**68801**	**5.56**	**8.72**	**1.22**	80	-32.77
（一）使用《中国标准书号》部分合计	170138	101360	68778	5.59	8.78	1.22	80	-32.77
A 马克思主义、列宁主义、毛泽东思想	312	197	115	2.63	2.07	3.60		
B 哲学	4681	3321	1360	-11.36	-19.31	16.74		
C 社会科学总论	3031	1898	1133	-7.42	-9.45	-3.82	4	-42.86
D 政治、法律	12103	9346	2757	11.49	8.75	21.88	4	-20.00
E 军事	744	590	154	8.61	10.28	2.67		
F 经济	20307	13363	6944	0.22	3.24	-5.12	34	-26.09
G 文化、科学、教育、体育	30140	15542	14598	7.21	20.49	-4.05	28	-9.68
H 语言、文字	11578	5593	5985	7.09	4.76	9.38	2	
I 文学	12598	9682	2916	37.67	43.78	20.65		
J 艺术	6846	4618	2228	19.02	20.73	15.62		
K 历史、地理	7659	5807	1852	18.52	15.77	28.08	3	50.00
N 自然科学总论	247	125	122	-15.99	-34.55	18.45		
O 数理科学、化学	4685	1851	2834	0.11	8.95	-4.93		-100.00
P 天文学、地球科学	1351	928	423	2.04	8.28	-9.42		-100.00
Q 生物科学	1385	812	573	-3.42	4.64	-12.92		
R 医药、卫生	10210	5919	4291	6.68	9.45	3.07		-100.00
S 农业科学	3417	1977	1440	5.46	6.52	4.05		
T 工业技术	33149	16493	16656	-2.90	-2.99	-2.81	5	-72.22
U 交通运输	3316	1652	1664	1.66	4.69	-1.19		
V 航空、航天	291	205	86	20.75	25.00	11.69		
X 环境科学	1240	861	379	-0.08	-3.80	9.54		-100.00
Z 综合性图书	848	580	268	12.92	25.00	-6.62		
（二）不使用《中国标准书号》部分合计	65	42	23	-43.48	-52.81	-11.54		
1. 图片	65	42	23	-43.48	-52.81	-11.54		
2. 国标(GB)、部标(BB)等标准类文件印品								
3. 活页文选、活页歌篇、小件印品等								

中央出版单位各类图书出版数量及与上年相比增减百分比(续表1)

(二)总 印 数

	本年图书总印数(万册、张)				与上年相比增减%	
	合计	新出	重印	租型	合计	租型
图 书 总 计	212256	82168	129658	430	-1.46	-57.34
(一)使用《中国标准书号》部分合计	210290	80709	129151	430	-1.44	-57.34
A 马克思主义、列宁主义、毛泽东思想	966	128	838		-25.29	
B 哲学	3187	1916	1271		-17.11	
C 社会科学总论	1851	1041	809	1	-5.08	-50.00
D 政治、法律	11269	8125	3141	3	12.44	200.00
E 军事	529	392	137		4.34	
F 经济	11097	6620	4467	10	-6.30	-37.50
G 文化、科学、教育、体育	112974	28598	83963	413	-3.87	-57.11
H 语言、文字	12375	3663	8711	1	-5.58	
I 文学	12760	9007	3753		25.74	
J 艺术	4426	2763	1663		5.71	
K 历史、地理	5953	3413	2539	1	15.19	
N 自然科学总论	158	74	84		-16.84	
O 数理科学、化学	2799	793	2006		-5.63	
P 天文学、地球科学	492	292	200		-6.46	-100.00
Q 生物科学	864	538	326		9.09	
R 医药、卫生	7750	3730	4020		9.93	-100.00
S 农业科学	2031	803	1228		-18.01	
T 工业技术	15373	7410	7962	1	-4.60	-90.91
U 交通运输	2045	681	1364		5.79	
V 航空、航天	101	65	36		-3.81	
X 环境科学	545	301	244		-6.20	-100.00
Z 综合性图书	745	356	389		-27.25	
(二)不使用《中国标准书号》部分合计	1966	1459	507		-3.53	
1. 图片	229	219	10		-14.87	
2. 国标(GB)、部标(BB)等标准类文件印品	1513	1055	458		1.48	
3. 活页文选、活页歌篇、小件印品等	224	185	39		-19.42	

中央出版单位各类图书出版数量及与上年相比增减百分比(续表2)

(三)总　印　张

	本年图书总印数(千印张)				与上年相比增减%	
	合计	新出	重印	租型	合计	租型
图 书 总 计	23733235	10395677	13309999	27559	1.99	−38.27
(一)使用《中国标准书号》部分合计	23571059	10289298	13254202	27559	1.69	−38.27
A 马克思主义、列宁主义、毛泽东思想	183786	24649	159137		−27.51	
B 哲学	480615	296572	184043		−18.77	
C 社会科学总论	330948	192692	138013	243	−1.07	−51.20
D 政治、法律	1537901	1079920	457815	166	5.00	−44.11
E 军事	72302	54351	17951		−10.82	
F 经济	1900925	1138298	760872	1755	−5.78	−40.67
G 文化、科学、教育、体育	8654909	2431425	6198415	25069	2.63	−33.15
H 语言、文字	2155680	596249	1559344	87	1.29	−6.45
I 文学	1706091	1205243	500848		29.87	
J 艺术	597731	422002	175729		60.81	
K 历史、地理	736322	478327	257952	43	3.62	−85.52
N 自然科学总论	21858	8674	13184		−24.67	
O 数理科学、化学	492565	131230	361335		−1.89	−100.00
P 天文学、地球科学	65266	37072	28194		0.77	−100.00
Q 生物科学	114042	50791	63251		−9.00	
R 医药、卫生	1238028	613367	624661		−2.02	−100.00
S 农业科学	210120	91569	118551		−11.60	
T 工业技术	2599377	1233715	1365466	196	−6.01	−89.95
U 交通运输	283616	100814	182802		5.34	
V 航空、航天	14899	9645	5254		−0.35	
X 环境科学	71178	41537	29641		−4.38	−100.00
Z 综合性图书	102900	51156	51744		−21.83	
(二)不使用《中国标准书号》部分合计	162176	106379	55797		78.28	
1. 图片	2878	2530	348		−62.60	
2. 国标(GB)、部标(BB)等标准类文件印品	146569	91567	55002		115.77	
3. 活页文选、活页歌篇、小件印品等	12729	12282	447		−17.06	

中央出版单位各类图书出版数量及与上年相比增减百分比(续表3)

(四)图书总定价

图 书 总 计	图 书 总 定 价 (万 元)				
	合计	增减%	新出	重印	租型
图 书 总 计	4782490	8.38	2592398	2186757	3335
(一)使用《中国标准书号》部分合计	4730670	8.24	2555318	2172017	3335
A 马克思主义、列宁主义、毛泽东思想	25522	-19.21	7025	18497	
B 哲学	121517	-2.23	86293	35224	
C 社会科学总论	85655	28.48	61820	23794	41
D 政治、法律	335945	8.17	246791	89127	27
E 军事	16641	-8.17	13137	3504	
F 经济	422524	-0.92	282822	139386	316
G 文化、科学、教育、体育	1332393	11.49	475975	853605	2813
H 语言、文字	427024	3.07	128962	298046	16
I 文学	344872	35.20	256288	88584	
J 艺术	195863	22.24	150849	45014	
K 历史、地理	257236	28.20	199886	57262	88
N 自然科学总论	5063	-29.06	2810	2253	
O 数理科学、化学	86067	0.27	27884	58183	
P 天文学、地球科学	18869	8.76	13415	5454	
Q 生物科学	25793	-1.98	15359	10434	
R 医药、卫生	271212	2.25	159498	111714	
S 农业科学	48557	-2.82	27742	20815	
T 工业技术	576891	-0.59	328739	248118	34
U 交通运输	72020	7.60	28926	43094	
V 航空、航天	4794	3.23	3644	1150	
X 环境科学	18734	-3.89	12501	6233	
Z 综合性图书	37478	-15.07	24952	12526	
(二)不使用《中国标准书号》部分合计	51820	22.40	37080	14740	
1. 图片	2321	-34.42	2124	197	
2. 国标(GB)、部标(BB)等标准类文件印品	46755	26.99	32485	14270	
3. 活页文选、活页歌篇、小件印品等	2744	38.73	2471	273	

地方出版单位各类图书出版数量及与上年相比增减百分比

(一) 种 数

	本版图书种数(种)			与上年相比增减%			租型图书种数(种)	与上年相比增减%
	合计	新出	重印	合计	新出	重印		
图 书 总 计	**243802**	**140584**	**103218**	**17.05**	**23.06**	**9.76**	**10700**	**3.17**
(一)使用《中国标准书号》部分合计	243175	140128	103047	17.19	23.30	9.78	10624	2.44
A 马克思主义、列宁主义、毛泽东思想	282	182	100	-6.00	-8.54	-0.99	5	-28.57
B 哲学	3657	2587	1070	10.18	8.70	13.95		-100.00
C 社会科学总论	2132	1429	703	3.00	3.40	2.18	4	
D 政治、法律	4688	3621	1067	-2.60	-2.87	-1.66	49	16.67
E 军事	535	346	189	8.52	-3.08	38.97	1	
F 经济	9374	6195	3179	-6.18	-4.56	-9.17		-100.00
G 文化、科学、教育、体育	129050	64299	64751	22.97	38.54	10.63	10364	3.56
H 语言、文字	9345	5030	4315	6.93	1.04	14.73	15	50.00
I 文学	29550	20508	9042	27.56	26.93	29.01	121	80.60
J 艺术	15986	11018	4968	13.59	18.87	3.41	38	
K 历史、地理	9257	6880	2377	15.01	12.38	23.35	5	-80.00
N 自然科学总论	599	405	194	12.38	31.49	-13.78		
O 数理科学、化学	2458	1156	1302	6.09	12.02	1.32		
P 天文学、地球科学	1087	693	394	57.54	56.08	60.16		-100.00
Q 生物科学	1057	700	357	28.12	17.25	56.58		-100.00
R 医药、卫生	6645	4465	2180	8.22	8.06	8.57	5	-94.68
S 农业科学	2466	1129	1337	-19.54	-15.05	-22.98		-100.00
T 工业技术	10815	6558	4257	3.99	9.39	-3.36	2	-84.62
U 交通运输	908	505	403	-2.05	4.77	-9.44		-100.00
V 航空、航天	170	107	63	75.26	50.70	142.31		
X 环境科学	541	428	113	16.34	22.99	-3.42	11	450.00
Z 综合性图书	2573	1887	686	22.58	31.59	3.16	4	-33.33
(二)不使用《中国标准书号》部分合计	627	456	171	-18.36	-22.58	-4.47	76	
1. 图片	627	456	171	-18.36	-22.58	-4.47	76	
2. 国标(GB)、部标(BB)等标准类文件印品								
3. 活页文选、活页歌篇、小件印品等								

地方出版单位各类图书出版数量及与上年相比增减百分比(续表1)

(二)总印数

	本年图书总印数(万册、张)				与上年相比增减%	
图 书 总 计	合计	新出	重印	租型	合计	租型
图 书 总 计	580208	165378	261422	153408	4.52	2.51
(一)使用《中国标准书号》部分合计	578661	164198	261069	153394	4.72	2.50
A 马克思主义、列宁主义、毛泽东思想	630	131	63	436	260.00	3533.33
B 哲学	2666	1873	793		8.55	-100.00
C 社会科学总论	1487	794	690	3	-39.65	50.00
D 政治、法律	4282	2698	832	752	7.18	1153.33
E 军事	419	253	166		-1.64	
F 经济	4188	2651	1537		-10.51	-100.00
G 文化、科学、教育、体育	480741	108683	220168	151890	4.30	1.75
H 语言、文字	8836	3787	5028	21	0.27	320.00
I 文学	35901	21975	13703	223	21.23	374.47
J 艺术	12335	7087	5204	44	-7.12	-22.81
K 历史、地理	6630	4557	2071	2	11.20	-97.18
N 自然科学总论	578	301	277		-3.83	
O 数理科学、化学	1364	506	858		1.26	
P 天文学、地球科学	721	384	337		58.81	-100.00
Q 生物科学	789	422	367		35.33	
R 医药、卫生	7504	2882	4616	6	72.47	-87.50
S 农业科学	1775	497	1278		-52.91	-100.00
T 工业技术	5050	2959	2090	1	-7.05	-83.33
U 交通运输	541	314	227		4.24	-100.00
V 航空、航天	99	62	37		130.23	
X 环境科学	361	229	120	12	-12.17	100.00
Z 综合性图书	1764	1153	607	4	-23.37	-33.33
(二)不使用《中国标准书号》部分合计	1547	1180	353	14	-39.12	
1. 图片	619	543	62	14	-12.32	
2. 国标(GB)、部标(BB)等标准类文件印品	170	144	26		165.63	
3. 活页文选、活页歌篇、小件印品等	759	493	265		-57.20	

地方出版单位各类图书出版数量及与上年相比增减百分比(续表2)

(三)总印张

	本年图书总印数(千印张)				与上年相比增减%	
	合计	新出	重印	租型	合计	租型
图书总计	42966207	14814845	17456421	10694941	6.93	-0.28
(一)使用《中国标准书号》部分合计	42911268	14774279	17442215	10694774	6.99	-0.28
A 马克思主义、列宁主义、毛泽东思想	33186	14107	8381	10698	27.09	915.95
B 哲学	359998	241969	118029		15.52	-100.00
C 社会科学总论	186101	112903	72958	240	-9.65	51.90
D 政治、法律	450397	322554	100067	27776	-3.27	86.91
E 军事	57213	35323	21874	16	-5.61	
F 经济	681687	424613	257074		-8.67	-100.00
G 文化、科学、教育、体育	32422324	8460127	13326067	10636130	6.47	-0.41
H 语言、文字	1164219	498069	663296	2854	4.33	264.96
I 文学	3811218	2414656	1385965	10597	24.24	77.50
J 艺术	923874	522015	398005	3854	4.62	0.68
K 历史、地理	756587	556685	199596	306	8.86	-92.19
N 自然科学总论	47986	26275	21711		0.09	
O 数理科学、化学	192397	80116	112281		14.83	
P 天文学、地球科学	69223	36658	32565		51.81	-100.00
Q 生物科学	72070	39640	32430		25.19	-100.00
R 医药、卫生	550461	341774	208066	621	12.87	-89.10
S 农业科学	128830	43749	85081		-44.04	-100.00
T 工业技术	706951	408464	298416	71	-0.19	-83.45
U 交通运输	68602	42677	25925		5.41	-100.00
V 航空、航天	10445	6989	3456		120.73	
X 环境科学	29369	20065	7992	1312	-2.25	197.51
Z 综合性图书	188130	124851	62980	299	-19.30	-51.85
(二)不使用《中国标准书号》部分合计	54939	40566	14206	167	-24.17	
1. 图片	19036	15428	3441	167	2.58	
2. 国标(GB)、部标(BB)等标准类文件印品	9548	8455	1093		163.90	
3. 活页文选、活页歌篇、小件印品等	26355	16683	9672		-47.58	

地方出版单位各类图书出版数量及与上年相比增减百分比(续表3)

(四)图书总定价

图 书 总 计	图 书 总 定 价(万 元)				
	合计	增减%	新出	重印	租型
图 书 总 计	7051192	13.40	3245706	2726547	1078939
(一)使用《中国标准书号》部分合计	7035300	13.56	3233060	2723335	1078905
A 马克思主义、列宁主义、毛泽东思想	6127	28.15	2688	1314	2125
B 哲学	78227	14.45	56790	21437	
C 社会科学总论	39979	25.45	27717	12166	96
D 政治、法律	99791	1.01	76012	18813	4966
E 军事	11971	3.47	7998	3969	4
F 经济	148632	-4.27	103087	45545	
G 文化、科学、教育、体育	4583993	13.90	1581358	1935773	1066862
H 语言、文字	214989	5.53	98971	115601	417
I 文学	773163	28.93	520536	250087	2540
J 艺术	340380	6.05	248391	91271	718
K 历史、地理	227865	19.18	183209	44602	54
N 自然科学总论	12245	27.22	7645	4600	
O 数理科学、化学	31254	9.61	12684	18570	
P 天文学、地球科学	17150	55.40	10103	7047	
Q 生物科学	18266	28.25	11060	7206	
R 医药、卫生	131547	21.51	82319	49086	142
S 农业科学	30629	-31.75	13470	17159	
T 工业技术	183665	3.86	125821	57831	13
U 交通运输	15580	11.07	10350	5230	
V 航空、航天	2435	111.19	1633	802	
X 环境科学	7726	5.79	5466	1606	654
Z 综合性图书	59686	-13.46	45752	13620	314
(二)不使用《中国标准书号》部分合计	15892	-29.28	12646	3212	34
1. 图片	7678	-7.76	6681	963	34
2. 国标(GB)、部标(BB)等标准类文件印品	2412	153.63	2165	247	
3. 活页文选、活页歌篇、小件印品等	5802	-56.04	3800	2002	

全国出版图书用纸量与上年相比增减百分比

	图书总计		书籍		课本		图片		附录	
	印张数	吨数	印张数	吨数	印张数	吨数	印张数	吨数	印张数	吨数
全国	5.12	5.11	9.61	9.61	-0.80	-0.80	-16.52	-16.53	42.31	42.33
中央	1.99	1.98	6.26	6.26	-3.35	-3.35	-62.60	-62.54	91.29	91.29
地方	6.93	6.93	11.49	11.49	0.73	0.73	2.58	2.57	-33.38	-33.41

全国出版图书用纸量

	图书总计		书籍		课本		图片		附录	
	印张数（千印张）	合吨数（吨）	印张数（千印张）	合吨数（吨）	印张数（千印张）	合吨数（吨）	印张数（千印张）	合吨数（吨）	印张数（千印张）	合吨数（吨）
全国	66699442	1567750	39403537	925983	27078790	636352	21914	828	195201	4587
中央	23733235	557773	13637481	320481	9933578	233439	2878	109	159298	3744
地方	42966207	1009977	25766056	605502	17145212	402912	19036	720	35903	844

注：从1982年开始，书籍、课本、附录按每千印张0.0235吨计算，图片按每千印张0.0378吨计算。

使用《中国标准书号》图书出版数量中各类图书所占百分比

	种数		租型种数	总印数		总印张		定价总金额	
	合计	新出		合计	租型	合计	租型	合计	租型
使用《中国标准书号》部分合计	100	100	100	100	100	100	100	100	100
A 马克思主义、列宁主义、毛泽东思想	0.14	0.16	0.05	0.20	0.28	0.33	0.10	0.27	0.20
B 哲学	2.02	2.45		0.74		1.26		1.70	
C 社会科学总论	1.25	1.38	0.07	0.42		0.78		1.07	0.01
D 政治、法律	4.06	5.37	0.50	1.97	0.49	2.99	0.26	3.70	0.46
E 军事	0.31	0.39	0.01	0.12		0.19		0.24	
F 经济	7.18	8.10	0.32	1.94	0.01	3.88	0.02	4.85	0.03
G 文化、科学、教育、体育	38.53	33.05	97.07	75.27	99.03	61.79	99.43	50.30	98.85
H 语言、文字	5.06	4.40	0.16	2.69	0.01	4.99	0.03	5.46	0.04
I 文学	10.20	12.50	1.13	6.17	0.14	8.30	0.10	9.50	0.23
J 艺术	5.52	6.47	0.36	2.12	0.03	2.29	0.04	4.56	0.07
K 历史、地理	4.09	5.25	0.07	1.59		2.25		4.12	0.01
N 自然科学总论	0.20	0.22		0.09		0.11		0.15	
O 数理科学、化学	1.73	1.25		0.53		1.03		1.00	
P 天文学、地球科学	0.59	0.67		0.15		0.20		0.31	
Q 生物科学	0.59	0.63		0.21		0.28		0.37	
R 医药、卫生	4.08	4.30	0.05	1.93		2.69	0.01	3.42	0.01
S 农业科学	1.42	1.29		0.48		0.51		0.67	
T 工业技术	10.64	9.55	0.07	2.59		4.97		6.46	
U 交通运输	1.02	0.89		0.33		0.53		0.74	
V 航空、航天	0.11	0.13		0.03		0.04		0.06	
X 环境科学	0.43	0.53	0.10	0.11	0.01	0.15	0.01	0.22	0.06
Z 综合性图书	0.83	1.02	0.04	0.32		0.44		0.83	0.03

全国各地区图书出版总量

				图 书 总 计								
		种数（种）		租型种数（种）	总印数（万册、张）			总印张（千印张）			定价总金额（万元）		
		合计	新出		合计	新出	租型	合计	新出	租型	合计	新出	租型
全国总计		414005	241986	10780	792464	247546	153838	66699442	25210522	10722500	11833682	5838104	1082274
中 央		170203	101402	80	212256	82168	430	23733235	10395677	27559	4782490	2592398	3335
地 方		243802	140584	10700	580208	165378	153408	42966207	14814845	10694941	7051192	3245706	1078939
北 京		9431	5611		13154	5962		1336633	674402		272865	160708	
天 津		5319	3886	220	4536	2066	1145	396645	196787	72382	92368	60096	8093
河 北		3976	2340	990	19719	3652	11567	1342836	232060	821473	159143	41461	79371
山 西		3403	1911	277	14789	5744	4261	1396280	757313	321170	211065	117714	32959
内 蒙 古		2863	1648	317	5849	1012	3193	429048	84902	236287	53761	19768	22533
辽 宁		9998	5596	5	11682	4586	6	959806	456776	401	187773	103937	42
吉 林		22263	13803	486	28512	13795	3635	2578900	1307182	262852	482845	273836	26157
黑 龙 江		4218	3113	340	6353	1457	2372	527206	179390	163765	81991	35238	17416
上 海		23777	13133	4	33571	12600	128	3134835	1405761	3005	668212	345519	698
江 苏		20407	11318	265	53761	18609	8384	3555095	1395344	555748	610094	308241	55356
浙 江		11478	5935	272	37250	9753	7528	2361735	770370	538503	392306	169232	53621
安 徽		9094	5202	666	24450	4611	10186	1743809	399325	755799	274061	97921	82188
福 建		3413	2329	212	9078	3905	3078	683579	314097	217612	106475	62805	20102
江 西		5127	3495	292	18196	4566	6445	1176694	339029	477883	179196	78953	45199
山 东		11654	5428	411	43151	8944	11508	2766016	648266	572725	400901	144980	62197
河 南		6314	3377	247	22919	2846	10569	1648908	272424	777962	216477	62289	73789
湖 北		14145	8362	1039	26463	8699	7252	2083728	825071	473139	374596	193530	59920
湖 南		10821	5753	542	36206	8873	10415	2368593	751857	594749	398521	153075	71354
广 东		9851	7454	141	29622	9056	8123	2228062	789802	657924	325714	177326	58093
广 西		8667	4289	354	28796	6815	6221	1927385	536882	473901	281592	107009	43276
海 南		3315	1484	181	7865	1950	1125	478241	154969	71149	86238	32388	8338
重 庆		5052	2155	263	13944	3691	2730	877072	254037	173480	157449	56529	21602
四 川		7794	4235	423	23587	4574	7374	1766175	409860	573062	234458	75207	52411
贵 州		966	575	332	7302	716	5337	483034	46728	380525	55746	9563	37275
云 南		7901	5430	298	16737	5431	6158	1281233	479861	455171	195616	100962	42535
西 藏		546	259	302	1354	120	781	106834	20556	59616	11863	2309	6053
陕 西		8468	4470	487	19640	5033	5202	1680576	542419	386713	283667	121554	37139
甘 肃		2617	1453	257	6614	1178	3701	549031	145605	286687	76948	32292	27815
青 海		557	319	216	1114	180	696	88124	18156	49648	10170	3796	4916
宁 夏		1676	1224	191	2736	905	868	236644	95993	62640	46122	26184	6289
新 疆		8691	4997	670	11258	4049	3420	773450	309621	218970	122959	71284	22202

全国各地区、各类图书出版数量

	种数(种) 合计	种数(种) 新出	租型种数(种)	总印数(万册、张) 合计	总印数(万册、张) 新出	总印数(万册、张) 租型	总印张(千印张) 合计	总印张(千印张) 新出	总印张(千印张) 租型	定价总金额(万元) 合计	定价总金额(万元) 新出	定价总金额(万元) 租型
全国总计	413313	241488	10704	788951	244907	153824	66482327	25063577	10722333	11765970	5788378	1082240
中 央	170138	101360	80	210290	80709	430	23571059	10289298	27559	4730670	2555318	3335
地 方	243175	140128	10624	578661	164198	153394	42911268	14774279	10694774	7035300	3233060	1078905
北 京	9431	5611		13154	5962		1336633	674402		272865	160708	
天 津	5314	3881	220	4535	2064	1145	396630	196772	72382	92358	60086	8093
河 北	3976	2340	990	19719	3652	11566	1342836	232060	821473	159143	41461	79371
山 西	3403	1911	277	14789	5744	4261	1396280	757313	321170	211065	117714	32959
内蒙古	2863	1648	311	5847	1012	3192	429006	84902	236245	53728	19768	22499
辽 宁	9994	5596	5	11680	4586	6	959769	456766	401	187749	103928	42
吉 林	22263	13803	486	28512	13795	3635	2578900	1307182	262852	482845	273836	26157
黑龙江	4171	3066	340	6210	1313	2372	525731	177914	163765	80811	34059	17416
上 海	23775	13131	4	33479	12512	128	3132849	1403843	3005	667300	344721	698
江 苏	20175	11214	265	53561	18469	8384	3546309	1389536	555748	606464	305536	55356
浙 江	11357	5830	272	36479	9229	7528	2326934	745669	538503	384836	163628	53621
安 徽	9094	5202	666	24450	4611	10186	1743809	399325	755799	274061	97921	82188
福 建	3409	2325	212	9072	3900	3078	683434	314072	217612	106429	62799	20102
江 西	5127	3495	292	18196	4566	6445	1176694	339029	477883	179196	78953	45199
山 东	11634	5428	411	43110	8914	11508	2763228	645837	572725	400299	144469	62197
河 南	6314	3377	247	22919	2846	10569	1648908	272424	777962	216477	62289	73789
湖 北	14145	8362	1039	26463	8699	7252	2083728	825071	473139	374596	193530	59920
湖 南	10655	5587	542	36075	8742	10415	2366982	750246	594749	397543	152097	71354
广 东	9850	7453	141	29612	9046	8123	2227477	789218	657924	325612	177224	58093
广 西	8659	4281	354	28771	6791	6221	1926764	536379	473901	281390	106845	43276
海 南	3315	1484	181	7804	1913	1125	477160	154271	71149	85974	32219	8338
重 庆	5049	2155	263	13942	3691	2730	877036	254037	173480	157429	56529	21602
四 川	7794	4235	423	23587	4574	7374	1766175	409860	573062	234458	75207	52411
贵 州	966	575	332	7302	716	5337	483034	46728	380525	55746	9563	37275
云 南	7899	5428	298	16729	5425	6158	1280932	479577	455171	195523	100879	42535
西 藏	546	259	302	1354	120	781	106834	20556	59616	11863	2309	6053
陕 西	8461	4463	487	19601	4994	5202	1680742	541985	386713	283385	121271	37139
甘 肃	2614	1450	257	6614	1178	3701	548983	145557	286687	76910	32253	27815
青 海	557	319	216	1114	180	696	88124	18156	49648	10170	3796	4916
宁 夏	1676	1224	191	2736	905	868	236644	95993	62640	46122	26184	6289
新 疆	8689	4995	600	11245	4049	3408	773303	309599	218845	122953	71278	22202

(一)使用《中国标准书号》部分合计

全国各地区、各类图书出版数量(续表1)

				A 马克思主义、列宁主义、毛泽东思想								
		种数(种)		租型种数(种)	总印数(万册、张)			总印张(千印张)			定价总金额(万元)		
		合计	新出		合计	新出	租型	合计	新出	租型	合计	新出	租型
全国总计		594	379	5	1596	259	436	216972	38756	10698	31649	9713	2125
中 央		312	197		966	128		183786	24649		25522	7025	
地 方		282	182	5	630	131	436	33186	14107	10698	6127	2688	2125
北 京		6	6		3	3		294	294		69	69	
天 津		3	1		2			428	42		63	8	
河 北		3	2		1			197	64		85	61	
山 西		4	2		2	2		194	152		45	41	
内 蒙 古		5	5		2	2		558	558		68	68	
辽 宁		16	10		5	3		526	391		128	99	
吉 林		18	13		10	8		1067	833		213	161	
黑 龙 江		10	10		1	1		164	164		37	37	
上 海		16	13		6	5		1173	1029		259	223	
江 苏		13	8		6	2		931	358		167	89	
浙 江		11	9	4	500	62	435	14978	4350	10532	2813	689	2103
安 徽		22	10		29	17		2591	2076		329	254	
福 建		2			2			297			63		
江 西		3	3		1	1		125	125		20	20	
山 东		4	2		1	1		147	58		24	13	
河 南		2			1			195			26		
湖 北		70	37		23	11		4151	1738		748	376	
湖 南		16	14		3	2		397	348		139	129	
广 东		9	7		4	4		772	653		177	156	
广 西		4	1		4			514	16		98	4	
海 南													
重 庆		2	1		1			164	63		26	11	
四 川		15	11		7	5		898	525		187	115	
贵 州													
云 南		4	4		1	1		90	90		24	24	
西 藏													
陕 西		16	7	1	14	1	1	2228	93	166	295	20	22
甘 肃		7	5		1			99	79		20	17	
青 海													
宁 夏		1	1					8	8		4	4	
新 疆													

全国各地区、各类图书出版数量(续表2)

	B 哲学										
	种数(种)		租型种数(种)	总印数(万册、张)			总印张(千印张)			定价总金额(万元)	
	合计	新出		合计	新出	租型	合计	新出	租型	合计	新出	租型
全国总计	8338	5908		5853	3789		840613	538541		199744	143083	
中 央	4681	3321		3187	1916		480615	296572		121517	86293	
地 方	3657	2587		2666	1873		359998	241969		78227	56790	
北 京	312	240		201	168		29803	24776		5663	4794	
天 津	102	62		41	21		5362	2861		1039	626	
河 北	18	17		4	2		685	613		126	112	
山 西	35	33		12	11		1608	1474		389	371	
内 蒙 古	23	20		8	6		1913	1672		761	706	
辽 宁	96	57		51	32		7873	4348		1488	907	
吉 林	247	160		234	158		24884	17492		5485	3969	
黑 龙 江	87	80		33	31		4642	4299		864	813	
上 海	782	486		626	375		89574	44242		18501	10611	
江 苏	356	251		322	201		42234	25187		9359	5972	
浙 江	111	76		71	51		9071	6641		2172	1744	
安 徽	158	112		95	64		12354	8529		2849	2128	
福 建	45	36		18	11		3181	2400		584	452	
江 西	56	45		26	19		4191	3032		736	592	
山 东	87	69		47	33		6499	4795		1229	999	
河 南	105	62		78	41		8084	4350		1851	1119	
湖 北	229	170		129	102		16950	13694		3444	2834	
湖 南	48	39		23	17		2403	1944		565	454	
广 东	119	86		54	37		8252	5339		1798	1275	
广 西	69	55		114	99		14131	10942		4557	3852	
海 南	63	40		52	34		7736	5327		1665	1173	
重 庆	27	15		15	9		1517	902		333	189	
四 川	110	73		41	24		5177	2759		1023	570	
贵 州	35	31		21	19		831	696		174	147	
云 南	31	28		13	11		2871	2394		606	510	
西 藏	64	47		28	22		13318	11977		884	659	
陕 西	155	126		117	97		20048	17478		4039	3510	
甘 肃	24	23		12	11		2900	2866		4212	4204	
青 海	22	11		16	4		3465	624		453	146	
宁 夏	15	14		4	4		1173	1111		153	139	
新 疆	26	23		160	159		7268	7205		1225	1213	

全国各地区、各类图书出版数量(续表3)

		C 社会科学总论										
		种数(种)		租型种数(种)	总印数(万册、张)			总印张(千印张)			定价总金额(万元)		
		合计	新出		合计	新出	租型	合计	新出	租型	合计	新出	租型
全国总计		5163	3327	8	3338	1835	4	517049	305595	483	125634	89537	137
中央		3031	1898	4	1851	1041	1	330948	192692	243	85655	61820	41
地方		2132	1429	4	1487	794	3	186101	112903	240	39979	27717	96
北京		109	76		72	49		12049	8650		2226	1653	
天津		55	42		19	15		2910	2170		649	524	
河北		18	16		7	2		838	398		163	94	
山西		18	17		6	5		964	837		229	207	
内蒙古		15	14		3	3		700	686		181	178	
辽宁		132	80		56	29		8352	4221		1957	1098	
吉林		56	43		36	31		4879	4252		1199	1075	
黑龙江		38	29		12	7		1617	1122		292	224	
上海		318	203		166	77		29957	13916		7237	4554	
江苏		128	90		162	140		20526	17207		5114	4515	
浙江		260	193		199	172		19798	15365		5120	4267	
安徽		58	27		20	11		2889	1511		581	308	
福建		29	22		10	7		1933	1312		365	275	
江西		29	20		18	12		2792	1708		535	417	
山东		53	33		41	20		4834	2755		1313	878	
河南		45	33		13	8		1689	1183		382	276	
湖北		151	96	4	53	35	3	8655	5419	240	1858	1308	96
湖南		32	23		8	5		1524	992		294	205	
广东		101	58		41	21		6536	3491		1459	921	
广西		39	27		24	11		2684	1596		861	531	
海南		21	16		13	10		2012	1284		442	309	
重庆		54	17		16	7		2384	1071		531	258	
四川		131	84		38	22		5081	2794		1077	662	
贵州		6	5		2	2		374	353		67	63	
云南		51	48		14	11		2663	1998		870	743	
西藏													
陕西		97	37		372	19		23411	3003		3353	635	
甘肃		59	55		55	53		11656	11362		1311	1257	
青海													
宁夏		18	18		5	5		1745	1745		158	158	
新疆		11	7		6	5		649	502		155	124	

全国各地区、各类图书出版数量(续表4)

	D 政 治、法 律										
	种数(种)		租型种数(种)	总印数(万册、张)			总印张(千印张)			定价总金额(万元)		
	合计	新出		合计	新出	租型	合计	新出	租型	合计	新出	租型
全国总计	16791	12967	53	15551	10823	755	1988298	1402474	27942	435736	322803	4993
中 央	12103	9346	4	11269	8125	3	1537901	1079920	166	335945	246791	27
地 方	4688	3621	49	4282	2698	752	450397	322554	27776	99791	76012	4966
北 京	136	118		138	129		16722	15336		3765	3520	
天 津	220	183	4	113	60	42	10721	7464	1112	2135	1502	216
河 北	81	54	7	223	28	159	11892	3587	6460	2385	893	1125
山 西	68	49		37	13		5822	2497		1218	704	
内 蒙 古	33	28		24	14		2802	1290		506	277	
辽 宁	233	188		121	97		18993	16039		4117	3560	
吉 林	195	118		83	46		9453	6213		1936	1119	
黑 龙 江	101	97	5	67	65	1	8979	8820	51	1714	1684	12
上 海	707	550	4	442	216	128	57764	37680	3005	12711	9108	698
江 苏	367	282		366	256		41903	30677		12534	9975	
浙 江	160	112		117	73		15266	9892		3498	2361	
安 徽	79	64		26	19		3617	2723		741	559	
福 建	147	105	4	180	26	119	15063	5910	4241	3152	1562	743
江 西	61	46		80	74		5293	4556		971	833	
山 东	75	51		42	29	6	7121	5855	120	1673	1426	27
河 南	160	102		67	38		11488	6429		2924	1893	
湖 北	359	266		416	285		33144	23480		6106	5002	
湖 南	137	116	1	137	119		14551	12256	85	3286	2909	34
广 东	273	224		161	129		23476	18702		5665	4761	
广 西	159	117	4	362	273	42	26754	19435	1908	4929	3354	314
海 南	38	36	4	122	95	26	11645	10512	1067	2310	2149	149
重 庆	44	25		11	7		1570	1151		303	231	
四 川	309	238	4	264	153	66	28930	20220	2557	5794	4052	438
贵 州	20	9		6	3		722	303		159	67	
云 南	184	154	4	224	43	148	16956	6633	6384	3861	2033	1070
西 藏	25	13	8	27	8	15	1952	586	786	362	123	140
陕 西	160	131		362	339		39892	36652		9266	8631	
甘 肃	45	40		12	10		1962	1793		423	394	
青 海	15	15		2	2		345	345		79	79	
宁 夏	26	26		5	5		1048	1048		265	265	
新 疆	71	64		45	44		4551	4470		1003	986	

全国各地区、各类图书出版数量(续表5)

	种数(种)		租型种数(种)	总印数(万册、张)			总印张(千印张)			定价总金额(万元)		
	合计	新出		合计	新出	租型	合计	新出	租型	合计	新出	租型
全国总计	1279	936	1	948	645		129515	89674	16	28612	21135	4
中 央	744	590		529	392		72302	54351		16641	13137	
地 方	535	346	1	419	253		57213	35323	16	11971	7998	4
北 京	16	13		13	9		2221	1703		972	887	
天 津	8	5		4	2		414	266		86	62	
河 北	2	2		1	1		133	133		42	42	
山 西	3	3		2	2		222	222		52	52	
内 蒙 古	2			1			102			17		
辽 宁	20	12		8	5		1422	820		294	202	
吉 林	58	24		46	23		4982	3135		1012	612	
黑 龙 江	17	16	1	22	18		3049	2632	16	453	391	4
上 海	31	18		23	9		3138	985		662	324	
江 苏	34	22		53	43		8974	8131		1535	1340	
浙 江	24	7		22	8		2857	1108		522	219	
安 徽	57	35		36	15		4209	1659		812	366	
福 建	8	4		14	2		2439	482		323	60	
江 西	11	10		7	6		810	622		159	141	
山 东	15	9		11	5		1453	873		356	217	
河 南	14	5		19	6		1939	376		577	104	
湖 北	48	26		28	19		3730	2162		790	478	
湖 南	14	9		7	3		1033	458		187	88	
广 东	39	37		25	19		3180	2263		800	622	
广 西	9	3		8	4		1828	347		236	50	
海 南	1			1			165			25		
重 庆												
四 川	30	22		20	14		1883	1189		365	256	
贵 州	1	1		1	1		256	256		40	40	
云 南	5	5		2	2		375	375		104	104	
西 藏	1						10			2		
陕 西	51	42		38	30		5084	3821		1144	937	
甘 肃	3	3		2	2		353	353		81	81	
青 海												
宁 夏	5	5		2	2		347	347		114	114	
新 疆	8	8		3	3		605	605		209	209	

全国各地区、各类图书出版数量(续表6)

		F 经济									
		种数(种)		租型种数(种)	总印数(万册、张)			总印张(千印张)			定价总金额(万元)		
		合计	新出		合计	新出	租型	合计	新出	租型	合计	新出	租型
全国总计		29681	19558	34	15285	9271	10	2582612	1562911	1755	571156	385909	316
中 央		20307	13363	34	11097	6620	10	1900925	1138298	1755	422524	282822	316
地 方		9374	6195		4188	2651		681687	424613		148632	103087	
北 京		468	272		263	181		44385	30860		9875	7559	
天 津		314	190		99	49		15222	7831		3372	1995	
河 北		49	41		20	14		2356	1666		913	795	
山 西		132	119		51	45		8826	8066		2653	2476	
内 蒙 古		42	36		6	5		1224	930		371	314	
辽 宁		890	482		435	198		74262	33640		13570	6531	
吉 林		168	128		68	46		8797	6620		1737	1341	
黑 龙 江		220	171		62	34		10439	6589		2466	1688	
上 海		1999	1271		1131	688		197579	109618		37903	23447	
江 苏		584	393		242	178		37630	26525		9075	6906	
浙 江		407	249		178	111		26044	16160		6407	4451	
安 徽		216	154		68	47		10272	7282		2145	1603	
福 建		183	123		64	38		11789	6578		2200	1409	
江 西		83	76		128	127		9742	9237		1592	1544	
山 东		138	94		75	57		18218	15515		3984	3463	
河 南		194	126		58	35		10154	6634		2946	2333	
湖 北		869	571		329	200		49191	30516		11710	8547	
湖 南		212	154		57	38		10071	6467		2601	1943	
广 东		652	476		273	201		43160	31995		10624	8502	
广 西		117	94		78	36		13507	8711		3455	2064	
海 南		60	50		51	41		7716	6329		1679	1394	
重 庆		191	71		61	26		8959	3618		1906	903	
四 川		627	398		185	111		29190	17929		6499	4443	
贵 州		11	8		23	1		2082	230		382	59	
云 南		168	139		54	47		8905	8168		2948	2810	
西 藏		6	4		1	1		116	87		24	19	
陕 西		249	191		96	71		15888	11340		3446	2509	
甘 肃		52	49		12	12		2945	2885		1011	1000	
青 海		13	13		3	3		596	596		171	171	
宁 夏		32	28		11	6		1742	1513		745	687	
新 疆		28	24		6	4		680	478		222	181	

全国各地区、各类图书出版数量(续表7)

						G 文化、科学、教育、体育					
	种数(种)		租型种数(种)	总印数(万册、张)			总印张(千印张)			定价总金额(万元)		
	合计	新出		合计	新出	租型	合计	新出	租型	合计	新出	租型
全国总计	159190	79841	10392	593715	137281	152303	41077233	10891552	10661199	5916386	2057333	1069675
中　　央	30140	15542	28	112974	28598	412	8654909	2431425	25069	1332393	475975	2813
地　　方	129050	64299	10364	480741	108683	151890	32422324	8460127	10636130	4583993	1581358	1066862
北　　京	4741	2416		8668	3149		765600	304581		136056	61123	
天　　津	1347	963	216	2442	758	1103	183936	60776	71270	29884	14254	7877
河　　北	2627	1340	948	18112	2671	11365	1217562	153925	809985	132252	22836	77341
山　　西	2134	962	277	14212	5388	4261	1315747	702146	321170	190891	102429	32959
内 蒙 古	1915	852	311	5482	747	3192	385371	51923	236245	42026	9980	22499
辽　　宁	4040	2007	4	8391	2729	6	545191	217023	370	90204	43005	36
吉　　林	13471	7797	485	21000	8665	3632	1812032	767977	262792	325602	159046	26125
黑 龙 江	1335	839	328	5189	577	2370	368303	50038	163603	52407	11500	17377
上　　海	7260	3221		18899	4888		1259697	416115		262577	101022	
江　　苏	11113	5375	265	45386	13673	8384	2609926	840252	555748	379436	151844	55356
浙　　江	5851	2696	265	28003	6854	7092	1772335	486623	527871	243952	85600	51500
安　　徽	5337	2582	666	22364	3302	10186	1497196	240216	755799	208910	49787	82188
福　　建	1550	961	208	7837	3138	2959	559628	234288	213371	74890	39559	19359
江　　西	2605	1618	292	14934	2566	6445	914223	174475	477883	113661	34571	45199
山　　东	7647	2917	411	37578	6092	11502	2277955	390224	572605	282579	68013	62170
河　　南	2974	1209	246	20987	1800	10569	1432497	150498	777949	157873	23328	73785
湖　　北	6447	3256	893	20994	5316	7114	1409559	427729	463360	224556	91709	56952
湖　　南	5833	2174	541	30205	4952	10415	1716274	329324	594664	269415	61297	71320
广　　东	5653	4203	141	26302	6386	8123	1909041	542780	657924	234222	100319	58093
广　　西	5950	2680	348	25681	5267	6170	1625761	364021	471430	198676	60208	42887
海　　南	2525	931	177	6887	1384	1099	372777	90555	70082	59754	16128	8189
重　　庆	2210	707	259	10448	2063	2616	603045	112544	170675	97653	19883	20960
四　　川	3325	1467	418	21083	3201	7308	1484364	242680	570492	170889	33928	51969
贵　　州	353	131	332	6738	346	5337	449141	25084	380525	46600	3548	37275
云　　南	6083	3912	294	15973	4955	6010	1184352	405870	448787	164000	73751	41465
西　　藏	295	99	291	1240	63	761	84710	5077	57378	9315	864	5674
陕　　西	4400	1757	484	16182	2988	5199	1233037	274648	386332	182813	54653	37085
甘　　肃	1255	449	257	5733	761	3701	455331	78806	286687	54680	13599	27815
青　　海	340	130	216	1036	128	696	76177	10651	49648	7047	1205	4916
宁　　夏	1124	727	191	2522	746	868	211667	74331	62640	34529	15663	6289
新　　疆	7310	3921	600	10233	3130	3408	689889	234947	218845	106644	56706	22202

全国各地区、各类图书出版数量(续表8)

		H 语 言、文 字										
		种数(种)		租型种数(种)	总印数(万册、张)			总印张(千印张)			定价总金额(万元)		
		合计	新出		合计	新出	租型	合计	新出	租型	合计	新出	租型
全国总计		20923	10623	17	21211	7450	22	3319899	1094318	2941	642013	227933	433
中 央		11578	5593	2	12375	3663	1	2155680	596249	87	427024	128962	16
地 方		9345	5030	15	8836	3787	21	1164219	498069	2854	214989	98971	417
北 京		401	260		434	302		71209	51093		10670	7832	
天 津		293	197		108	77		14395	10309		2771	2044	
河 北		94	61	13	91	40	17	6594	2318	1401	1279	687	168
山 西		46	38		18	14		3184	2671		596	499	
内 蒙 古		56	32		23	12		2483	830		379	162	
辽 宁		823	426		446	198		56401	26142		12370	5663	
吉 林		443	313		342	250		38118	25310		7312	5192	
黑 龙 江		241	161		87	47		10256	6164		2143	1278	
上 海		2656	1220		3447	1121		518193	166619		94420	32930	
江 苏		644	344		458	237		60063	25831		10499	5197	
浙 江		605	277		1067	461		105123	47221		19390	8954	
安 徽		344	190		212	93		24806	10851		4838	2533	
福 建		61	29		28	7		3560	1473		624	290	
江 西		84	54		64	33		6734	2894		1667	1094	
山 东		123	70		149	103		18217	12051		3125	2163	
河 南		205	133		92	46		10302	5663		2341	1515	
湖 北		498	255	1	230	119	2	28529	13386	161	5497	2816	32
湖 南		100	52		41	17		7115	2672		1334	587	
广 东		257	156		195	79		29877	10885		5634	2598	
广 西		58	25		32	5		3807	876		748	220	
海 南		34	31		36	20		2601	2076		647	446	
重 庆		81	23		28	8		4017	1134		874	291	
四 川		279	147		123	58		21884	10272		3536	1782	
贵 州		40	38		37	30		2929	2003		792	631	
云 南		75	58		26	20		4070	2853		931	716	
西 藏		17	6	1	13	2	2	2058	311	1292	360	70	217
陕 西		494	263		540	293		74168	40282		15737	8414	
甘 肃		231	130		441	82		31018	12604		4004	2065	
青 海		14	4		13	1		832	93		119	17	
宁 夏		12	12		3	3		270	270		79	79	
新 疆		36	25		12	9		1406	912		273	206	

全国各地区、各类图书出版数量(续表9)

				I 文		学						
		种数(种)		租型种数(种)	总印数(万册、张)			总印张(千印张)			定价总金额(万元)		
		合计	新出		合计	新出	租型	合计	新出	租型	合计	新出	租型
全国总计		42148	30190	121	48661	30982	223	5517309	3619899	10597	1118035	776824	2540
中 央		12598	9682		12760	9007		1706091	1205243		344872	256288	
地 方		29550	20508	121	35901	21975	223	3811218	2414656	10597	773163	520536	2540
北 京		1340	877		1855	1073		224038	125891		44082	26764	
天 津		864	557		870	450		75557	44827		17772	10685	
河 北		408	353	2	561	483	3	48169	39684	593	9712	8283	52
山 西		228	195		121	98		16206	13352		3475	2902	
内 蒙 古		347	303		142	125		15033	13439		3717	3387	
辽 宁		1006	796		981	615		105525	72378		20959	14009	
吉 林		3589	2598		2918	2202		313220	237761		60819	46908	
黑 龙 江		370	316	4	165	149	1	22105	20544	60	3807	3477	15
上 海		2891	1868		2835	1918		421709	308571		80918	60626	
江 苏		2330	1518		3228	1951		389663	226380		76948	48813	
浙 江		1199	568		1418	512		135392	50625		27946	13269	
安 徽		901	669		587	328		72052	43139		16575	10834	
福 建		596	491		512	414		46197	36363		11334	9268	
江 西		927	641		1490	855		126408	84988		25883	17374	
山 东		1253	669		2965	1215		221820	91407		45763	22166	
河 南		498	378		318	223		35797	25224		7991	5851	
湖 北		1550	961	104	2378	1378	91	309989	161901	6188	59458	36151	1698
湖 南		1979	1505		3518	2531		435088	296911		72248	53339	
广 东		903	781		1452	1335		98766	88882		24578	22452	
广 西		1070	675	2	1754	795	9	156757	87934	563	37467	20250	75
海 南		362	229		535	258		56684	27678		15104	7210	
重 庆		1552	1006	4	3036	1454	114	212610	118690	2805	46324	30899	642
四 川		992	614	1	727	383		89443	52204	13	16916	10067	4
贵 州		204	201		270	269		12244	12132		3227	3205	
云 南		335	313		156	140		24311	22102		5396	4946	
西 藏		60	46	2	19	9	3	2256	1175	160	390	228	22
陕 西		642	481	2	588	411	2	75376	52688	215	17787	12878	32
甘 肃		371	280		141	95		17429	13123		3532	2755	
青 海		78	73		23	21		3684	3055		807	734	
宁 夏		209	193		86	80		7655	7025		6507	6151	
新 疆		496	353		252	205		40035	34583		5721	4655	

全国各地区、各类图书出版数量(续表10)

	J 艺 术											
	种数(种)		租型种数(种)	总印数(万册、张)			总印张(千印张)			定价总金额(万元)		
	合计	新出		合计	新出	租型	合计	新出	租型	合计	新出	租型
全国总计	22832	15636	38	16761	9850	44	1521605	944017	3854	536243	399240	718
中 央	6846	4618		4426	2763		597731	422002		195863	150849	
地 方	15986	11018	38	12335	7087	44	923874	522015	3854	340380	248391	718
北 京	562	447		306	239		29005	22906		14316	12303	
天 津	793	682		384	339		22415	18888		17901	16219	
河 北	112	74	16	77	15	19	9649	1706	2668	2249	990	367
山 西	133	102		60	34		6595	2494		2361	1693	
内 蒙 古	64	60		23	22		3349	3240		1495	1471	
辽 宁	652	377		228	153		20072	13374		9452	7050	
吉 林	1038	725	1	1332	806	3	100357	57337	60	22376	16343	32
黑 龙 江	258	252		31	30		2045	1850		1078	1044	
上 海	3052	1576		2672	793		201680	68705		61523	34784	
江 苏	1214	776		1378	691		82797	38784		30224	19249	
浙 江	890	550		395	192		34254	20171		18614	14872	
安 徽	564	419		260	163		29315	20439		13599	11424	
福 建	191	176		59	49		4061	3190		2265	2040	
江 西	790	641		1087	690		53529	32895		22599	16148	
山 东	859	737		578	485		36621	31023		17829	15565	
河 南	309	244		129	86		12428	9095		6350	5529	
湖 北	731	566	21	491	383	22	43830	34801	1126	13385	10815	319
湖 南	1383	919		1299	763		97865	61473		26912	18442	
广 东	466	442		338	326		28084	26541		16721	16388	
广 西	485	199		261	81		25832	9722		11168	3938	
海 南	25	21		15	11		1125	923		563	463	
重 庆	248	91		104	37		14073	4678		3516	1304	
四 川	418	342		233	185		14764	11253		7837	6531	
贵 州	28	21		11	9		688	446		365	302	
云 南	128	124		25	24		4140	4034		3509	3478	
西 藏	6	5		2	2		169	133		39	34	
陕 西	216	167		137	91		28558	7056		6108	4383	
甘 肃	81	73		23	15		2407	1988		1845	1705	
青 海	20	19		6	6		764	592		580	544	
宁 夏	31	30		9	7		693	603		344	324	
新 疆	239	161		382	360		12710	11675		3257	3016	

全国各地区、各类图书出版数量(续表11)

	K 历史、地理										
	种数(种)		租型种数(种)	总印数(万册、张)			总印张(千印张)			定价总金额(万元)		
	合计	新出		合计	新出	租型	合计	新出	租型	合计	新出	租型
全国总计	16916	12687	8	12583	7970	3	1492909	1035012	349	485101	383095	142
中 央	7659	5807	3	5953	3413	2	736322	478327	43	257236	199886	88
地 方	9257	6880	5	6630	4557	2	756587	556685	306	227865	183209	54
北 京	370	305		329	264		53226	45229		23432	21695	
天 津	192	137		96	49		11100	6794		3178	2336	
河 北	89	37	1	120	21	1	10066	2643	227	2563	1301	36
山 西	263	202		132	80		19049	14185		5439	4284	
内 蒙 古	148	135		29	27		5006	4650		1696	1615	
辽 宁	292	204	1	168	126		21989	16851	31	5272	4309	6
吉 林	1476	997		1258	886		119117	84211		26227	18651	
黑 龙 江	143	102	2	125	66		11611	9109	35	3113	2124	8
上 海	1047	802		907	715		86570	62045		26928	22157	
江 苏	649	492		484	321		62699	46583		18473	14699	
浙 江	387	267		324	167		62720	38283		17305	12239	
安 徽	370	320		246	221		28971	25591		10935	10240	
福 建	166	148		107	93		9090	7855		3164	2867	
江 西	118	108		70	65		10422	8854		2336	2200	
山 东	227	173		122	99		11562	8782		4496	3860	
河 南	310	247	1	261	213		25730	19125	13	8296	7059	4
湖 北	524	391		300	231		32392	25086		10163	7883	
湖 南	285	196		210	113		19506	11105		6907	5058	
广 东	495	374		332	187		29595	24219		9972	8009	
广 西	284	190		148	85		28998	20377		8067	5974	
海 南	62	60		31	28		5561	4879		1600	1475	
重 庆	37	23		22	13		2425	1837		769	584	
四 川	348	205		281	116		17196	10921		6185	4354	
贵 州	87	38		32	13		3537	1799		940	554	
云 南	199	171		54	48		9323	8651		3862	3709	
西 藏	32	23		11	9		996	713		225	179	
陕 西	335	268		292	206		37909	29143		10720	8895	
甘 肃	97	81		36	30		6408	5735		1776	1664	
青 海	22	21		8	8		1100	1039		490	476	
宁 夏	120	94		56	21		7010	4972		1958	1436	
新 疆	83	69		39	36		5703	5419		1378	1323	

全国各地区、各类图书出版数量（续表12）

	_	_	_	N 自然科学总论								
	种数(种)		租型种数(种)	总印数(万册、张)			总印张(千印张)			定价总金额(万元)		
	合计	新出		合计	新出	租型	合计	新出	租型	合计	新出	租型
全国总计	846	530		736	375		69844	34949		17308	10455	
中 央	247	125		158	74		21858	8674		5063	2810	
地 方	599	405		578	301		47986	26275		12245	7645	
北 京	49	32		44	21		4036	1593		884	421	
天 津	13	9		4	3		393	307		98	84	
河 北	75	73		22	21		2092	1948		512	481	
山 西	6	2		3	1		550	423		153	128	
内 蒙 古	9	9		6	6		733	733		185	185	
辽 宁	11	7		7	3		788	417		190	73	
吉 林	62	33		80	43		8799	5336		1770	1071	
黑 龙 江	6	6		2	2		197	197		54	54	
上 海	107	64		116	46		10001	4049		2301	823	
江 苏	19	12		6	4		729	563		196	155	
浙 江	23	17		12	9		1455	1051		396	316	
安 徽	14	11		5	4		682	456		153	113	
福 建	2	1					44	13		9	4	
江 西	9	9		3	3		426	426		89	89	
山 东	41	34		174	78		8199	3066		2817	2229	
河 南	12	6		4	2		442	244		88	46	
湖 北	11	7		11	4		808	334		164	102	
湖 南	2	2					41	41		23	23	
广 东	17	15		8	7		829	767		242	230	
广 西	17	3		18	2		1595	128		724	26	
海 南	1	1		1	1		84	84		21	21	
重 庆	1						28			4		
四 川	25	7		6	3		489	213		118	47	
贵 州	2	2					26	26		5	5	
云 南	1	1					45	45		13	13	
西 藏	1						18			3		
陕 西	8	5		13	10		1264	855		280	201	
甘 肃	51	33		32	27		3060	2827		721	673	
青 海	1	1					24	24		5	5	
宁 夏	1	1					11	11		4	4	
新 疆	2	2		1	1		98	98		23	23	

全国各地区、各类图书出版数量(续表13)

	O 数理科学、化学										
	种数(种)		租型种数(种)	总印数(万册、张)			总印张(千印张)			定价总金额(万元)	
	合计	新出		合计	新出	租型	合计	新出	租型	合计	新出	租型
全国总计	7143	3007		4163	1299		684962	211346		117321	40568	
中 央	4685	1851		2799	793		492565	131230		86067	27884	
地 方	2458	1156		1364	506		192397	80116		31254	12684	
北 京	51	19		86	16		8450	1176		1586	355	
天 津	99	32		38	10		6466	1415		1037	321	
河 北	17	17		83	85		3753	3753		649	649	
山 西	7	7		3	3		398	398		78	78	
内 蒙 古	27	13		12	2		1271	186		243	35	
辽 宁	128	42		41	14		6274	1767		1188	385	
吉 林	82	56		74	44		9602	5837		1837	1221	
黑 龙 江	280	201		79	49		28745	25140		1988	1480	
上 海	412	174		179	56		29168	8390		5465	1753	
江 苏	263	107		128	45		18301	6689		3257	1314	
浙 江	114	51		34	14		4731	1896		972	436	
安 徽	130	58		46	17		7412	2806		1422	601	
福 建	18	10		5	2		1015	357		158	65	
江 西	20	5		11	1		1590	141		244	27	
山 东	124	38		143	30		14811	3367		1770	470	
河 南	29	18		10	6		1543	1054		274	184	
湖 北	215	89		184	43		15891	5091		2462	1004	
湖 南	27	16		9	5		1744	957		335	200	
广 东	45	19		17	7		2041	1087		409	228	
广 西	12	8		5	3		596	452		135	103	
海 南	2	2					34	34		13	13	
重 庆	38	13		14	7		2116	958		396	198	
四 川	109	55		29	14		4354	2291		817	444	
贵 州				2			95			31		
云 南	15	8		2	1		280	159		57	36	
西 藏												
陕 西	183	88		128	31		21397	4467		4369	1032	
甘 肃	10	9		2	1		307	236		59	49	
青 海												
宁 夏	1	1					12	12		3	3	
新 疆												

全国各地区、各类图书出版数量(续表14)

	P 天文学、地球科学										
	种数(种)		租型种数(种)	总印数(万册、张)			总印张(千印张)			定价总金额(万元)		
	合计	新出		合计	新出	租型	合计	新出	租型	合计	新出	租型
全国总计	2438	1621		1213	676		134489	73730		36019	23518	
中 央	1351	928		492	292		65266	37072		18869	13415	
地 方	1087	693		721	384		69223	36658		17150	10103	
北 京	83	44		106	40		8484	2800		1956	809	
天 津	44	38		20	17		1564	1347		431	385	
河 北	13	1		13			1111	13		206	3	
山 西												
内 蒙 古	14	11		13	5		1281	576		299	141	
辽 宁	24	21		19	17		1667	1437		384	344	
吉 林	111	60		120	63		12035	7452		2520	1526	
黑 龙 江	22	20		10	9		1029	859		244	219	
上 海	41	31		18	11		2623	1394		685	476	
江 苏	58	35		29	16		3074	1426		703	406	
浙 江	156	92		86	38		7296	3507		1831	1059	
安 徽	44	38		19	15		2158	1787		522	433	
福 建	4	1		1			32	6		9	1	
江 西	9	5		6	2		686	213		149	49	
山 东	31	16		14	5		1667	665		435	204	
河 南	66	43		24	16		2946	1827		625	421	
湖 北	142	60		73	24		8725	2543		2436	1055	
湖 南	10	9		2	2		310	265		115	105	
广 东	55	51		22	21		2243	2212		760	747	
广 西	6	5		6	6		199	183		62	59	
海 南	5	5		7	7		1002	1002		174	174	
重 庆	8	1		3	1		368	39		86	22	
四 川	43	33		19	16		1820	1358		443	361	
贵 州	4	3		18	1		927	74		294	17	
云 南	15	12		13	13		527	474		122	108	
西 藏	2	1		1	1		83	71		15	13	
陕 西	42	24		33	12		3030	844		1041	376	
甘 肃	20	19		19	19		1976	1960		463	460	
青 海	1	1					15	15		3	3	
宁 夏	4	4		1	1		116	116		36	36	
新 疆	10	9		6	6		229	193		101	91	

全国各地区、各类图书出版数量(续表15)

	Q 生 物 科 学									
	种数(种)		租型种数(种)	总印数(万册、张)			总印张(千印张)			定价总金额(万元)		
	合计	新出		合计	新出	租型	合计	新出	租型	合计	新出	租型
全国总计	2442	1512		1653	960		186112	90431		44059	26419	
中　央	1385	812		864	538		114042	50791		25793	15359	
地　方	1057	700		789	422		72070	39640		18266	11060	
北　京	131	70		133	50		10701	3571		2564	1096	
天　津	66	57		30	26		2615	2215		675	614	
河　北	7	4		3	2		251	181		54	40	
山　西	6	6		2	2		205	205		86	86	
内 蒙 古	17	13		21	11		1574	655		416	218	
辽　宁	32	32		24	24		1642	1642		718	718	
吉　林	135	72		166	93		16425	10190		3407	2086	
黑 龙 江	42	42		16	16		1832	1832		449	449	
上　海	88	58		47	27		4566	2959		1129	777	
江　苏	59	20		32	12		3431	813		780	280	
浙　江	46	25		22	9		2365	1062		598	315	
安　徽	45	35		21	15		2153	1579		503	373	
福　建	3	1		1			97	42		17	8	
江　西	34	19		54	15		6227	1360		1308	352	
山　东	10	5		11	1		1155	173		189	73	
河　南	24	19		5	4		630	504		169	144	
湖　北	80	63		33	29		3779	3230		1117	1012	
湖　南	3	3		2	2		295	295		53	53	
广　东	53	46		21	19		2282	2119		715	685	
广　西	5	3		2	1		148	79		52	29	
海　南	5	3		4	2		244	176		95	33	
重　庆	11	5		5	3		453	274		176	123	
四　川	60	40		42	31		2861	2088		745	581	
贵　州	6	3		45	1		2251	69		729	22	
云　南	12	11		2	2		254	214		119	111	
西　藏												
陕　西	56	27		36	17		2895	1443		1128	519	
甘　肃	8	5		2	1		151	82		43	31	
青　海	4	4		1	1		128	128		69	69	
宁　夏	2	2		1	1		88	88		37	37	
新　疆	7	7		5	5		372	372		126	126	

全国各地区、各类图书出版数量(续表16)

				R 医 药、卫 生								
		种数(种)		租型种数(种)	总印数(万册、张)			总印张(千印张)			定价总金额(万元)		
		合计	新出		合计	新出	租型	合计	新出	租型	合计	新出	租型
全国总计		16855	10384	5	15254	6612	6	1788489	955141	621	402759	241817	142
中 央		10210	5919		7750	3730		1238028	613367		271212	159498	
地 方		6645	4465	5	7504	2882	6	550461	341774	621	131547	82319	142
北 京		273	159		198	81		24377	12738		5816	3340	
天 津		422	374		98	84		16692	14947		4121	3727	
河 北		146	129		57	39		8309	6343		1608	1199	
山 西		201	126		70	37		9915	6280		1736	1110	
内 蒙 古		34	31		14	6		2047	1404		468	341	
辽 宁		225	147		99	65		12385	8510		3369	2431	
吉 林		323	268		149	109		24777	20027		4678	3768	
黑 龙 江		138	132		53	51		11094	10915		2227	2197	
上 海		938	613		1344	1200		120596	98165		25272	20665	
江 苏		570	318		368	211		49115	28189		12446	7798	
浙 江		284	141	1	3281	70		50200	9113	29	16848	2489	5
安 徽		163	84		70	45		12052	8430		2368	1691	
福 建		129	54		98	42		9069	5377		2367	1379	
江 西		116	65		69	34		11463	5846		2049	1052	
山 东		215	126		271	164		36198	17004		9242	6192	
河 南		367	187		178	75		25624	11361		5687	2782	
湖 北		375	244	4	126	78	6	15288	8949	592	3484	2251	137
湖 南		250	122		323	63		30058	9557		5660	1971	
广 东		201	150		109	84		13129	10106		3988	3265	
广 西		80	43		68	37		7211	3719		2151	1308	
海 南		27	21		12	8		2151	1279		404	292	
重 庆		28	13		14	6		1673	720		354	157	
四 川		105	68		45	25		5628	3710		1259	871	
贵 州		44	43		16	12		1691	1450		520	447	
云 南		153	121		47	37		4081	3408		1658	1463	
西 藏		17	13		4	3		571	362		145	109	
陕 西		431	333		241	149		35551	25594		9238	5882	
甘 肃		119	85		22	13		2631	2109		628	525	
青 海		14	14		4	4		527	527		117	117	
宁 夏		20	18		5	4		600	529		141	120	
新 疆		237	223		51	46		5758	5106		1498	1380	

全国各地区、各类图书出版数量(续表17)

			S 农 业 科 学								
	种数(种)		租型种数(种)	总印数(万册、张)			总印张(千印张)			定价总金额(万元)		
	合计	新出		合计	新出	租型	合计	新出	租型	合计	新出	租型
全国总计	5883	3106		3806	1300		338950	135318		79186	41212	
中 央	3417	1977		2031	803		210120	91569		48557	27742	
地 方	2466	1129		1775	497		128830	43749		30629	13470	
北 京	36	20		29	11		2818	1022		637	269	
天 津	44	40		9	9		666	646		214	208	
河 北	85	28		55	8		4500	1029		1008	403	
山 西	63	9		39	1		3421	152		726	36	
内 蒙 古	33	29		17	5		1073	689		357	302	
辽 宁	101	60		52	16		3346	1467		988	598	
吉 林	156	33		114	12		7812	1592		1768	481	
黑 龙 江	97	43		46	7		3523	1018		793	284	
上 海	62	41		25	21		2842	2223		1049	876	
江 苏	206	98		193	54		10220	3972		2285	1227	
浙 江	133	44		127	21		8500	1728		1873	553	
安 徽	47	13		19	5		1904	609		446	153	
福 建	92	45		44	24		3301	2012		809	525	
江 西	29	28		20	12		2040	1063		420	239	
山 东	111	47		77	14		5252	1521		1277	320	
河 南	251	122		331	77		24229	6201		5479	1833	
湖 北	85	49		65	20		4716	1716		1069	475	
湖 南	32	12		68	9		7007	1077		983	206	
广 东	54	47		24	19		1819	1554		565	500	
广 西	56	30		40	28		2173	1375		1053	717	
海 南	43	5		11	1		748	176		168	41	
重 庆	20	8		9	4		799	349		199	102	
四 川	154	70		152	40		12115	3549		2610	929	
贵 州	86	5		45			2282	108		601	41	
云 南	116	44		33	7		2062	709		654	352	
西 藏	2			1			102			17		
陕 西	97	52		71	39		4835	2891		1336	890	
甘 肃	70	24		21	4		1851	763		422	200	
青 海	8	8		1	1		224	224		141	141	
宁 夏	32	28		10	6		987	862		291	230	
新 疆	65	47		27	22		1663	1452		391	339	

全国各地区、各类图书出版数量(续表18)

			T 工 业 技 术								
	种数(种)		租型种数(种)	总印数(万册、张)			总印张(千印张)			定价总金额(万元)		
	合计	新出		合计	新出	租型	合计	新出	租型	合计	新出	租型
全国总计	43964	23051	7	20423	10369	2	3306328	1642179	267	760556	454560	47
中 央	33149	16493	5	15373	7410	1	2599377	1233715	196	576891	328739	34
地 方	10815	6558	2	5050	2959	1	706951	408464	71	183665	125821	13
北 京	172	116		147	83		17351	11430		4879	3455	
天 津	368	253		135	76		22944	11499		6213	3908	
河 北	28	16		134	114		8888	7457		1128	886	
山 西	30	18		14	4		2553	1128		641	359	
内 蒙 古	31	13		7	3		760	234		140	73	
辽 宁	919	452		349	190		47099	24394		15258	9733	
吉 林	286	221		231	184		35677	30972		6537	5481	
黑 龙 江	520	354		133	91		24980	17721		4320	3175	
上 海	1016	651		405	249		62889	37681		17259	12048	
江 苏	1407	956		652	402		93683	54200		29868	22878	
浙 江	396	244	2	159	100	1	20331	12161	71	5683	3868	13
安 徽	292	152		91	52		14698	7873		3420	2211	
福 建	168	106		89	44		11428	5221		3519	2461	
江 西	80	58		56	25		11505	3781		2991	1547	
山 东	415	204		579	284		60565	29841		11967	7046	
河 南	579	326		271	136		32403	16794		9298	5468	
湖 北	1597	1132		528	377		85825	58228		23520	18299	
湖 南	268	205		150	97		20433	13516		6170	4906	
广 东	319	158		133	73		17522	9387		4967	3377	
广 西	73	34		68	26		9400	3758		3751	2034	
海 南	24	17		21	10		4115	1432		965	593	
重 庆	450	115		144	40		19178	5231		3666	1212	
四 川	493	245		195	109		28280	16248		5537	3405	
贵 州	9	8		18	1		993	140		383	107	
云 南	93	67		35	22		4399	2782		2044	1655	
西 藏	2			1			20			8		
陕 西	718	388		278	145		46400	22929		8801	4951	
甘 肃	35	29		16	15		1752	1688		420	410	
青 海												
宁 夏	6	5		4	2		255	185		58	38	
新 疆	21	15		7	5		625	553		254	237	

全国各地区、各类图书出版数量(续表19)

	\multicolumn{10}{c}{U 交通运输}									
	种数(种)		租型种数(种)	总印数(万册、张)			总印张(千印张)			定价总金额(万元)		
	合计	新出		合计	新出	租型	合计	新出	租型	合计	新出	租型
全国总计	4224	2157		2586	995		352218	143491		87600	39276	
中央	3316	1652		2045	681		283616	100814		72020	28926	
地方	908	505		541	314		68602	42677		15580	10350	
北京	18	12		14	7		1048	822		350	254	
天津	15	10		5	3		538	264		130	77	
河北												
山西	3	2		1	1		118	74		41	30	
内蒙古	2	2		1	1		43	43		17	17	
辽宁	244	114		82	36		15343	8031		3917	2300	
吉林	19	8		19	9		2056	1244		442	247	
黑龙江	68	21		17	4		2672	709		537	171	
上海	116	86		36	23		6842	4778		1551	1208	
江苏	47	36		18	9		1981	1255		580	420	
浙江	23	15		181	114		7315	2704		1766	872	
安徽	22	16		9	5		1130	780		261	200	
福建	3						17			3		
江西	2	2					55	55		28	28	
山东	12	7		37	34		12294	11754		2096	1970	
河南	30	20		14	8		2011	1252		582	458	
湖北	36	32		11	10		1587	1402		462	434	
湖南	10	7		6	1		802	272		156	59	
广东	22	14		8	5		895	610		239	177	
广西												
海南	1	1					26	26		6	6	
重庆	40	15		9	4		1465	627		268	125	
四川	128	59		47	30		7347	4754		1215	765	
贵州	1			4			190			61		
云南	9	7		2	1		495	257		231	192	
西藏												
陕西	32	14		20	9		2156	788		563	262	
甘肃	2	2					36	36		13	13	
青海												
宁夏	1	1					78	78		40	40	
新疆	2	2					62	62		25	25	

全国各地区、各类图书出版数量(续表20)

	V 航空、航天										
	种数(种)		租型种数(种)	总印数(万册、张)			总印张(千印张)			定价总金额(万元)		
	合计	新出		合计	新出	租型	合计	新出	租型	合计	新出	租型
全国总计	461	312		200	127		25344	16634		7229	5277	
中　央	291	205		101	65		14899	9645		4794	3644	
地　方	170	107		99	62		10445	6989		2435	1633	
北　京	10	7		12	6		750	487		187	106	
天　津	7	7		3	3		333	333		83	83	
河　北	1	1					7	7		1	1	
山　西												
内蒙古	1	1		1	1		69	69		20	20	
辽　宁												
吉　林	24	11		23	10		2058	981		470	215	
黑龙江	1	1					52	52		8	8	
上　海	18	13		5	4		783	617		247	192	
江　苏	3			1			172			34		
浙　江	1	1		1	1		123	123		28	28	
安　徽	22	21		11	11		1116	1092		224	218	
福　建												
江　西	10	7		6	3		709	319		152	77	
山　东	1						22			4		
河　南	2	1		1			31	22		9	4	
湖　北	5	4		2	2		164	161		49	48	
湖　南												
广　东	6	2		3	1		290	111		77	42	
广　西												
海　南												
重　庆												
四　川	18	5		6	3		982	632		153	95	
贵　州				4			190			61		
云　南	1	1		1	1		99	99		20	20	
西　藏	2	2					64	64		11	11	
陕　西	30	16		11	8		1592	1011		399	275	
甘　肃	7	6		8	8		839	809		198	190	
青　海												
宁　夏												
新　疆												

全国各地区、各类图书出版数量(续表21)

		X 环境科学										
		种数(种)		租型种数(种)	总印数(万册、张)			总印张(千印张)			定价总金额(万元)		
		合计	新出		合计	新出	租型	合计	新出	租型	合计	新出	租型
全国总计		1781	1289	11	906	530	12	100547	61602	1312	26460	17967	654
中 央		1240	861		545	301		71178	41537		18734	12501	
地 方		541	428	11	361	229	12	29369	20065	1312	7726	5466	654
北 京		29	22		21	17		1811	1409		581	503	
天 津		15	12		5	3		711	323		170	88	
河 北		6	6		1	1		189	189		41	41	
山 西		4	4					80	80		19	19	
内 蒙 古		4	3		4	2		337	163		66	39	
辽 宁		36	29		10	7		867	651		202	162	
吉 林		31	16		46	12		3910	1531		714	318	
黑 龙 江		23	21		4	4		814	695		157	142	
上 海		29	28		12	12		1219	1194		346	342	
江 苏		53	38		25	9		2180	1411		499	299	
浙 江		43	30		49	45		3104	2636		925	812	
安 徽		42	37		53	16		2827	1454		641	310	
福 建		2	2					48	48		10	10	
江 西		18	16		10	8		643	499		159	141	
山 东		10	6		2	1		314	183		91	67	
河 南		23	17		9	4		972	529		259	151	
湖 北		38	25	11	23	9	12	2658	1001	1312	919	206	654
湖 南		5	5		1	1		164	164		45	45	
广 东		23	19		30	26		1847	1674		396	366	
广 西		7	5		2	1		273	92		57	26	
海 南		3	3		2	2		156	156		41	41	
重 庆		5	5		1	1		81	81		22	22	
四 川		21	18		16	15		726	659		222	209	
贵 州		6	5		6	5		777	751		82	75	
云 南		19	14		2	1		298	240		163	153	
西 藏		1						10			2		
陕 西		19	18		9	9		996	919		298	285	
甘 肃		6	5		1	1		178	168		111	109	
青 海		4	4		1	1		185	185		44	44	
宁 夏		4	4		11	11		693	693		358	358	
新 疆		12	11		5	5		301	287		86	83	

全国各地区、各类图书出版数量(续表22)

	种数(种)		租型种数(种)	总印数(万册、张)			总印张(千印张)			定价总金额(万元)		
	合计	新出		合计	新出	租型	合计	新出	租型	合计	新出	租型
全国总计	3421	2467	4	2509	1509	4	291030	176007	299	97164	70704	314
中 央	848	580		745	356		102900	51156		37478	24952	
地 方	2573	1887	4	1764	1153	4	188130	124851	299	59686	45752	314
北 京	118	80		82	64		8255	6035		2299	1901	
天 津	30	30		10	10		1248	1248		336	336	
河 北	97	68	3	134	105	2	5595	4403	139	2167	1664	282
山 西	19	15		4	3		623	477		237	210	
内 蒙 古	41	38		8	7		1277	932		300	239	
辽 宁	74	53		107	29		9752	3223		1724	751	
吉 林	275	109		163	95		18843	10879		4784	3005	
黑 龙 江	154	152		56	55		7583	7445		1660	1620	
上 海	189	144		138	58		24286	12868		8357	5775	
江 苏	58	43		24	14		6077	5103		2452	2160	
浙 江	233	166		233	145		23676	13249		6177	4215	
安 徽	167	155		163	146		9405	8443		1787	1582	
福 建	10	10		3	3		1145	1145		564	564	
江 西	33	19		56	15		7081	1940		1448	418	
山 东	183	121		193	164		18304	14925		8040	7135	
河 南	115	79		49	22		7774	4059		2450	1791	
湖 北	85	62	1	36	24	2	4167	2504	160	1199	725	32
湖 南	9	5		6	2		301	152		115	78	
广 东	88	88		60	60		3841	3841		1604	1604	
广 西	159	84		96	31		4596	2616		3143	2098	
海 南	13	12		3	1		578	343		298	258	
重 庆	2	1		1	1		111	70		23	15	
四 川	54	34		28	16		2763	1612		1031	740	
贵 州	23	23		3	3		808	808		233	233	
云 南	202	186		50	38		10336	8022		4331	3952	
西 藏	13			6			381			61		
陕 西	30	28		23	19		4427	4040		1224	1133	
甘 肃	61	45		23	18		3694	3285		937	852	
青 海	1	1					58	58		45	45	
宁 夏	12	12		1	1		446	446		298	298	
新 疆	25	24		5	4		699	680		362	355	

全国各地区、各类图书出版数量（续表23）

	\(二\)不使用《中国标准书号》部分——图片合计										
	种数（种）		租型种数（种）	总印数（万册、张）			总印张（千印张）			定价总金额（万元）		
	合计	新出		合计	新出	租型	合计	新出	租型	合计	新出	租型
全国总计	692	498	76	848	762	14	21914	17958	167	9999	8805	34
中　　央	65	42		229	219		2878	2530		2321	2124	
地　　方	627	456	76	619	543	14	19036	15428	167	7678	6681	34
北　　京												
天　　津	5	5		2	2		15	15		10	10	
河　　北												
山　　西												
内 蒙 古			6	2		2	42		42	34		34
辽　　宁	4			2			27			14		
吉　　林												
黑 龙 江	47	47		142	143		1476	1476		1179	1179	
上　　海	2	2		1	1		4	4		18	18	
江　　苏	232	104		144	94		5876	3295		2818	2047	
浙　　江	121	105		130	123		8812	8105		2198	2083	
安　　徽												
福　　建	4	4		5	5		25	25		6	6	
江　　西												
山　　东	20			1			90			43		
河　　南												
湖　　北												
湖　　南	166	166		131	131		1573	1573		978	978	
广　　东	1	1					2	2		4	4	
广　　西	8	8		24	24		503	503		163	163	
海　　南												
重　　庆	3			2			36			20		
四　　川												
贵　　州												
云　　南	2	2		3	3		167	167				
西　　藏												
陕　　西	7	7		17	17		193	193		149	149	
甘　　肃	3	3					48	48		38	38	
青　　海												
宁　　夏												
新　　疆	2	2	70	13		12	147	22	125	6	6	

全国各地区、各类图书

	不使用《中国标准书号》部分——附录合计									国标(GB)、部标(BB)		
	总印数(万册、张)			总印张(千印张)			定价总金额(万元)			总印数(万册、张)		
	合计	新出	租型	合计	新出	租型	合计	新出	租型	合计	新出	租型
全国总计	2665	1877		195201	128987		57713	40921		1683	1199	
中 央	1736	1240		159298	103849		49499	34957		1513	1055	
地 方	929	636		35903	25138		8214	5965		170	144	
北 京												
天 津												
河 北												
山 西												
内蒙古												
辽 宁	0.06	0.06		9.75	9.75		9.00	9.00		0.06	0.06	
吉 林												
黑龙江												
上 海	91.39	86.89		1982.37	1914.39		892.16	780.92				
江 苏	55.81	46.52		2912.56	2512.79		815.04	657.23		39.81	39.16	
浙 江	642.70	400.70		25987.45	16595.19		5272.93	3523.12		82.70	73.65	
安 徽												
福 建	0.80			120.00			40.00			0.80		
江 西												
山 东	39.64	30.44		2697.35	2428.80		558.15	510.16		39.64	30.44	
河 南												
湖 北												
湖 南	0.40	0.40		38.06	38.06					0.40	0.40	
广 东	9.45	9.45		583.05	583.05		97.91	97.91				
广 西	1.11			117.68			38.26					
海 南	60.61	37.06		1081.19	697.99		263.61	169.57		6.61		
重 庆												
四 川												
贵 州												
云 南	4.56	2.76		133.00	117.54		93.40	83.20				
西 藏												
陕 西	22.20	22.20		240.81	240.81		133.60	133.60				
甘 肃												
青 海												
宁 夏												
新 疆												

出版数量(续表24)

等标准类文件印品						活页文选、活页歌篇、小件印品等								
总印张(千印张)			定价总金额(万元)			总印数(万册、张)			总印张(千印张)			定价总金额(万元)		
合计	新出	租型	合计	新出	租型	合计	新出	租型	合计	新出	租型	合计	新出	租型
156117	100022		49167	34650		982	678		39084	28965		8546	6271	
146569	91567		46755	32485		223	185		12729	12282		2744	2471	
9548	8455		2412	2165		759	493		26355	16683		5802	3800	
9.75	9.75		9.00	9.00										
						91.39	86.89		1982.37	1914.39		892.16	780.92	
1858.64	1835.16		580.88	571.16		16.00	7.36		1053.92	677.63		234.16	86.08	
4731.07	4143.84		1192.93	1074.41		560.00	327.05		21256.38	12451.35		4080.00	2448.71	
120.00			40.00											
2697.35	2428.80		558.15	510.16										
38.06	38.06													
						9.45	9.45		583.05	583.05		97.91	97.91	
						1.11			117.68			38.26		
94.32			30.67			54.00	37.06		986.87	697.99		232.94	169.57	
						4.56	2.76		133.00	117.54		93.40	83.20	
						22.20	22.20		240.81	240.81		133.60	133.60	

全国各出版社图书出版数量

中央出版社

	种数(种)		租型种数(种)	图书总计								
				总印数(万册、张)			总印张(千印张)			定价总金额(万元)		
	合计	新出		合计	新出	租型	合计	新出	租型	合计	新出	租型
中央出版社合计	170203	101402	80	212256	82168	430	23733235	10395677	27559	4782490	2592398	3335
人民出版社	1239	1027		2237	1798		214865	152164		54769	42170	
人民文学出版社	1211	560		2140	758		350110	126987		56002	23112	
天天出版社	205	126		234	148		19465	11381		4131	2483	
商务印书馆	975	504		1863	245		556752	41875		93267	10616	
东方出版中心	139	84		138	27		11737	4624		2757	1390	
中华书局	1088	424		1132	393		182215	59194		37461	15938	
人民美术出版社	958	635		1275	613		215891	177279		38151	30305	
人民音乐出版社	1038	414		1007	398		85146	33523		21546	8218	
中国大百科全书出版社	1400	861		2488	1462		288721	182091		74483	42346	
中国对外翻译出版公司	457	285		322	226		47673	35418		7303	5191	
印刷工业出版社	364	238		227	170		20195	15290		7245	5433	
现代出版社	436	403		292	270		31850	29899		9017	8203	
中国盲文出版社	519	377		53	43		4953	4533		227	227	
生活·读书·新知三联书店	592	391		572	312		77637	40645		20803	12251	
中国书籍出版社	394	390		181	180		27630	27449		6894	6856	
商务印书馆国际有限公司	160	120		162	136		51445	44463		8541	7700	
中国戏剧出版社	190	189		99	99		21382	21355		4452	4449	
中国社会科学出版社	1109	1073		161	149		29100	26601		8753	8064	
中国财政经济出版社	1034	684		969	591		157593	98743		27062	18368	
企业管理出版社	261	257		66	64		9554	9442		2785	2753	
民族出版社	827	621	2	227	137	2	38874	25262	61	10664	8442	10
中国青年出版社	998	681	1	799	488		108207	64428	30	30462	19235	7
中国少年儿童出版社	1100	445		3057	1916		144613	69311		38059	21590	
中国工人出版社	327	258		337	292		37394	30191		8476	6622	
人民体育出版社	326	159		140	57		20444	7985		3953	1762	
荣宝斋出版社	126	116		27	25		4061	3805		4962	4848	
中国协和医科大学出版社	239	147		162	84		24221	13182		6072	3700	
文物出版社	285	258		100	68		14077	12449		14571	13914	
中国电影出版社	165	149		45	38		6625	5311		1796	1518	
人民日报出版社	866	761		780	552		169669	105282		40003	23210	
新华出版社	471	366		417	319		41066	31109		11813	9363	
世界知识出版社	243	199		124	84		17405	11342		5052	3615	
国家图书馆出版社	290	277		155	151		19356	18583		44131	43857	
群众出版社	176	124		89	61		14426	8689		3322	2178	
北京大学出版社	3864	2064	48	2111	1027	13	327562	154851	2371	74270	40335	415

全国各出版社图书出版数量(续表1)

中央出版社

	图 书 总 计									
	种数(种)		租型种数(种)	总印数(万册、张)			总印张(千印张)			定价总金额(万元)		
	合计	新出		合计	新出	租型	合计	新出	租型	合计	新出	租型
中国人民大学出版社	3026	1793		2064	1106		424468	218418		80952	47315	
外语教学与研究出版社	3232	997		10407	1477		1084420	127965		192678	26019	
人民教育出版社	3928	1022		21244	5905		2136413	521718		236810	60392	
中国农业出版社	1860	1159		1292	679		136355	63919		30463	18216	
中国轻工业出版社	821	423		435	229		58952	31727		15313	8978	
中国纺织出版社	1454	1078		952	817		127677	110310		32008	27597	
煤炭工业出版社	325	112		113	29		16460	5013		3870	1464	
石油工业出版社	803	510		491	332		84577	59270		19934	15215	
中国水利水电出版社	1634	1093		914	634		132841	90892		31693	23479	
原子能出版社	407	383		138	132		14030	13297		3780	3585	
科学出版社	7498	3679		8330	2171		846064	273785		172721	69895	
科学普及出版社	374			451			26228			4823		
科学技术文献出版社	455	413		142	129		22446	20940		6546	6277	
机械工业出版社	7540	3625		3150	1754		520839	288330		118380	72835	
冶金工业出版社	499	316		104	68		19632	12046		5398	3640	
化学工业出版社	5062	2851		2425	1588		288341	178320		77724	54551	
中国建筑工业出版社	2428	1075		1831	744		359176	154356		84450	40685	
中国铁道出版社	2666	1790		1406	989		191126	136672		43780	33271	
人民交通出版社	1454	635		1224	259		166617	39594		45116	12086	
中国质检出版社	894	708		456	372		49969	41671		22826	20553	
人民邮电出版社	5012	2726		3240	2152		457930	268309		120413	79072	
海洋出版社	279	237		91	78		15676	13503		5233	4688	
地质出版社	1052	363		4833	258		220121	17078		35765	6935	
地震出版社	178	175		135	133		24095	23878		4805	4726	
气象出版社	362	227		203	77		17636	8895		4182	2448	
北京交通大学出版社	931	454		345	182		56101	28372		10879	6099	
中国地图出版社	2085	1147		10917	4126		462417	174546		85270	37152	
人民卫生出版社	2910	1460		2960	1242		623642	242996		121959	58852	
国防工业出版社	1155	753		744	481		73269	49413		19796	14633	
中国旅游出版社	418	325		224	175		34020	27390		12390	10885	
中国商务出版社	276	217		49	31		10025	6473		2258	1658	
新世界出版社	1449	1083		2294	878		261443	112627		44437	21941	
外文出版社	1016	696		831	534		122062	86117		25290	17777	
解放军出版社	187	124		241	169		31044	20153		4975	3289	
解放军文艺出版社	97	36		120	20		19842	3693		3046	669	

全国各出版社图书出版数量(续表2)

中央出版社

	种数(种)		租型种数(种)	图书总计								
				总印数(万册、张)			总印张(千印张)			定价总金额(万元)		
	合计	新出		合计	新出	租型	合计	新出	租型	合计	新出	租型
语文出版社	447	102		3007	67		229250	6392		24420	1241	
中国文史出版社	308	308		186	186		34215	34215		17423	17423	
中共中央党校出版社	240	188		118	87		20279	14944		4728	3543	
法律出版社	1717	1431		1094	859		157203	125046		35821	29761	
中国统计出版社	277	257		60	52		25509	23975		13173	12918	
中国摄影出版社	167	167		53	53		10162	10162		11414	11414	
中国林业出版社	595	406		208	105		42787	28744		10487	8209	
时事出版社	91	86		38	32		8118	6735		1711	1482	
文化艺术出版社	276	256		123	97		22576	17866		9788	8914	
教育科学出版社	2082	835		15228	2038		976501	189963		133800	33112	
清华大学出版社	6388	3168		2816	1459		539627	270379		106201	57662	
中国广播电视出版社	218	184		90	75		13516	11822		3761	3384	
中国商业出版社	432	412		234	230		34636	34175		8185	8117	
中国劳动社会保障出版社	2526	608		2162	356		223000	30766		37405	6510	
中国环境出版社	505	409		288	165		27601	18314		7528	5671	
知识产权出版社	821	805		176	157		28278	25393		7278	6654	
北京师范大学出版社	3626	1903		19525	4871		1607432	470642		295626	126897	
中国宇航出版社	388	235		217	140		30273	20932		6875	4942	
中国工商出版社	70	56		82	68		16115	13418		3739	3224	
作家出版社	565	565		919	919		201020	201020		29699	29699	
中医古籍出版社	163	163		104	104		20322	20322		4721	4721	
中国财富出版社	534	515		218	192		37074	33956		9186	8546	
光明日报出版社	863	863		600	600		90608	90608		17767	17767	
长征出版社	56	56		57	57		11647	11647		2499	2499	
中国妇女出版社	306	190		777	394		57479	31607		11161	6395	
中国金融出版社	582	449		605	527		75695	59327		18000	15012	
长城出版社	45	45		31	31		5497	5497		6556	6556	
红旗出版社	343	328		290	236		41580	38058		8779	8289	
中国海关出版社	87	72		78	71		27275	26260		7466	7205	
电子工业出版社	4262	2761		3183	2122		419283	265328		98791	70613	
朝华出版社	566	347		408	296		62860	45677		10375	7480	
中央广播电视大学出版社	932	436		1458	255		211372	34130		35924	6058	
中国友谊出版公司	203	198		231	219		31669	29820		7652	7247	
人民军医出版社	1302	852		677	407		91648	59222		27989	19880	

全国各出版社图书出版数量(续表3)

中央出版社

	图 书 总 计										
	种数(种)		租型种数(种)	总印数(万册、张)			总印张(千印张)			定价总金额(万元)		
	合计	新出		合计	新出	租型	合计	新出	租型	合计	新出	租型
军事科学出版社	68	58		19	16		3014	2501		815	722	
金盾出版社	1260	639		1297	704		95992	48065		19539	11226	
经济科学出版社	1559	1296	1	733	548		127346	97097	22	26162	20563	5
中国文联出版社	453	451		72	72		22277	22252		10313	10277	
高等教育出版社	9471	2678		11250	2101		1816489	331114		295831	64844	
故宫出版社	157	121		62	48		11800	9375		19463	18044	
中共党史出版社	479	391		184	87		29751	16925		6323	3813	
对外经济贸易大学出版社	445	347		146	107		33479	25945		5019	3705	
经济管理出版社	492	444		175	158		26507	23568		8039	7401	
军事谊文出版社	6	6		3	3		619	619		93	93	
国际文化出版公司	163	163		62	62		2914	2914		664	664	
中国画报出版社	549	345		269	188		40819	27553		8567	6498	
中国经济出版社	822	748		358	324		59786	54373		14860	13800	
中国石化出版社	770	550		241	193		39696	31309		10765	8785	
中央民族大学出版社	237	218		38	30		6170	4732		1624	1387	
北京语言大学出版社	683	220		247	73		36324	11183		10008	3169	
中国政法大学出版社	594	405		249	127		46610	24325		9045	5160	
中国人民公安大学出版社	535	350		265	178		35024	23592		8306	5805	
社会科学文献出版社	1174	1084		414	310		71545	60576		22455	20139	
中国农业科学技术出版社	509	464		160	113		16507	13865		4752	4175	
北京航空航天大学出版社	482	349		510	443		91742	79683		17162	15152	
北京理工大学出版社	2230	1621		1353	769		143777	89401		31934	20811	
中国国际广播出版社	139	81		59	25		7161	3427		1613	860	
中国农业大学出版社	468	179		224	56		33400	9934		6440	2687	
航空工业出版社	386	253		232	163		28688	20692		7544	5853	
中国传媒大学出版社	388	251		261	152		29102	15082		6429	3574	
北京体育大学出版社	432	263		163	94		20859	11780		3988	2378	
经济日报出版社	134	97		61	28		7936	3950		2141	1320	
兵器工业出版社	153	127		38	30		6472	5289		1742	1479	
华艺出版社	41	41		11	11		1998	1998		1007	1007	
中国和平出版社	84	73		114	104		6673	5883		1369	1239	
华夏出版社	858	622		792	486		105067	56887		22270	13642	
中国医药科技出版社	598	370		316	199		47296	29007		11264	7266	
国防大学出版社	101	101		60	60		8750	8750		1844	1844	
人民法院出版社	293	266		414	403		52016	47625		11343	10381	

全国各出版社图书出版数量(续表4)

中央出版社

	种数(种)		租型种数(种)	图书总计								
				总印数(万册、张)			总印张(千印张)			定价总金额(万元)		
	合计	新出		合计	新出	租型	合计	新出	租型	合计	新出	租型
中国藏学出版社	66	66		11	11		2998	2998		705	705	
研究出版社	45	43		20	19		3078	2930		840	808	
中国长安出版社	97	97		225	114		35704	18449		5907	3458	
中国计划出版社	192	148		432	336		35557	24215		18085	13256	
中央文献出版社	269	237		151	110		32233	25177		12430	11389	
海潮出版社	170	170		91	91		16070	16070		3495	3495	
学苑出版社	357	238		114	72		19073	13599		6669	5676	
北京邮电大学出版社	568	286		221	97		35693	14137		6911	3167	
人民武警出版社	208	208		141	141		16106	16106		4928	4928	
团结出版社	525	462		138	125		17090	14314		6196	5655	
华文出版社	239	191		1162	798		68985	50946		10825	8606	
中央音乐学院出版社	77	46		22	12		3340	1961		904	575	
中国市场出版社	134	133		58	58		10073	10043		2863	2858	
中国民族摄影艺术出版社	139	139		41	41		5535	5535		5214	5214	
中国华侨出版社	1115	1115		860	860		188075	188075		29721	29721	
中信出版社	813	480		1147	673		182737	105966		47617	29938	
中华地图学社	100	41		435	263		10926	3846		2514	1334	
中国人事出版社	206	100		240	113		31056	15878		7183	3733	
开明出版社	470	363		273	207		35205	29009		5786	4589	
中国人口出版社	408	370		917	278		36182	25176		8066	5299	
中国民主法制出版社	244	217		142	121		16287	14433		5559	5129	
中国时代经济出版社	329	326		125	123		19740	19271		4809	4709	
蓝天出版社	266	122		157	59		19904	7758		4480	2125	
世界图书出版公司	1856	1766		906	850		129923	121692		25236	23946	
群言出版社	174	100		230	155		60633	39823		10075	6351	
北京大学医学出版社	548	191		287	69		52731	14793		12089	5040	
华龄出版社	215	214		75	75		12240	12222		3485	3456	
金城出版社	340	298		181	160		30140	27984		6390	5702	
中国法制出版社	967	731		687	526		83041	63229		20827	16063	
新星出版社	483	410		453	394		58407	47464		16602	14481	
中国检察出版社	205	169		138	121		19398	17272		6297	5844	
中国发展出版社	163	130		77	60		12106	9138		3309	2638	

全国各出版社图书出版数量(续表5)

中央出版社

	图书总计									
	种数(种)		租型种数(种)	总印数(万册、张)			总印张(千印张)			定价总金额(万元)		
	合计	新出		合计	新出	租型	合计	新出	租型	合计	新出	租型
中国中医药出版社	867	487		412	254		77151	44755		14258	9598	
中国社会出版社	1041	439		834	268		76586	37187		15795	8411	
中国建材工业出版社	318	229	1	98	73		16940	12332	46	4902	3834	11
当代中国出版社	130	92		106	76		15679	12290		4550	3640	
大众文艺出版社	80	72		20	16		2331	1815		614	514	
现代教育出版社	182	136		69	29		10849	3697		1972	775	
中国致公出版社	198	198		181	181		16091	16091		3088	3088	
中国大地出版社	67	46		192	48		6144	1944		1486	645	
党建读物出版社	129	107		450	423		62375	57412		13738	12688	
中国城市出版社	296	203		228	151		28575	19097		9777	7313	
中华工商联合出版社	313	304		242	213		30765	26285		7731	6720	
中国三峡出版社	68	48		72	22		5631	2785		1128	620	
线装书局	200	197		140	138		30239	29955		19921	19682	
星球地图出版社	854	170	27	9549	747	415	387022	29999	25029	58960	6012	2887
中国方正出版社	136	73		309	217		41698	30218		8544	6390	
民主与建设出版社	73	73		32	32		6583	6583		1232	1232	
五洲传播出版社	197	197		87	87		7562	7562		7413	7413	
中国民航出版社	94	56		42	22		7416	4180		2591	1747	
九州出版社	406	379		85	74		13906	12360		3791	3456	
当代世界出版社	66	66		28	28		4931	4931		2231	2231	
中央编译出版社	440	279		209	123		35875	22493		10977	8169	
西苑出版社	176	176		70	70		7614	7614		3574	3574	
学习出版社	207	179		351	323		36134	33957		7584	7150	
中国税务出版社	201	168		344	278		48540	35536		11464	8655	
方志出版社	260	260		47	47		19563	19563		12909	12909	
中国电力出版社	2607	1341		1794	1096		183828	104032		46291	30254	
军事医学科学出版社	290	210		178	96		24079	15710		5252	3444	
中国言实出版社	246	246		79	79		10871	10871		4294	4294	
宗教文化出版社	225	142		75	59		15016	9795		3360	2385	
国家行政学院出版社	21	21		14	14		1965	1965		482	482	
台海出版社	131	131		123	123		17564	17564		3896	3896	
海豚出版社	553	352		634	356		65924	38553		17677	11530	
华语教学出版社	347	163		401	240		66604	41452		10383	6536	

全国各出版社图书出版数量(续表6)

地方出版社

	图书总计										
	种数(种)		租型种数(种)	总印数(万册、张)			总印张(千印张)			定价总金额(万元)		
	合计	新出		合计	新出	租型	合计	新出	租型	合计	新出	租型
地方出版社合计	243802	140584	10700	580208	165378	153408	42966207	14814845	10694941	7051192	3245706	1078939
北京出版社	896	393		1511	525		124513	51857		22031	12528	
北京教育出版社	2764	1530		5054	1952		481683	235453		80813	42687	
北京科学技术出版社	930	611		871	373		65342	33805		19603	11815	
北京少年儿童出版社	653	373		891	482		71460	32067		14229	7409	
北京人民出版社	2	1		1			55	18		17	5	
北京美术摄影出版社	58	57		27	26		2878	2860		1602	1588	
北京燕山出版社	142	71		72	37		11544	5724		3037	2170	
同心出版社	626	390		1166	743		128661	89225		38035	30503	
北京工艺美术出版社	134	131		110	104		9306	9060		5866	5698	
北京十月文艺出版社	164	94		685	331		96977	44369		18975	9384	
旅游教育出版社	380	249		175	114		25137	15810		5144	3544	
北京联合出版公司	438	437		362	362		43276	43176		10277	10262	
中国书店	302	235		95	72		9021	6628		5245	4090	
文津出版社	2	1					17	3		5	1	
北京工业大学出版社	613	423		340	253		58289	41916		10146	7708	
首都经济贸易大学出版社	159	66		54	17		9703	2400		1696	487	
首都师范大学出版社	1168	549		1738	572		198770	60031		36145	10830	
天津人民出版社	690	579	4	520	385	42	52863	43403	1112	11498	9890	216
天津教育出版社	531	280	36	902	345	221	73628	31638	12914	12719	5860	1474
天津科学技术出版社	1041	846		436	242		48072	25761		9228	6671	
新蕾出版社	583	340		724	289		39149	10607		11233	4666	
百花文艺出版社	209	173		147	120		24792	20992		5182	4533	
天津人民美术出版社	456	411	24	315	238	62	14367	11691	1477	13066	12076	288
天津古籍出版社	186	153		96	79		5783	4992		2027	1643	
天津科技翻译出版公司	242	192		76	45		9658	6716		2581	1989	
天津社会科学院出版社	159	148		81	74		10668	9660		2742	2558	
天津杨柳青画社	238	203		96	81		5276	4382		3160	2683	
南开大学出版社	399	252		132	72		23478	12881		4906	3162	
天津大学出版社	585	309		191	96		32032	14067		7911	4367	
河北人民出版社	574	265	10	1801	493	164	112940	31744	7281	16439	6438	1216
河北教育出版社	372	177		1751	822		117080	54181		12600	5767	
河北科学技术出版社	737	342	327	1522	133	744	109255	14974	56175	15972	3038	7495
河北少年儿童出版社	1307	840		2176	1017		134838	66421		26324	13916	
花山文艺出版社	411	320	8	733	460	72	50915	30843	5290	6531	4771	597
河北美术出版社	280	174	266	1749	577	1008	80320	19366	50709	10430	4130	4692
燕山大学出版社	10	10		1	1		192	192		567	567	

全国各出版社图书出版数量(续表7)

地方出版社

	图书总计									
	种数(种)		租型种数(种)	总印数(万册、张)			总印张(千印张)			定价总金额(万元)		
	合计	新出		合计	新出	租型	合计	新出	租型	合计	新出	租型
河北大学出版社	285	212		404	149		35275	14339		4908	2835	
山西人民出版社	285	269		125	115		20761	19455		6346	6074	
山西教育出版社	1024	531	15	4606	3616	62	671953	590502	6146	84250	73225	648
山西科学技术出版社	374	205		1219	56		62128	9587		8101	2004	
希望出版社	1133	369		4282	1679		288385	103683		70090	27313	
北岳文艺出版社	191	191		86	86		11202	11202		2526	2526	
三晋出版社	160	160		34	34		6122	6122		3029	3029	
山西经济出版社	193	147		217	139		17602	13912		3993	3172	
书海出版社	43	39		21	19		3101	2848		418	372	
内蒙古人民出版社	539	520		189	186		19617	19194		5045	4977	
内蒙古教育出版社	1512	403	317	5214	430	3193	366307	28923	236287	37474	4507	22533
内蒙古科学技术出版社	84	84		26	26		3636	3636		832	832	
内蒙古少年儿童出版社	224	224		138	138		12477	12477		2686	2686	
内蒙古文化出版社	85	85		36	36		4642	4642		1355	1355	
远方出版社	210	210		174	174		12535	12535		4565	4565	
内蒙古大学出版社	209	122		72	22		9835	3495		1804	847	
辽宁人民出版社	316	238		198	162		29321	27101		6236	5751	
辽宁教育出版社	899	380		1405	346		125308	38435		21715	8850	
辽宁科学技术出版社	853	540		400	283		44439	32893		14739	11394	
辽宁少年儿童出版社	312	275		276	245		18767	16570		4090	3650	
春风文艺出版社	319	242		487	255		45172	25822		9189	5206	
辽宁美术出版社	408	154		126	61		10548	4684		4562	2275	
辽宁民族出版社	306	239		240	137		15342	10815		2981	2317	
万卷出版公司	592	357		315	150		42224	23024		8412	4643	
辽海出版社	958	392	1	1995	530		94022	31220	18	16665	6898	3
沈阳出版社	462	388	3	371	179	5	30553	18910	352	5940	4018	34
大连出版社	238	148		206	99		19630	9450		4321	2141	
东北财经大学出版社	535	333		287	156		50480	26987		8576	4869	
东北大学出版社	265	160	1	292	166		22163	13662	31	3137	2183	6
辽宁大学出版社	557	486		531	410		71881	56556		15442	12198	
辽宁师范大学出版社	738	267		2957	819		176936	58242		23759	9403	
大连海事大学出版社	301	150		85	50		14792	8932		4119	2845	
大连理工大学出版社	1850	760		1312	346		133210	39005		30150	11682	
白山出版社	89	87		198	194		15016	14468		3741	3615	
吉林人民出版社	827	482		1253	381		109085	39535		24142	7885	

全国各出版社图书出版数量(续表8)

地 方 出 版 社

	种数(种) 合计	种数(种) 新出	租型种数(种)	总印数(万册、张) 合计	总印数(万册、张) 新出	总印数(万册、张) 租型	总印张(千印张) 合计	总印张(千印张) 新出	总印张(千印张) 租型	定价总金额(万元) 合计	定价总金额(万元) 新出	定价总金额(万元) 租型
吉林教育出版社	2526	1799	32	1070	723	32	84959	56674	2563	17131	11874	374
吉林科学技术出版社	486	442		407	364		65292	59220		11892	10837	
延边教育出版社	3033	1050		2842	949		280071	87016		43771	14050	
北方妇女儿童出版社	891	286		736	185		58144	10422		13487	3028	
吉林文史出版社	496	369		234	164		22809	15812		5500	4110	
吉林美术出版社	1254	998		1205	1009		64036	47812		18057	14902	
吉林摄影出版社	569	569		569	569		43201	43201		10412	10412	
时代文艺出版社	398	229		721	239		80532	37466		14134	8964	
长春出版社	784	783		2364	2323		173041	168838		26072	25843	
延边人民出版社	1247	665		658	227		48877	16818		11250	4319	
东北师范大学出版社	836	526		1134	539		160874	74552		29950	15103	
吉林大学出版社	1656	1339		1055	964		115749	101454		27098	24250	
延边大学出版社	2507	1316		4790	2471		563811	286591		117320	61263	
吉林出版集团有限责任公司	4753	2950	454	9474	2686	3603	708420	261772	260289	112629	56997	25783
黑龙江人民出版社	270	253	12	62	54	3	10316	9763	163	2557	2437	39
黑龙江教育出版社	572	296	35	2342	206	258	170757	25438	13786	26503	5632	1766
黑龙江科学技术出版社	335	333		130	130		24484	24363		4923	4904	
黑龙江少年儿童出版社	325	186		483	178		29169	14168		6629	3869	
北方文艺出版社	153	151		70	69		12409	12261		1870	1836	
黑龙江朝鲜民族出版社	165	86		32	17		3674	2189		772	471	
黑龙江美术出版社	305	301		44	43		1667	1653		853	847	
哈尔滨出版社	410	365		428	391		37221	34104		7352	6626	
哈尔滨地图出版社	235	189		298	180		13601	4664		4599	2180	
东北林业大学出版社	204	177		43	26		4981	3686		1085	841	
哈尔滨工程大学出版社	408	240		101	42		13149	6752		2728	1462	
哈尔滨工业大学出版社	689	413		179	104		50947	37199		5545	3444	
黑龙江大学出版社	147	123		31	17		5016	3151		964	690	
上海人民出版社	907	709	4	855	514	128	92662	63456	3005	22455	16043	698
上海教育出版社	1982	609		6070	1170		302940	71553		48114	12993	
上海科学技术出版社	920	459		1722	719		177700	80823		25767	13732	
上海科技教育出版社	682	226		4776	1164		307622	87953		34437	12123	
上海科学普及出版社	439	389		646	603		39040	34918		13164	12427	
少年儿童出版社	800	326		1344	355		89968	29237		20829	7420	
上海文艺出版社	429	370		844	785		181899	171568		29380	27708	
上海辞书出版社	433	257		302	113		47637	20088		12143	7944	
上海人民美术出版社	770	444		1071	275		43447	21790		16852	11986	
上海古籍出版社	909	557		314	191		56129	34964		20187	15213	

全国各出版社图书出版数量(续表9)

地 方 出 版 社

	图 书 总 计									
	种数(种)		租型种数(种)	总印数(万册、张)			总印张(千印张)			定价总金额(万元)		
	合计	新出		合计	新出	租型	合计	新出	租型	合计	新出	租型
上海译文出版社	676	381		666	302		90035	39241		19436	10072	
上海音乐学院出版社	198	108		70	34		9778	5416		2280	1250	
中国福利会出版社	141	73		775	255		27245	8962		73599	24159	
上海书画出版社	445	195		906	209		36375	11053		12156	7510	
上海书店	221	161		79	55		10598	7493		5186	4446	
上海科学技术文献出版社	457	421		208	195		24887	23352		5078	4803	
上海锦绣文章出版社	232	166		99	63		10147	7163		3092	2501	
格致出版社	186	134		96	48		20059	9543		3693	1936	
立信会计出版社	851	541		734	534		117862	80333		20524	14584	
上海远东出版社	320	244		610	490		39625	30697		11111	9631	
上海三联书店	350	311		140	108		20895	17265		5439	4574	
文汇出版社	217	217		133	133		19161	19161		3545	3545	
学林出版社	218	182		76	59		11078	8351		2947	2418	
上海社会科学院出版社	248	212		85	66		13605	10824		3691	3137	
复旦大学出版社	1664	756		1311	352		201334	49376		41488	12504	
华东理工大学出版社	446	250		225	136		35311	19809		6999	4358	
华东师范大学出版社	2245	877		2805	892		270686	97763		49814	20249	
上海交通大学出版社	1969	1215		1821	788		248770	120072		35804	19631	
上海外语教育出版社	1234	357		2302	543		322601	69900		54846	14351	
第二军医大学出版社	167	167		34	34		7138	7138		1857	1857	
上海浦江教育出版社	54	51		13	13		1961	1890		627	613	
同济大学出版社	539	287		207	99		33924	15927		8382	5185	
东华大学出版社	249	201		96	81		12341	10349		2864	2360	
上海财经大学出版社	477	276		302	168		52960	23168		9457	4780	
上海大学出版社	444	419		501	491		49316	48232		10908	10690	
上海中西书局	167	141		116	89		15992	12788		6672	5952	
上海音乐出版社	718	201		514	61		51795	8738		12875	3047	
上海文化出版社	134	118		129	124		17651	16939		5243	5068	
江苏人民出版社	1920	1159		3980	1502		277887	136088		64379	39022	
江苏教育出版社	3714	1760	19	17383	5758	713	916919	335905	34456	124415	55787	3480
江苏科学技术出版社	2568	1364		5572	2622		357015	201991		65403	37656	
江苏少年儿童出版社	1455	538		3865	1117		181034	51391		34671	11398	
江苏文艺出版社	1102	782		1752	1183		199698	131466		44952	31888	
江苏美术出版社	1272	860		1820	1057		154463	91112		34850	23533	
古吴轩出版社	214	207		110	94		10796	9775		4102	3973	
南京出版社	561	280		424	192		38039	18745		8594	5291	
译林出版社	1568	732	3	4370	1226	41	349290	111721	3243	56484	22265	369
东南大学出版社	1203	555		747	305		86299	35395		17686	8988	

全国各出版社图书出版数量(续表10)

地方出版社

	图书总计										
	种数(种)		租型种数(种)	总印数(万册、张)			总印张(千印张)			定价总金额(万元)		
	合计	新出		合计	新出	租型	合计	新出	租型	合计	新出	租型
河海大学出版社	428	297		237	183		23914	17290		5283	3929	
南京大学出版社	923	471		730	264		92834	38333		16141	7783	
苏州大学出版社	840	500		651	290		78993	33124		13540	6826	
中国矿业大学出版社	645	457		305	186		44358	27526		9512	6724	
南京师范大学出版社	858	496		3057	1735		90456	55403		25088	16235	
凤凰出版社	851	617		1069	848		128294	93971		30151	24161	
广陵书社	157	118		25	16		3015	2424		2322	1780	
江苏大学出版社	128	125		27	27		3746	3685		1013	1000	
浙江人民出版社	619	439	10	1755	877	478	137671	85286	13803	28332	18675	2516
浙江教育出版社	2209	779	10	13813	3543	185	722254	213457	11489	99311	34019	1100
浙江科学技术出版社	1356	833	3	5322	1144	1	190541	96727	100	42248	20798	18
浙江少年儿童出版社	1578	477		4102	1543		328503	121362		61852	24550	
浙江文艺出版社	608	226		833	362		80951	35864		15744	8414	
浙江人民美术出版社	478	238		1172	396		42805	18304		11452	5836	
浙江摄影出版社	326	210		599	447		51166	43633		8975	7045	
浙江古籍出版社	391	191		209	79		25166	9880		7702	4751	
杭州出版社	161	123		120	92		9103	6719		2469	1979	
西泠印社出版社	164	164		33	33		6077	6077		7084	7084	
宁波出版社	696	540		715	435		50768	32619		8998	6380	
浙江大学出版社	2393	1327		1475	710		173991	86641		39414	23150	
中国美术学院出版社	205	162		57	42		7928	6092		4820	4339	
浙江工商大学出版社	290	226		84	51		10887	7709		2914	2212	
安徽人民出版社	741	710		315	307		37782	37077		8786	8703	
安徽教育出版社	1376	350	1	4736	610	5	277952	40684	196	40125	8491	37
安徽科学技术出版社	969	413		718	234		74410	24606		15486	5838	
安徽少年儿童出版社	1569	744		3578	902		190048	57013		40208	17324	
安徽文艺出版社	485	325		436	231		57781	30140		12188	7079	
安徽美术出版社	782	560		782	403		49368	33636		19356	15942	
安徽师范大学出版社	664	664		198	198		22959	22959		4844	4844	
黄山书社	1152	789		2410	1386		180532	115787		33237	21880	
中国科学技术大学出版社	369	205		163	65		21704	10593		4210	2091	
安徽大学出版社	553	151		773	177		54164	14462		8718	2418	
合肥工业大学出版社	434	291		161	98		21507	12370		4752	3310	
福建人民出版社	417	247	36	1669	950	287	130073	87743	13872	23704	16622	1828
福建教育出版社	723	518	5	2455	1721	48	159317	118815	2574	23578	19265	304
福建科学技术出版社	380	179		226	111		19123	11515		5679	3921	
福建少年儿童出版社	561	359		821	410		57029	28283		12180	6714	
海峡文艺出版社	253	194		316	198		26005	17440		4999	3626	
福建美术出版社	225	211	22	220	104	77	13647	10387	2158	3855	3212	362

全国各出版社图书出版数量(续表11)

地 方 出 版 社

	图 书 总 计										
	种数(种)		租型种数(种)	总印数(万册、张)			总印张(千印张)			定价总金额(万元)		
	合计	新出		合计	新出	租型	合计	新出	租型	合计	新出	租型
海峡书局出版社	15	15		4	4		722	722		337	337	
福建省地图出版社	54	53		64	63		1304	1294		665	659	
鹭江出版社	161	135		298	226		19326	17626		3002	2698	
厦门大学出版社	590	384		323	101		56547	18795		10105	4988	
海风出版社	34	34		15	15		1478	1478		763	763	
江西人民出版社	623	494		1361	900		92850	63985		13521	10417	
江西教育出版社	588	236		4510	172		188258	13336		23495	3103	
江西科学技术出版社	510	239		458	227		37670	21230		7271	4624	
百花洲文艺出版社	220	143		302	247		30091	22695		4592	3907	
二十一世纪出版社	1494	988		2991	1721		188769	104702		47508	28096	
江西美术出版社	668	582	7	632	271	93	38199	25046	2305	13302	10501	462
江西高校出版社	1024	813		1591	1028		125279	88035		24770	18305	
山东人民出版社	1503	968	4	3220	1065	204	236975	85021	7192	37540	19409	1264
山东教育出版社	1187	278		4179	491		295969	38113		29113	4827	
山东科学技术出版社	705	251		3069	533		212140	29858		33929	12538	
明天出版社	1105	503		3821	1273		280777	86556		45580	15976	
山东文艺出版社	445	187	18	1252	227	302	75235	14718	12873	10738	2735	1441
山东美术出版社	716	600	9	891	510	130	47070	31359	3626	17071	13889	567
山东画报出版社	231	207		209	191		16732	15276		4446	4058	
山东省地图出版社	174	174		133	133		11397	11397		4441	4441	
山东友谊出版社	712	174		1348	126		91187	10764		11330	1889	
齐鲁书社	136	60		1218	64		77691	6688		8935	1337	
济南出版社	485	217		971	372		82496	34717		12483	5423	
泰山出版社	232	40		1574	26		88095	1922		8783	428	
青岛出版社	2801	990		7911	2506	6	480636	150741	120	82391	34301	27
山东大学出版社	327	111		974	68		73341	6271		8815	1206	
中国石油大学出版社	483	359		1169	1115		98314	87771		14846	13125	
中国海洋大学出版社	343	240		315	213		44593	32638		9949	7783	
黄河出版社	69	69		32	32		4453	4453		1613	1613	
河南人民出版社	314	249		111	86		17668	14449		5388	4745	
河南科学技术出版社	1077	580		2274	593		129555	44128		25027	10928	
海燕出版社	906	297		3433	305		167559	25671		24468	5902	
河南文艺出版社	291	185	1	970	104		57050	10778	13	9165	2300	4
河南美术出版社	163	130		98	61		7064	4842		3571	3255	
文心出版社	493	179		613	269		53072	25455		7242	3994	
中州古籍出版社	370	240		227	128		27306	19029		9863	8616	
中原农民出版社	368	127		585	102		41819	8849		7175	1706	

全国各出版社图书出版数量(续表12)

地 方 出 版 社

	种数(种)		租型种数(种)	图书总计								
				总印数(万册、张)			总印张(千印张)			定价总金额(万元)		
	合计	新出		合计	新出	租型	合计	新出	租型	合计	新出	租型
大象出版社	969	447	44	4728	620	1481	375942	54085	98333	43331	8405	9953
黄河水利出版社	363	225		120	65		18805	9898		4593	2835	
河南大学出版社	345	258		170	145		19209	15018		3729	2964	
郑州大学出版社	655	460		503	368		54244	40222		9093	6640	
湖北人民出版社	588	420		654	334		61004	28817		11582	7250	
湖北教育出版社	1690	957	3	4853	2292	48	361775	200864	1718	58879	39821	243
湖北科学技术出版社	634	360		1256	221		51953	13845		9134	3521	
湖北少年儿童出版社	1272	498	24	3579	1035	289	259113	93501	15668	47000	23267	1789
长江文艺出版社	730	370		1488	854		217127	110881		41353	24412	
崇文书局	373	219		692	169		45930	20050		6396	3189	
湖北美术出版社	1114	843	331	1684	754	381	87519	45733	19178	26340	14642	6358
武汉出版社	655	416		874	351		62998	35333		13254	9460	
华中科技大学出版社	1717	1097		669	370		90071	56339		25716	19075	
华中师范大学出版社	844	509		939	427		119049	53485		19976	9330	
武汉大学出版社	2709	1202		2005	806		169283	67565		38163	18343	
武汉理工大学出版社	688	480		250	166		42354	26870		6481	3973	
中国地质大学出版社	288	198		99	63		14629	9553		5664	4425	
长江出版社	843	793		887	858		64346	62233		13128	12821	
湖南人民出版社	596	548		603	553		51709	46288		15392	14397	
湖南教育出版社	3189	1093		9068	2645		613316	210383		105741	34851	
湖南科学技术出版社	686	303	3	1583	348	4	99948	26189	474	20449	7006	57
湖南少年儿童出版社	2296	1011		4667	1222		241465	76385		49588	18497	
湖南文艺出版社	874	629		4492	2069		385808	236709		61233	37271	
湖南美术出版社	1020	756	19	3974	1103	976	155333	56314	29004	37379	17768	6036
湖南地图出版社	292	237		253	178		8779	4001		3233	2098	
岳麓书社	325	194		754	129		117008	29441		15216	6044	
湖南师范大学出版社	592	371	3	839	305	1	59437	26638	180	10629	6315	51
中南大学出版社	429	262		219	119		31386	17133		6181	3554	
湖南大学出版社	260	134		148	50		19639	5850		4031	1613	
国防科技大学出版社	140	123		111	107		12457	11812		2459	2353	
湘潭大学出版社	122	92		61	46		7216	4713		1781	1307	
广东人民出版社	958	738		1684	734		133195	76026		24293	17695	
广东教育出版社	1558	937		8745	1414		598428	122600		67659	20633	
广东高等教育出版社	469	293		1124	440		109321	59342		13377	7853	
广东科技出版社	314	139		1552	107		88389	9808		11178	2951	
广东经济出版社	753	661		778	596		61067	51312		15125	13442	
广东省地图出版社	112	35		146	29		2938	803		1997	715	

全国各出版社图书出版数量(续表13)

地方出版社

	图书总计										
	种数(种)		租型种数(种)	总印数(万册、张)			总印张(千印张)			定价总金额(万元)		
	合计	新出		合计	新出	租型	合计	新出	租型	合计	新出	租型
广东旅游出版社	99	77		45	39		3752	2945		1161	983	
岭南美术出版社	288	273		1126	666		39924	27889		16137	13967	
广东新世纪出版社	2194	1798		4198	3399		266288	230689		57733	50420	
花城出版社	316	264		160	107		22790	17786		4807	3807	
海天出版社	209	203		135	129		18021	17419		5241	5088	
广州出版社	362	362		582	582		76224	76224		14654	14654	
华南理工大学出版社	490	257		195	127		30174	19689		6290	4457	
汕头大学出版社	501	497		261	257		26873	26517		8237	8183	
中山大学出版社	413	275		283	133		43077	18199		8169	4104	
暨南大学出版社	570	436		193	131		31081	19984		6919	4763	
南方日报出版社	78	78		24	24		3673	3673		1107	1107	
羊城晚报出版社	93	73		84	48		6300	3736		1712	1275	
深圳报业集团出版社	74	58		185	94		8622	5161		1823	1230	
广西人民出版社	517	400	12	448	296	80	44706	32790	4248	8715	6689	545
广西教育出版社	1187	571	1	6529	2138	9	335891	117104	679	31927	13268	65
广西科学技术出版社	460	156		1282	186		82912	17643		15632	5936	
接力出版社	1564	611	111	4558	1231	704	280655	86720	40722	56436	19912	4764
广西民族出版社	366	196	8	1347	79	234	81609	6499	17288	9191	1892	1272
广西美术出版社	432	47		764	92		37679	2708		11868	1322	
漓江出版社	881	733		881	719		85064	71231		19651	16941	
广西师范大学出版社	3260	1575	9	7812	2074	18	569408	202186	1503	91755	41048	212
海南出版社	1118	607		2898	1151		161151	76289		26189	14017	
南方出版社	1414	569		2508	490		147691	43343		28808	9041	
南海出版公司	556	274		656	297		72357	33515		18566	8731	
三环出版社	227	34	13	812	12	135	30321	1822	4428	4942	599	605
重庆出版社	2409	1175	231	8616	2320	2476	516706	140468	164914	101148	34810	20179
西南师范大学出版社	1095	330	32	4041	744	253	236240	55238	8566	34868	10345	1423
重庆大学出版社	1548	650		1288	627		124125	58330		21433	11374	
四川人民出版社	256	209	4	257	96	66	22205	12585	2557	4713	3018	438
四川教育出版社	1069	345	103	13053	2426	2015	831816	167133	137344	100124	19380	15251
四川科学技术出版社	369	155		211	48		21729	7267		5440	2810	
四川少年儿童出版社	448	306		483	280		23700	14390		6453	4092	
四川文艺出版社	381	277	1	289	183		46186	30476	13	7716	5327	4
四川民族出版社	390	78	153	1249	36	72	97677	3752	5201	10410	685	414
四川美术出版社	388	265		231	108		15462	9921		6629	4895	
四川辞书出版社	154	76		95	43		18210	8831		2791	1406	

全国各出版社图书出版数量(续表14)

地方出版社

	种数(种)		租型种数(种)	图书总计								
				总印数(万册、张)			总印张(千印张)			定价总金额(万元)		
	合计	新出		合计	新出	租型	合计	新出	租型	合计	新出	租型
天地出版社	445	115	2	368	74		32060	6079	27	6364	1447	3
巴蜀书社	238	192		114	86		14184	11581		3366	2870	
成都地图出版社	174	46		248	46		8497	1542		2465	531	
成都时代出版社	283	228		306	268		25574	20598		6687	5527	
电子科技大学出版社	463	325		283	228		43913	35518		7371	5927	
四川大学出版社	1191	742		560	286		61304	33698		12771	7748	
西南财经大学出版社	626	355		387	228		41783	26493		8077	5271	
西南交通大学出版社	919	521		233	139		33955	19994		6779	4272	
贵州人民出版社	401	300	16	1141	543	243	49919	27649	8864	9596	6345	1241
贵州教育出版社	218	43	2	818	78	60	48504	12603	3225	7421	1480	354
贵州科学技术出版社	85	85		25	25		3173	3173		800	800	
贵州民族出版社	177	62	19	458	11	233	17226	1756	5770	3103	625	1167
贵州大学出版社	85	85		60	60		1546	1546		313	313	
云南人民出版社	1954	1623	4	2469	1454	148	288543	183396	6384	53832	37709	1070
云南教育出版社	1477	607		3662	1023		199729	54299		33504	13681	
云南科学技术出版社	1710	1207		1734	978		118408	64336		24118	15113	
晨光出版社	1486	834		2378	1528		172202	129455		25918	18601	
德宏民族出版社	96	96		14	14		3486	3486		1764	1764	
云南美术出版社	284	284		161	161		12697	12697		5680	5680	
云南民族出版社	284	284		78	78		11292	11292		3733	3733	
云南大学出版社	610	495		230	193		26088	20901		5602	4680	
西藏人民出版社	489	208	302	1334	103	781	104524	18702	59616	11417	1941	6053
藏文古籍出版社	57	51		20	17		2310	1854		446	368	
陕西人民出版社	520	363	193	3479	461	2605	336105	47636	212867	45148	14162	18173
陕西人民教育出版社	2110	672	139	5534	867	1172	503510	116417	91641	76828	21777	9495
陕西科学技术出版社	432	265		598	177		34207	13741		6892	3570	
未来出版社	768	264		2338	393		114677	18133		35588	16528	
太白文艺出版社	323	217		274	158		44285	27884		7596	4513	
陕西人民美术出版社	98	61	46	656	88	528	26378	4087	18962	5132	1242	2960
陕西旅游出版社	178	110		242	125		17013	9561		4577	2831	
三秦出版社	194	194		82	82		15739	15739		4234	4234	
西安出版社	345	168	6	521	119	72	47300	10164	8691	9133	2533	959
西安地图出版社	67	59		53	50		2443	2211		1092	1028	
陕西师范大学出版社	1015	722	4	3121	1708	85	242093	154135	6293	34904	24410	567
西安电子科技大学出版社	433	243		166	81		30073	14009		4889	2408	

全国各出版社图书出版数量(续表15)

地 方 出 版 社

	图 书 总 计										
	种数(种)		租型种数(种)	总印数(万册、张)			总印张(千印张)			定价总金额(万元)		
	合计	新出		合计	新出	租型	合计	新出	租型	合计	新出	租型
西安交通大学出版社	774	445	31	1112	438	155	130422	64840	9055	25770	12890	1160
西北大学出版社	379	162	24	898	61	385	72000	10296	25646	9419	1849	2348
西北工业大学出版社	434	230		181	107		23078	13397		4937	3065	
西北农林科技大学出版社	114	88		36	24		3786	2878		855	703	
第四军医大学出版社	284	207		150	94		23910	17291		5199	3810	
甘肃人民出版社	181	154	257	3793	87	3701	305178	17816	286687	31203	3266	27815
甘肃教育出版社	667	141		1225	358		124220	53020		17950	7935	
甘肃科学技术出版社	232	149		119	90		11359	9706		2691	2350	
甘肃少年儿童出版社	514	132		748	90		42173	8309		6155	1987	
甘肃文化出版社	150	117		253	117		16971	11802		7515	6176	
甘肃民族出版社	296	240		74	58		9966	8296		2151	1840	
甘肃人民美术出版社	110	78		36	22		4225	2985		2099	1770	
敦煌文艺出版社	214	189		64	54		8502	7234		1787	1570	
兰州大学出版社	253	253		302	302		26437	26437		5397	5397	
青海人民出版社	155	154	146	735	117	617	58283	12583	45639	6866	2258	4593
青海民族出版社	402	165	70	380	63	79	29841	5573	4009	3304	1538	323
宁夏人民出版社	358	310	191	1036	120	868	87121	21473	62640	12596	5567	6289
宁夏人民教育出版社	632	396		1005	406		76452	38398		12104	7688	
阳光出版社	686	518		695	379		73071	36122		21422	12928	
新疆人民出版社	1918	1486	67	1785	1389	116	134950	98333	8586	35777	30940	936
新疆教育出版社	2293	158	491	6359	266	3092	401687	14077	203487	41790	1803	20343
新疆科学技术出版社	749	260		422	204		26813	13177		5049	2638	
新疆青少年出版社	2227	1964		1225	1124		120944	113101		22740	21435	
新疆美术摄影出版社	541	471	112	1101	802	212	55017	45014	6897	9580	8062	923
喀什维吾尔文出版社	327	195		103	65		9140	5504		1972	1255	
克孜勒苏柯尔克孜文出版社	55	55		13	13		1046	1046		200	200	
伊犁人民出版社	102	44		35	16		4027	2062		945	534	
新疆大学出版社	31	31		7	7		899	899		195	195	
新疆人民卫生出版社	315	200		87	40		7334	4815		1784	1295	
新疆生产建设兵团出版社	133	133		122	122		11594	11594		2927	2927	

全国各类少年儿童读物出版数量

	种数(种)		租型种数(种)	总印数(万册、张)			总印张(千印张)			定价总金额(万元)		
	合计	新出		合计	新出	租型	合计	新出	租型	合计	新出	租型
图 书 总 计	30966	19396	21	47823	26556	116	2854119	1532025	5364	808182	466628	880
(一)使用《中国标准书号》部分合计	30965	19395	20	47702	26447	116	2853998	1531916	5364	806891	465636	862
A 马克思主义、列宁主义、毛泽东思想	5	5		3.034	3.034		255.6	255.6		61.732	61.732	
B 哲学	158	102		124.5	78.54		11270.24	6959.21		2554.29	1597.2	
C 社会科学总论	36	21		29.47	9.047		2796.04	993.29		679.28	253.549	
D 政治、法律	95	61		514.2	341.6		39017.22	29122.22		4918.6	3276.7	
E 军事	126	94		83.11	56.37		8346.24	5413.67		2297.67	1552.5	
F 经济	61	44		35.01	23.62		3713.71	2826.7		864.6507	627.7295	
G 文化、科学、教育、体育	11824	7574	15	20925	10941	107	1029447	525620.7	4712	356969	192628	693
H 语言、文字	1244	683		1898	1012		159548.5	80142.46		34977.2	20030	
I 文学	9617	5657		13943	7920		995394.3	521353.7		236355	138418	
J 艺术	3779	2427	1	6010	3519	3	282694.7	169339	60	85776.8	57283	32.4
K 历史、地理	1293	1074		1171	967.9		101373.5	82181.57		22656.3	18882	
N 自然科学总论	213	128		243.9	108.6		18230.35	7769.76		4691.4	2144.41	
O 数理科学、化学	149	72		178.8	56.06		16905.82	5459.72		4017.75	1602.4	
P 天文学、地球科学	250	142		280.8	123.1		19836.2	7854.47		5206.89	2314.7	
Q 生物科学	461	295		729.5	463.7		41797.2	21431.46		11420.7	6467	
R 医药、卫生	129	82	4	170.7	73.86	6	9916.78	4387.39	593	3764.49	1199	137
S 农业科学	56	29		71.36	21.93		4655.69	968.34		1138.56	288.01	
T 工业技术	400	272		209.6	120.3		27402.28	17278.8		6270.76	4249.7	
U 交通运输	75	47		53.93	28.56		4237.61	2491.66		1244.54	725.32	
V 航空、航天	84	58		54.1	31.36		4799.26	3075.81		1327.7	890.79	
X 环境科学	58	48		50.28	45.1		2902.94	2507.81		824.71	737.68	
Z 综合性图书	852	480		922.9	502.3		69456.39	34483.04		18873.6	10406	
(二)不使用《中国标准书号》部分合计	1	1	1	121	109		121	109		1291	992	18
1. 图片	1	1	1	3	3		3	3		36	18	18
2. 国标(GB)、部标(BB)等标准类文件印品				6	1		6	1		193	3	
3. 活页文选、活页歌篇、小件印品等				112	105		112	105		1062	971	

全国各地区少年儿童读物出版数量

	种数（种）		租型种数（种）	总印数（万册、张）			总印张（千印张）			定价总金额（万元）		
	合计	新出		合计	新出	租型	合计	新出	租型	合计	新出	租型
全国总计	30965	19395	20	47702	26447	116	2853998	1531916	5364	806891	465636	862
中　央	6242	4468	3	8748	6138	1	527636	357006	54	150791	107025	6
地　方	24723	14927	17	38954	20309	115	2326362	1174910	5310	656100	358611	856
北　京	2458	1504		3093	1483		250248	107781		57314	29214	
天　津	652	430		804	402		39889	13509		12819	6603	
河　北	90	73		155	138		3281	2824		860	702	
山　西	592	206		2229	795		127529	48911		32074	13402	
内蒙古	431	303	1	330	221		19371	14221	23	5266	4041	18
辽　宁	1165	827		1376	835		95513	60964		22424	15136	
吉　林	4039	2926	1	3788	2865	3	238838	173068	60	62276	46894	32
黑龙江	385	305		469	319		24379	18732		5622	4409	
上　海	1612	833		3943	1196		172543	62475		109389	40245	
江　苏	1461	819		2634	1678		171437	90386		44567	28709	
浙　江	2287	916		4457	1880		362768	144699		71937	30741	
安　徽	1256	817		1076	669		82108	49862		20455	13951	
福　建	309	230		391	288		28127	19783		6817	5057	
江　西	1375	861		2801	1553		136063	61728		39558	21795	
山　东	918	652	6	2406	1572	91	118199	73184	2684	26014	17147	402
河　南	262	124		273	106		14038	6252		3963	1698	
湖　北	436	234	9	984	582	21	68182	27866	2543	15922	9846	404
湖　南	1392	870		1611	935		99097	60578		23852	15426	
广　东	507	341		699	377		20893	13508		7511	5517	
广　西	988	411		1878	581		92354	38929		28827	12047	
海　南	149	55		892	310		42229	13981		6521	2184	
重　庆	49			207			3633			977		
四　川	650	365		611	314		32571	15331		8813	4789	
贵　州	113	103		319	204		10920	5228		3774	1930	
云　南	92	66		215	194		5340	3940		1524	1275	
西　藏	15	2		7	1		407	26		71	10	
陕　西	378	258		741	428		31127	18607		26412	17540	
甘　肃	154	71		285	153		11400	7270		3102	1566	
青　海	17	13		7	5		293	204		57	43	
宁　夏	38	33		44	42		1097	984		4736	4482	
新　疆	453	279		229	183		22488	20079		2646	2212	

全国各出版社少年儿童读物出版数量

中 央 出 版 社

	种数(种)		租型种数(种)	总印数(万册、张)			总印张(千印张)			定价总金额(万元)		
	合计	新出		合计	新出	租型	合计	新出	租型	合计	新出	租型
中 央	6242	4468	3	8748	6138	1	527636	357006	54	150791	107025	6
人民出版社	12	11		16	6		1362	262		367	168	
人民文学出版社	60	34		92	70		9075	6989		1864	1496	
人民美术出版社	210	170		408	298		42340	30952		7244	5241	
人民音乐出版社	9			3			214			106		
中国对外翻译出版公司	24			10			403			169		
中国盲文出版社	3	2					13	2				
生活、读书、新知三联书店	1			1			52			15		
中国书籍出版社	6	6		6	6		820	820		196	196	
中国社会科学出版社	3	3					77	77		24	24	
企业管理出版社	2	2					61	61		22	22	
民族出版社	102	91		24	19		2978	2720		595	545	
中国青年出版社	53	39		44	25		2624	1217		1423	941	
中国少年儿童出版社	804	386		2421	1771		102271	58277		30246	19860	
人民体育出版社	2	1		1	1		96	50		21	12	
中国电影出版社	13	13		13	13		1830	1830		286	286	
世界知识出版社	26	11		18	12		1713	1113		667	488	
北京大学出版社	184	80	3	183	53	1	15550	3316	54	3780	1209	6
外语教学与研究出版社	95	14		183	23		4629	691		4017	409	
人民教育出版社	5			7			277			58		
中国农业出版社	1			1			12			6		
中国轻工业出版社	61	42		46	31		2792	1844		976	717	
中国纺织出版社	42	42		34	34		1039	1039		471	471	
科学普及出版社	32			20			1247			413		
机械工业出版社	8	4		6	4		340	120		175	104	
化学工业出版社	329	237		353	289		22507	17999		7068	5691	
中国建筑工业出版社	15	4		12	2		1901	599		475	140	
中国铁道出版社	11	11		5	5		281	281		403	403	
人民邮电出版社	428	428		675	675		29174	29174		12087	12087	
海洋出版社	4	4		2	2		74	74		24	24	
气象出版社	28	16		25	10		1496	481		302	119	
地质出版社	9	2		26	6		246	123		368	111	

全国各出版社少年儿童读物出版数量(续表1)

中央出版社

	种数(种)		租型种数(种)	总印数(万册、张)			总印张(千印张)			定价总金额(万元)		
	合计	新出		合计	新出	租型	合计	新出	租型	合计	新出	租型
中国地图出版社	211	199		283	274		16821	16026		3253	2974	
国防工业出版社	834	533		626	396		51323	34225		14124	10116	
中国商务出版社	1	1					7	7		6	6	
新世界出版社	155	131		531	260		47384	24443		8044	3536	
外文出版社	8	8		6	6		375	375		127	127	
中国文史出版社	3	3		4	4		77	77		199	199	
中国林业出版社	1	1					7	7		4	4	
文化艺术出版社	10	9		5	3		554	351		165	123	
教育科学出版社	14			9			208			141		
中国广播电视出版社	1	1		2	2		42	42		54	54	
中国商业出版社	1	1		4	4		330	330		78	78	
知识产权出版社	2	2		1	1		77	77		21	21	
北京师范大学出版社	236	174		339	219		17362	12480		7044	5307	
中国宇航出版社	9			7			395			91		
中国工商出版社	2	2		1	1		172	172		32	32	
作家出版社	14	14		61	61		8901	8901		1278	1278	
光明日报出版社	145	145		94	94		8329	8329		1945	1945	
中国妇女出版社	29	19		280	167		13887	8512		2311	1500	
红旗出版社	1	1					56	56		11	11	
电子工业出版社	68	41		136	84		4856	3324		1778	1161	
朝华出版社	10	10		8	8		590	590		155	155	
人民军医出版社	1	1					44	44		9	9	
金盾出版社	27	13		17	9		905	531		263	157	
经济科学出版社	45	44		17	17		1997	1858		412	395	
高等教育出版社	49	23		93	26		2251	1148		1993	1039	
经济管理出版社	1	1		1	1		95	95		29	29	
国际文化出版公司	1	1					8	8		2	2	
中国画报出版社	31	31		17	17		642	642		334	334	
中国农业科学技术出版社	2	2		1	1		69	69		44	44	
北京理工大学出版社	145	126		106	94		4902	3856		1863	1668	
中国和平出版社	63	54		107	98		5674	4932		1142	1036	
航空工业出版社	1			1			60			10		

全国各出版社少年儿童读物出版数量(续表2)

中央出版社

	种数(种)		租型种数(种)	总印数(万册、张)			总印张(千印张)			定价总金额(万元)		
	合计	新出		合计	新出	租型	合计	新出	租型	合计	新出	租型
华夏出版社	76	64		119	61		5076	3829		1671	1314	
中国医药科技出版社							8			4		
中国藏学出版社	1	1					32	32		5	5	
研究出版社	1	1		1	1		80	80		36	36	
海潮出版社	15	15		8	8		616	616		164	164	
学苑出版社	12	8		14	12		806	716		578	546	
人民武警出版社	101	101		81	81		9120	9120		2705	2705	
团结出版社	223	205		54	52		4691	4317		1146	1063	
中国华侨出版社	17	17		17	17		876	876		286	286	
中国人口出版社	157	157		131	131		7773	7773		2101	2101	
蓝天出版社	58	41		33	22		2377	1457		803	577	
群言出版社	1	1		2	2		69	69		77	77	
华龄出版社	1	1		2	2		171	171		86	86	
金城出版社	2	2		1	1		78	78		15	15	
中华地图学社	1	1		1	1		31	31		12	12	
新星出版社	61	61		54	54		1680	1680		1446	1446	
中国中医药出版社	1						25			4		
中国社会出版社	16			22			577			165		
大众文艺出版社	4			2			264			50		
现代教育出版社	3	3		1	1		50	50		11	11	
中国致公出版社	31	31		50	50		2261	2261		533	533	
中国大地出版社	8	4		69	5		1297	120		389	63	
中国城市出版社	58	34		70	42		4882	2219		2125	1211	
星球地图出版社	17	14		9	7		157	77		90	54	
五洲传播出版社	32	32		24	24		717	717		694	694	
西苑出版社	1	1		1	1		456	456		143	143	
学习出版社	137	124		67	58		3320	2632		1183	1030	
中国电力出版社	50	24		25	16		542	332		370	244	
台海出版社	1	1		6	6		240	240		149	149	
海豚出版社	385	261		405	255		35621	23953		11334	7952	
天天出版社	69	20		88	27		7880	1517		1598	416	

全国各出版社少年儿童读物出版数量（续表3）

地方出版社

	种数（种）		租型种数（种）	总印数（万册、张）			总印张（千印张）			定价总金额（万元）		
	合计	新出		合计	新出	租型	合计	新出	租型	合计	新出	租型
地　　方	24723	14927	17	38954	20309	115	2326362	1174910	5310	656100	358611	856
北京出版社	861	511		1152	686		92627	47138		18872	10984	
北京科学技术出版社	587	394		572	225		29544	12422		10677	6121	
燕山出版社	28	22		11	8		1176	918		245	206	
同心出版社	275	109		473	214		38607	14401		10361	5329	
北京工艺美术出版社	2	2		3	3		122	122		103	103	
旅游教育出版社	4	4		2	2		120	120		36	36	
北京联合出版公司	106	106		85	85		4616	4616		1490	1490	
中国书店	5	5		10	10		505	505		194	194	
北京工业大学出版社							51			8		
首都师范大学出版社	590	351		786	250		82881	27539		15327	4750	
天津教育出版社	12	11		3	3		207	196		84	81	
天津科学技术出版社	8	6		5	5		173	101		61	43	
新蕾出版社	540	321		681	280		36278	9980		10702	4508	
百花文艺出版社	3	3		1	1		56	56		14	14	
天津人民美术出版社	82	82		112	112		2925	2925		1900	1900	
天津杨柳青画社	2	2		1	1		35	35		17	17	
南开大学出版社	5	5		1	1		215	215		40	40	
河北人民出版社	90	73		155	138		3281	2824		860	702	
希望出版社	560	174		2212	778		126373	47754		31790	13118	
北岳文艺出版社	32	32		17	17		1156	1156		284	284	
内蒙古人民出版社	40	40		37	37		923	923		306	306	
内蒙古教育出版社	165	37	1	135	26		5872	721	23	1514	289	18
内蒙古少年儿童出版社	224	224		138	138		12477	12477		2686	2686	
远方出版社	2	2		20	20		100	100		760	760	
辽宁人民出版社	5	2		6	4		771	553		156	95	
辽宁教育出版社	19	9		27	19		1129	458		579	463	
辽宁少年儿童出版社	310	273		275	243		18641	16443		4061	3621	
春风文艺出版社	172	103		390	163		30784	12415		6674	2846	
辽宁美术出版社	56	31		21	14		877	415		618	436	
辽海出版社	46	7		53	9		1374	396		404	210	

全国各出版社少年儿童读物出版数量(续表4)

地方出版社

	种数(种)		租型种数(种)	总印数(万册、张)			总印张(千印张)			定价总金额(万元)		
	合计	新出		合计	新出	租型	合计	新出	租型	合计	新出	租型
沈阳出版社	47	47		22	22		1357	1357		332	332	
大连出版社	127	80		134	70		11644	5778		2454	1267	
东北大学出版社	32	32		32	32		4018	4018		858	858	
辽宁大学出版社	2	1		3			246	11		102	3	
辽宁师范大学出版社	77	34		203	69		12948	8857		3472	2628	
万卷出版公司	212	148		80	60		6298	4838		1632	1296	
大连理工大学出版社	58	58		47	47		2855	2855		659	659	
白山出版社	2	2		83	83		2571	2571		424	424	
吉林人民出版社	57	50		109	95		4595	3523		1218	995	
延边教育出版社	86	69		27	22		929	807		345	309	
北方妇女儿童出版社	420	226		300	149		17837	7210		5011	2260	
吉林美术出版社	1008	783		1106	923		54791	40043		12727	10191	
吉林摄影出版社	569	569		569	569		43201	43201		10412	10412	
吉林时代文艺出版社	1						26			4		
长春出版社	124	124		307	307		18166	18166		3006	3006	
延边人民出版社	1120	540		648	218		47099	15123		10755	3848	
东北师范大学出版社	78	72		44	40		5309	4791		1594	1417	
吉林大学出版社	35	35		56	56		7149	7149		1604	1604	
吉林出版集团有限责任公司	542	459	1	622	597	3	39736	36934	60	15600	13844	32
黑龙江人民出版社	1	1					4	4		1	1	
黑龙江科学技术出版社	4	4		1	1		271	271		70	70	
黑龙江少年儿童出版社	115	70		175	57		7068	3889		1710	1119	
北方文艺出版社	29	29		13	13		984	984		227	227	
黑龙江美术出版社	15	15		7	7		40	40		10	10	
哈尔滨出版社	221	186		272	240		15878	13544		3590	2983	
哈尔滨工业大学出版社				1			134			15		
上海人民出版社	38	23		105	53		4077	2533		1611	860	
上海教育出版社	67	32		178	25		6744	818		2981	542	
上海科技教育出版社	57	15		88	8		1450	408		428	175	
上海科学普及出版社	94	94		177	177		5727	5727		2789	2789	
少年儿童出版社	719	321		1119	354		80501	29049		18170	7345	

全国各出版社少年儿童读物出版数量（续表5）

地　方　出　版　社

	种数(种)		租型种数(种)	总印数(万册、张)			总印张(千印张)			定价总金额(万元)		
	合计	新出		合计	新出	租型	合计	新出	租型	合计	新出	租型
上海人民美术出版社	229	119		879	141		23524	7494		5844	3077	
上海译文出版社	5			70			4871			1241		
上海音乐学院出版社	1						19			5		
中国福利会出版社	125	58		755	234		26349	8076		71390	22252	
上海书店	2	2		2	2		47	47		44	44	
上海科技文献出版社	37	37		21	21		2233	2233		406	406	
上海锦绣文章出版社	2						7			2		
上海三联书店	3			3			128			36		
文汇出版社	14	14		6	6		642	642		98	98	
复旦大学出版社	1	1					8	8		8	8	
华东师范大学出版社	168	92		486	156		12183	4059		3668	1397	
上海交通大学出版社	3			15			1763			168		
上海外语教育出版社	12			16			798			197		
上海大学出版社	17	17		17	17		1220	1220		170	170	
上海音乐出版社	17	7		5	3		222	131		123	76	
江苏人民出版社	41			22			1637			370		
江苏教育出版社	79	66		117	109		2206	1834		986	886	
江苏科学技术出版社	10	10		7	7		1208	1208		161	161	
江苏少年儿童出版社	527	203		901	413		61941	20070		13458	5534	
江苏文艺出版社	258	173		625	416		38474	23688		12914	9244	
江苏美术出版社	170	146		266	237		12555	10044		4992	4427	
古吴轩出版社	7	5		7	2		133	89		68	51	
南京出版社	69	48		37	31		3529	3108		885	779	
译林出版社	127	30		180	56		18174	6593		3466	1591	
南京大学出版社	42	21		62	21		5166	1234		1034	349	
苏州大学出版社	14	13		17	10		1688	1132		285	194	
南京师范大学出版社	17	16		11	10		383	348		165	157	
凤凰出版社	99	87		382	364		24334	21031		5780	5334	
江苏大学出版社	1	1					8	8		4	4	
浙江人民出版社	31	31		30	30		2977	2977		594	594	
浙江教育出版社	363	186		378	189		31072	13061		7258	3516	

全国各出版社少年儿童读物出版数量(续表6)

地 方 出 版 社

	种数（种）		租型种数（种）	总印数（万册、张）			总印张（千印张）			定价总金额（万元）		
	合计	新出		合计	新出	租型	合计	新出	租型	合计	新出	租型
浙江科学技术出版社	18	17		16	16		1132	1114		303	300	
浙江少年儿童出版社	1311	427		3569	1328		293010	108600		57079	23061	
浙江文艺出版社	262	58		213	51		19003	4622		3467	1010	
浙江人民美术出版社	86	22		110	44		6423	2821		1236	576	
浙江摄影出版社	27	15		10	8		776	573		151	110	
浙江古籍出版社	35	12		16	7		1242	460		195	73	
杭州出版社	1	1		13	11		431	323		275	215	
宁波出版社	62	57		41	30		1981	1619		434	379	
浙江大学出版社	45	44		42	41		3562	3491		651	612	
浙江工商大学出版社	46	46		14	14		1155	1155		294	294	
安徽教育出版社	47	2		72	1		1746	8		402	23	
安徽科学技术出版社	168	148		95	82		9086	7864		2358	2056	
安徽少年儿童出版社	723	386		739	437		54715	27521		13487	8122	
安徽文艺出版社	19	14		17	11		2125	1128		430	212	
安徽师范大学出版社	157	157		47	47		7253	7253		1423	1423	
安徽美术出版社	62	54		41	35		3682	3208		993	927	
黄山书社	67	46		61	53		3202	2637		1234	1110	
中国科学技术大学出版社	3			1			55			49		
合肥工业大学出版社	10	10		3	3		243	243		78	78	
福建少年儿童出版社	298	223		361	282		26932	19550		6564	4975	
海峡文艺出版社	6	6		5	5		189	189		70	70	
鹭江出版社				19			286			61		
厦门大学出版社	5	1		6			720	44		122	11	
江西人民出版社	35	35		21	21		473	473		326	326	
江西教育出版社	2	2		1	1		82	82		17	17	
江西科学技术出版社	1	1		5	5		585	585		124	124	
百花洲文艺出版社	1	1		16	16		640	640		112	112	
二十一世纪出版社	1241	742		2541	1316		130816	57087		37489	19956	
江西美术出版社	20	15		14	12		987	863		226	164	
江西高校出版社	75	65		203	182		2480	1998		1264	1095	
山东人民出版社	17	15		124	100		4112	3335		756	609	

全国各出版社少年儿童读物出版数量(续表7)

地方出版社

	种数(种)		租型种数(种)	总印数(万册、张)			总印张(千印张)			定价总金额(万元)		
	合计	新出		合计	新出	租型	合计	新出	租型	合计	新出	租型
山东科技出版社	1	1		1	1		14	14		6	6	
山东教育出版社	20			30			2616			280		
明天出版社	124	77		327	175		26412	11647		5511	2978	
山东文艺出版社	7	7		4	4		120	120		99	99	
山东美术出版社	195	190	6	283	156	91	8824	4862	2684	3629	2859	402
济南出版社	14	11		15	14		595	531		206	196	
青岛出版社	384	205		846	356		41058	19194		10638	5823	
中国石油大学出版社	136	136		747	747		32467	32467		4205	4205	
中国海洋大学出版社	14	4		19	7		1553	585		510	198	
黄河出版社	6	6		12	12		427	427		174	174	
河南人民出版社	12			4			248			46		
河南科学技术出版社	16	16		8	8		477	477		134	134	
海燕出版社	177	52		241	78		12743	5235		3624	1416	
河南文艺出版社	3	3		3	3		96	96		30	30	
中州古籍出版社	1			1			30			11		
中原农民出版社	2	2		1	1		59	59		18	18	
河南大学出版社	24	24		2	2		42	42		14	14	
郑州大学出版社	27	27		14	14		344	344		85	85	
湖北少年儿童出版社	247	85		562	224		50910	16429		12138	7323	
湖北美术出版社	111	76	9	134	76	21	11535	6303	2543	1963	1084	404
华中科技大学出版社	7	7		5	5		280	280		115	115	
华中师范大学出版社	16	11		17	10		1452	849		701	320	
长江出版社	55	55		266	266		4006	4006		1004	1004	
湖南少年儿童出版社	1374	854		1604	929		98592	60186		23705	15301	
湖南美术出版社	9	9		3	3		146	146		51	51	
岳麓书社	1	1					16	16		5	5	
中南大学出版社	2	2		2	2		121	121		25	25	
湖南大学出版社	5	3		1	1		222	109		67	45	
广东教育出版社	239	172		211	168		6211	4355		2705	2261	
广东经济出版社	8	8		3	3		110	110		228	228	
广东地图出版社	2	2					13	13		4	4	

全国各出版社少年儿童读物出版数量(续表8)

地 方 出 版 社

	种数(种)		租型种数(种)	总印数(万册、张)			总印张(千印张)			定价总金额(万元)		
	合计	新出		合计	新出	租型	合计	新出	租型	合计	新出	租型
广东旅游出版社	2	2					55	55		11	11	
岭南美术出版社	15	14		72	72		1573	1560		621	614	
广东新世纪出版社	121	40		294	44		6235	2395		1944	633	
花城出版社	4	3		2	1		138	65		41	32	
海天出版社	4	4		3	3		89	89		76	76	
广州出版社	11	11		10	10		478	478		113	113	
汕头大学出版社	75	75		45	45		3558	3558		1224	1224	
中山大学出版社	8	5		6	5		234	129		227	173	
南方日报出版社	1	1					26	26		6	6	
羊城晚报出版社	17	4		53	27		2174	675		312	142	
广西教育出版社	91	71		96	66		6174	3310		1749	1151	
接力出版社	833	304		1741	492		83044	34155		25957	10359	
广西民族出版社	8			2			163			32		
广西师范大学出版社	56	36		39	24		2973	1464		1089	538	
海南出版社	112	37		834	293		36168	12775		4779	1710	
南方出版社	4	4		4	4		48	48		192	192	
南海出版公司	20	13		19	12		1858	1147		397	277	
三环出版社	13	1		36	1		4154	11		1152	5	
西南师范大学出版社	49			207			3633			977		
四川少儿出版社	363	239		415	228		18601	10400		5225	3283	
四川文艺出版社	12	3		8	3		803	317		120	47	
四川民族出版社	38	11		18	3		1430	174		322	44	
四川美术出版社	26	24		23	22		1886	1847		485	475	
天地出版社	163	40		105	17		8866	1608		2062	342	
成都时代出版社	47	47		42	42		952	952		590	590	
四川大学出版社	1	1					33	33		8	8	
贵州人民出版社	82	82		197	197		4873	4873		1873	1873	
贵州教育出版社	10			115			5692			1843		
贵州民族出版社	1	1					23	23		10	10	
贵州大学出版社	20	20		6	6		332	332		47	47	
云南科技出版社	34	34		175	175		2022	2022		770	770	

全国各出版社少年儿童读物出版数量（续表9）

地方出版社

	种数(种) 合计	种数(种) 新出	租型种数(种)	总印数(万册、张) 合计	总印数(万册、张) 新出	总印数(万册、张) 租型	总印张(千印张) 合计	总印张(千印张) 新出	总印张(千印张) 租型	定价总金额(万元) 合计	定价总金额(万元) 新出	定价总金额(万元) 租型
晨光出版社	42	16		34	13		2513	1113		542	293	
云南美术出版社	12	12		2	2		65	65		38	38	
云南民族出版社	2	2		2	2		217	217		78	78	
云南大学出版社	2	2		3	3		524	524		96	96	
西藏人民出版社	15	2		7	1		407	26		71	10	
陕西人民出版社	33	33		47	47		1885	1885		1094	1094	
陕西人民教育出版社	8	6		9	3		214	56		67	36	
未来出版社	302	193		633	345		25809	14790		24292	15774	
陕西旅游出版社	4	4		16	16		1216	1216		370	370	
三秦出版社	2	2		8	8		172	172		57	57	
西安出版社	13	6		18	2		1352	212		292	56	
西安交通大学出版社	15	13		9	6		400	198		211	123	
西北工业大学出版社	1	1		1	1		79	79		30	30	
甘肃人民出版社	1	1					11	11		3	3	
甘肃教育出版社	1			1			53			15		
甘肃科学技术出版社				5	5		506	506		119	119	
甘肃少年儿童出版社	98	21		150	20		5390	1457		2265	771	
甘肃民族出版社	6	4		3	2		153	29		38	16	
甘肃人民美术出版社	3			1			21			6		
敦煌文艺出版社	32	32		10	10		996	996		239	239	
兰州大学出版社	13	13		116	116		4272	4272		418	418	
青海民族出版社	17	13		7	5		293	204		57	43	
宁夏人民教育出版社	3	3		1	1		114	114		28	28	
阳光出版社	35	30		43	41		983	870		4708	4454	
新疆人民出版社	34			10			831			103		
新疆科学技术出版社	3	3		1	1		78	78		31	31	
新疆青少年出版社	241	195		167	152		19072	18513		1812	1693	
喀什维吾尔文出版社	173	80		49	28		2447	1444		625	417	
伊犁人民出版社	1			1			43	28		70	67	
新疆大学出版社	1	1		1	1		16	16		4	4	

全 国 课 本 出 版 数 量

	种数（种）		租型种数（种）	总印数（万册）		总印张（千印张）		定价总金额（万元）	
	合计	新出		合计	租型	合计	租型	合计	租型
课 本 合 计	81271	28363	9416	347458	149033	27078790	10479707	3511310	1044947
（1）大专及大专以上课本	50270	19655	44	32190	12	5600646	2294	989365	398
（2）中专、技校课本	5805	1767		6883		880433		146904	
（3）中学课本	7137	1457	5788	169956	90886	12755821	7319826	1316655	712287
（4）小学课本	5821	1078	3449	125010	58077	6374192	3148886	717726	330575
（5）业余教育课本	5655	2306		4576		728378		159039	
（6）扫盲课本	6	4		13		970		139	
（7）教学用书	6577	2096	135	8830	58	738350	8701	181482	1687

全国课本出版数量与去年相比增减百分比

	种 数		租型种数	总印数		总印张		定价总金额	
	合计	新出		合计	租型	合计	租型	合计	租型
课 本 合 计	3.82	9.32	0.86	1.01	1.36	-0.79	-0.50	6.35	4.06
（1）大专及大专以上课本	4.45	9.34	-48.84	-3.06	-68.42	-3.10	-66.61	1.77	-60.79
（2）中专、技校课本	-5.63	8.94	-100.00	-7.69	-100.00	-8.13	-100.00	-3.39	-100.00
（3）中学课本	13.16	52.73	8.78	1.07	3.88	-0.68	0.77	5.52	5.15
（4）小学课本	10.52	47.67	-5.94	2.62	-2.16	2.23	-2.82	10.12	2.40
（5）业余教育课本	-10.07	-26.72		8.23		6.23		10.32	
（6）扫盲课本	-25.00			116.67		143.11		183.67	
（7）教学用书	7.22	38.72	-47.27	-3.17	-45.79	-6.69	-40.82	35.73	-28.73

课 本 出 版 数 量

中 央 出 版 社

	种数（种）		租型种数（种）	总印数（万册）		总印张（千印张）		定价总金额（万元）	
	合计	新出		合计	租型	合计	租型	合计	租型
课 本 合 计	48418	16623	69	99625	425	9933578	27309	1567227	3190
(1)大专及大专以上课本	32911	12112	44	22733	12	4113385	2294	718292	398
(2)中专、技校课本	4941	1337		6070		786303		129608	
(3)中学课本	2181	468	14	41832	410	2909956	24613	335472	2720
(4)小学课本	1414	266		22369		1203142		146225	
(5)业余教育课本	4855	1857		3325		561299		122143	
(6)扫盲课本	2	1		1		402		51	
(7)教学用书	2114	582	11	3295	3	359091	402	115436	72

课本出版数量与去年相比增减百分比

中 央 出 版 社

	种 数		租型种数	总印数		总印张		定价总金额	
	合计	新出		合计	租型	合计	租型	合计	租型
课 本 合 计	2.02	5.87	−32.35	−2.66	−56.85	−3.31	−36.11	6.09	−60.59
(1)大专及大专以上课本	2.40	10.35	−43.59	−5.86	−63.64	−5.28	−61.82	0.33	−56.22
(2)中专、技校课本	−5.25	12.16		−10.79		−9.88		−6.35	
(3)中学课本	22.25	104.37	7.69	−5.43	−55.53	−1.71	−24.10	7.23	−58.96
(4)小学课本	44.88	123.53		13.13		9.99		30.37	
(5)业余教育课本	−13.26	−33.84		−5.32		−6.92		−6.02	
(6)扫盲课本	100.00	100.00				482.61		410.00	
(7)教学用书	21.22	53.56		−14.99	−90.00	−10.52	−90.66	69.67	−87.07

课本出版数量

地方出版社

	种数（种）		租型种数（种）	总印数（万册）		总印张（千印张）		定价总金额（万元）	
	合计	新出		合计	租型	合计	租型	合计	租型
课本合计	32853	11740	9347	247833	148608	17145212	10452398	1944083	1041757
(1)大专及大专以上课本	17359	7543		9456		1487261		271072	
(2)中专、技校课本	864	430		813		94131		17296	
(3)中学课本	4956	989	5774	128125	90476	9845864	7295213	981182	709567
(4)小学课本	4407	812	3449	102641	58077	5171050	3148886	571502	330575
(5)业余教育课本	800	449		1251		167079		36896	
(6)扫盲课本	4	3		12		568		89	
(7)教学用书	4463	1514	124	5535	55	379259	8299	66046	1615

课本出版数量与去年相比增减百分比

地方出版社

	种数		租型种数	总印数		总印张		定价总金额	
	合计	新出		合计	租型	合计	租型	合计	租型
课本合计	6.58	14.63	1.22	2.56	1.76	0.73	-0.35	6.56	4.59
(1)大专及大专以上课本	8.59	7.76		4.37		3.47		5.77	
(2)中专、技校课本	-7.69	0.00		24.69		9.74		26.53	
(3)中学课本	9.57	36.41	8.78	3.39	4.51	-0.37	0.88	4.94	5.79
(4)小学课本	2.70	32.90	-5.94	0.59	-2.16	0.58	-2.82	5.92	2.40
(5)业余教育课本	15.77	32.06	0.00	74.72	0.00	102.14	0.00	159.83	0.00
(6)扫盲课本	-42.86	-25.00	0.00	100.00	0.00	72.12	0.00	122.50	0.00
(7)教学用书	1.66	33.75	-49.39	5.57	-28.57	-2.75	-20.20	0.57	-10.77

全国各地区课本出版总量

	\multicolumn{8}{c}{课 本 合 计}							
	种数(种)		租型种数（种）	总印数（万册）		总印张（千印张）		定价总金额（万元）	
	合计	新出		合计	租型	合计	租型	合计	租型
全国总计	81271	28363	9416	347458	149033	27078790	10479707	3511310	1044947
中 央	48418	16623	69	99625	425	9933578	27309	1567227	3190
地 方	32853	11740	9347	247833	148608	17145212	10452398	1944083	1041757
北 京	748	178		1398		115972		14147	
天 津	667	286	216	1501	1103	117421	71271	15884	7877
河 北	350	119	376	13803	10285	934173	737306	90134	67700
山 西	24	8	275	5560	4245	377630	319510	39331	32760
内 蒙 古	869	160	311	4591	3192	329347	236245	30941	22499
辽 宁	2489	848	3	2883	5	236197	352	41723	34
吉 林	1387	604	451	5405	3598	448615	260036	55120	25730
黑 龙 江	473	245	327	3037	2364	203447	163336	24728	17338
上 海	5110	1523		15097		1237583		180583	
江 苏	3004	1427	254	21438	8309	1386553	551582	164853	54923
浙 江	1120	367	259	12568	7048	840405	524600	96200	51087
安 徽	602	316	664	10705	10181	804688	755541	90038	82146
福 建	450	194	207	4173	2945	292780	212564	28403	19227
江 西	230	66	292	7341	6445	532201	477883	54070	45199
山 东	1543	375	406	20847	11282	1177423	565118	137659	60853
河 南	777	385	241	15045	10533	987984	774349	103475	73564
湖 北	2242	1040	681	8387	6534	606224	436575	80823	51529
湖 南	905	445	538	14686	10384	814311	594171	106553	71139
广 东	1371	405	141	19236	8123	1351027	657924	131416	58093
广 西	417	45	239	8750	5476	595445	431271	54402	38198
海 南	17	10	168	1042	990	70889	66721	8499	7733
重 庆	1534	434	252	5890	2527	405258	166220	52519	20480
四 川	1670	750	417	10358	7209	835511	568024	88696	51723
贵 州	99	19	329	5697	5312	397298	377810	39637	37085
云 南	213	86	294	7685	6010	524372	448787	50148	41465
西 藏	152	11	293	1079	765	78311	58799	8022	5908
陕 西	1857	916	459	7800	5111	605269	380483	70525	36526
甘 肃	102	57	257	3774	3701	292054	286687	28777	27815
青 海	235	32	216	923	696	67074	49648	6077	4916
宁 夏			191	868	868	62640	62640	6289	6289
新 疆	2196	389	590	6266	3367	417110	216945	44411	21921

各地区、各类课本出版数量

	大 专 及 大 专 以 上 课 本							
	种数(种)		租型种数（种）	总印数（万册）		总印张（千印张）		定价总金额（万元）	
	合计	新出		合计	租型	合计	租型	合计	租型
全国总计	50270	19655	44	32190	12	5600646	2294	989365	398
中　　央	32911	12112	44	22733	12	4113385	2294	718292	398
地　　方	17359	7543		9456		1487261		271072	
北　　京	250	77		99		16947		2853	
天　　津	588	265		195		33625		6166	
河　　北	21	14		10		1864		283	
山　　西	1					23		2	
内 蒙 古	112	51		37		5902		873	
辽　　宁	1887	675		859		131569		25533	
吉　　林	323	247		105		20662		3882	
黑 龙 江	371	230		86		13324		2558	
上　　海	2952	998		3301		520634		93431	
江　　苏	1534	743		660		107083		20039	
浙　　江	685	264		253		38665		7877	
安　　徽	551	300		217		31041		5939	
福　　建	293	136		156		29053		4469	
江　　西	99	43		39		5618		1048	
山　　东	456	201		302		56667		10003	
河　　南	299	158		101		16259		2809	
湖　　北	1935	915		679		116462		20575	
湖　　南	459	224		219		32869		6517	
广　　东	744	309		310		51785		9578	
广　　西	88	22		84		10445		1874	
海　　南									
重　　庆	1012	313		375		59599		11494	
四　　川	1071	499		310		50193		9501	
贵　　州	4	4		1		95		20	
云　　南	42	17		17		2446		423	
西　　藏									
陕　　西	1548	805		1030		131436		22798	
甘　　肃	27	27		9		2640		467	
青　　海	2	1		1		141		18	
宁　　夏									
新　　疆	5	5		2		213		40	

各地区、各类课本出版数量(续表1)

	中 专、技 校 课 本							
	种数(种)		租型种数(种)	总印数（万册）		总印张（千印张）		定价总金额（万元）	
	合计	新出		合计	租型	合计	租型	合计	租型
全国总计	5805	1767		6883		880433		146904	
中　　央	4941	1337		6070		786303		129608	
地　　方	864	430		813		94131		17296	
北　　京	9	3		6		418		77	
天　　津									
河　　北									
山　　西									
内 蒙 古	1			2		108		12	
辽　　宁	6	1		2		152		56	
吉　　林	3	2		1		188		58	
黑 龙 江	7	5		2		299		53	
上　　海	150	33		117		12693		2264	
江　　苏	143	101		248		30468		5965	
浙　　江	23	10		104		9863		1758	
安　　徽	5	5		1		159		34	
福　　建	15	1		12		1622		312	
江　　西	24			9		1517		244	
山　　东	16			6		688		99	
河　　南	4	4		2		351		60	
湖　　北	68	58		20		2613		527	
湖　　南	10	9		28		3192		603	
广　　东	38	2		29		4173		639	
广　　西									
海　　南									
重　　庆	123	43		46		6095		1148	
四　　川	64	59		39		6110		990	
贵　　州	15	7		72		4664		662	
云　　南									
西　　藏	8			11		494		47	
陕　　西	123	78		54		8044		1647	
甘　　肃	9	9		2		222		41	
青　　海									
宁　　夏									
新　　疆									

各地区、各类课本出版数量(续表2)

	中学课本								
	种数(种)		租型种数(种)	总印数(万册)		总印张(千印张)		定价总金额(万元)	
	合计	新出		合计	租型	合计	租型	合计	租型
全国总计	7137	1457	5788	169956	90886	12755821	7319826	1316655	712287
中　央	2181	468	14	41832	410	2909956	24613	335472	2720
地　方	4956	989	5774	128125	90476	9845864	7295213	981182	709567
北　京	135	27		407		37642		3045	
天　津	17	3	116	730	658	54162	49412	5689	5246
河　北	59	14	212	6475	5742	529037	481505	47672	42668
山　西	10	4	174	3069	2722	254584	235406	26536	24295
内蒙古	342	48	213	2734	2016	227405	172566	20175	15677
辽　宁	75	11		390		23963		3687	
吉　林	401	187	315	2970	2270	246767	194169	25351	18764
黑龙江	22	1	187	1631	1449	126305	117019	13781	12068
上　海	668	97		6271		436544		45735	
江　苏	348	67	133	8803	4068	666014	297613	64670	27384
浙　江	161	37	157	6039	3810	485524	337933	47925	30209
安　徽	15	6	406	6908	6901	572673	571795	61241	61086
福　建	39	15	108	1898	1690	157861	146039	13907	12750
江　西	61	18	202	4232	3864	349513	325514	34317	30779
山　东	438	91	261	11845	7510	699784	396696	72965	42685
河　南	180	127	173	8340	6740	651860	572364	63130	52228
湖　北	88	17	435	4372	3955	329322	308182	38763	36000
湖　南	99	29	377	8373	6246	522703	412386	64172	48384
广　东	275	56	84	10864	5406	849978	496528	75566	42729
广　西	143	1	130	4378	3202	362710	296842	31379	25834
海　南	8	2	92	588	564	46867	45244	5416	5161
重　庆	104	28	127	2103	1585	151581	120517	18873	15027
四　川	98	13	215	6488	4497	559858	404247	52522	35344
贵　州	25	5	240	3492	3325	274202	264657	26867	25724
云　南	34		166	3524	3117	303105	280109	27009	24967
西　藏	39	4	180	540	482	41224	35924	4319	3861
陕　西	65	4	274	3584	3190	299713	277261	27914	25259
甘　肃	9	5	181	2663	2660	229993	229818	22213	22178
青　海	100		132	499	425	43000	34709	3827	3396
宁　夏			126	499	499	43111	43111	4180	4180
新　疆	898	72	358	3415	1881	268859	147647	28336	15685

各地区、各类课本出版数量（续表3）

	种数(种) 合计	种数(种) 新出	租型种数（种）	小学课本 总印数（万册）合计	总印数（万册）租型	总印张（千印张）合计	总印张（千印张）租型	定价总金额（万元）合计	定价总金额（万元）租型
全国总计	5821	1078	3449	125010	58077	6374192	3148886	717726	330575
中　央	1414	266		22369		1203142		146225	
地　方	4407	812	3449	102641	58077	5171050	3148886	571502	330575
北　京	166			520		29221		2927	
天　津	33	12	100	568	445	26577	21859	3263	2631
河　北	183	69	164	7290	4543	400371	255801	41574	25032
山　西	11	3	101	2490	1523	122946	84105	12791	8465
内　蒙　古	262	32	98	1809	1175	94663	63679	9768	6822
辽　宁	136	34	3	944	5	36906	352	5038	34
吉　林	101	8	136	1576	1328	79816	65866	7983	6966
黑　龙　江	29		111	1164	910	53995	45793	6758	5211
上　海	387	44		4890		195024		25127	
江　苏	235	90	81	9750	4201	475062	247404	54149	26129
浙　江	148	30	102	6125	3238	302747	186667	37458	20878
安　徽	12		258	3553	3280	198142	183746	22503	21059
福　建	56	21	99	2053	1254	102236	66524	9276	6477
江　西	33	4	90	2990	2580	170751	152369	17487	14420
山　东	368	64	145	7945	3774	380949	168421	43766	18168
河　南	253	85	57	6508	3792	306145	201814	35605	21323
湖　北	118	25	218	3267	2574	154214	127841	18575	15432
湖　南	129	77	159	5929	4138	240181	181766	31959	22754
广　东	124	11	53	7591	2715	408906	161102	41374	15342
广　西	159	20	109	4287	2273	222114	134429	21115	12365
海　南	2	1	76	447	426	22584	21477	2790	2572
重　庆	234	35	125	3341	942	184874	45704	19918	5453
四　川	111	20	201	3363	2713	200484	163766	22238	16378
贵　州	32		89	2085	1987	116127	113154	11746	11362
云　南	117	51	128	4116	2893	214583	168679	21860	16498
西　藏	66	3	104	515	281	35537	22711	3559	2034
陕　西	62	2	185	3090	1921	163432	103223	17421	11267
甘　肃	17	6	76	1056	1041	57739	56868	5737	5636
青　海	77		84	392	271	21535	14939	1926	1520
宁　夏			65	369	369	19528	19528	2109	2109
新　疆	746	65	232	2616	1486	133660	69298	13700	6236

各地区、各类课本出版数量(续表4)

	业余教育课本							
	种数(种)		租型种数(种)	总印数（万册）		总印张（千印张）		定价总金额（万元）	
	合计	新出		合计	租型	合计	租型	合计	租型
全国总计	5655	2306		4576		728378		159039	
中　央	4855	1857		3325		561299		122143	
地　方	800	449		1251		167079		36896	
北　京	33	9		23		3169		726	
天　津									
河　北									
山　西									
内 蒙 古	1			5		813		90	
辽　宁	17	17		31		3032		726	
吉　林	317	135		525		78121		13832	
黑 龙 江	2	2				10		3	
上　海	307	211		371		53764		10072	
江　苏	7	6		15		2256		305	
浙　江	3			1		51		13	
安　徽	12	4		5		625		156	
福　建	1	1				76		11	
江　西									
山　东	3	1		139		10466		6610	
河　南	10	10		45		4117		617	
湖　北	4	3		6		1496		1880	
湖　南	1	1		1		138		18	
广　东	12	11		4		466		100	
广　西									
海　南	7	7		8		1438		294	
重　庆									
四　川	1	1		1		95		44	
贵　州	19	3		19		610		203	
云　南	19	17		27		4211		844	
西　藏									
陕　西	3	1		2		159		80	
甘　肃	10	3		3		405		49	
青　海	3	3		12		885		174	
宁　夏									
新　疆	8	3		8		678		48	

各地区、各类课本出版数量(续表5)

	扫盲课本							
	种数(种)		租型种数(种)	总印数（万册）		总印张（千印张）		定价总金额（万元）	
	合计	新出		合计	租型	合计	租型	合计	租型
全国总计	6	4		13		970		139	
中　　央	2	1		1		402		51	
地　　方	4	3		12		568		89	
北　京									
天　津									
河　北									
山　西									
内　蒙古									
辽　宁									
吉　林									
黑龙江									
上　海									
江　苏									
浙　江									
安　徽									
福　建	3	3		11		554		87	
江　西									
山　东	1					13		1	
河　南									
湖　北									
湖　南									
广　东									
广　西									
海　南									
重　庆									
四　川									
贵　州									
云　南									
西　藏									
陕　西									
甘　肃									
青　海									
宁　夏									
新　疆									

各地区、各类课本出版数量(续表6)

	教学用书							
	种数(种)		租型种数(种)	总印数(万册)		总印张(千印张)		定价总金额(万元)	
	合计	新出		合计	租型	合计	租型	合计	租型
全国总计	6577	2096	135	8830	58	738350	8701	181482	1687
中　央	2114	582	11	3295	3	359091	402	115436	72
地　方	4463	1514	124	5535	55	379259	8299	66046	1615
北　京	155	62		344		28574		4520	
天　津	29	6		8		3057		766	
河　北	87	22		27		2901		605	
山　西	2	1				77		1	
内蒙古	151	29		4		458		23	
辽　宁	368	110		657		40574		6682	
吉　林	242	25		228		23061		4013	
黑龙江	42	7	29	153	4	9513	524	1575	59
上　海	646	140		148		18924		3956	
江　苏	737	420	40	1960	40	105672	6564	19725	1409
浙　江	100	26		45		3554		1169	
安　徽	7	1		21		2047		167	
福　建	43	17		42		1378		340	
江　西	13	1		70		4802		974	
山　东	261	18		612		28857		4215	
河　南	31	1	11	49	1	9252	171	1254	13
湖　北	29	22	28	43	5	2117	553	504	97
湖　南	207	105	2	136		15228	19	3283	1
广　东	178	16	4	439	2	35718	294	4159	22
广　西	27	2		2		176		34	
海　南									
重　庆	61	15		23		3109		1086	
四　川	325	158	1	158		18773	10	3400	1
贵　州	4			29		1600		139	
云　南	1	1		1		28		12	
西　藏	39	4	9	13	2	1056	164	96	12
陕　西	56	26		39		2485		664	
甘　肃	30	7		40		1055		268	
青　海	53	28		19		1513		131	
宁　夏									
新　疆	539	244		224		13700		2286	

全国各出版社课本出版数量

中央出版社

	课本合计								
	种数（种）		租型种数（种）	总印数（万册）		总印张（千印张）		定价总金额（万元）	
	合计	新出		合计	租型	合计	租型	合计	租型
中央	48418	16623	69	99625	425	9933578	27309	1567227	3190
人民出版社	9	9		18		2166		357	
人民美术出版社	191	41		508		23731		4802	
人民音乐出版社	177	25		309		22044		5080	
中国对外翻译出版公司	4	4		2		210		39	
中国盲文出版社	10	10		1		137		5	
中国书籍出版社	41	41		19		2193		474	
中国戏剧出版社	1	1		1		116		29	
中国财政经济出版社	364	151		433		76312		11719	
民族出版社	5	5		7		2425		538	
中国青年出版社	19	11		9		781		384	
人民体育出版社	72	9		47		9534		1516	
北京大学出版社	2269	898	44	1149	12	198482	2294	38697	398
中国人民大学出版社	1587	725		1227		266843		42968	
外语教学与研究出版社	791	133		6648		734449		117240	
人民教育出版社	1807	205		15231		1405034		146595	
中国农业出版社	727	270		452		74394		11965	
中国轻工业出版社	361	138		89		16236		3133	
中国纺织出版社	173	39		51		8522		1911	
煤炭工业出版社	93	16		36		5463		1071	
石油工业出版社	26	2		10		1528		222	
中国水利水电出版社	76	38		30		4548		1065	
科学出版社	1497	517		834		111248		21174	
科学普及出版社	21			155		7855		811	
机械工业出版社	4034	1448		1468		255128		49857	
冶金工业出版社	233	112		54		9616		2345	
化学工业出版社	2037	720		680		102343		19449	
中国建筑工业出版社	1163	300		930		179624		39441	

全国各出版社课本出版数量(续表1)

中 央 出 版 社

	课 本 合 计							
	种数(种)		租型种数(种)	总印数（万册）		总印张（千印张）		定价总金额（万元）	
	合计	新出		合计	租型	合计	租型	合计	租型
中国铁道出版社	1038	478		404		65223		12731	
人民交通出版社	968	301		945		133942		34336	
人民邮电出版社	1669	529		763		120382		23274	
海洋出版社	54	27		18		3036		774	
地质出版社	365	57		4201		179416		24096	
气象出版社	3	1		1		244		48	
北京交通大学出版社	928	451		344		56078		10867	
中国地图出版社	504	205		8459		334011		44641	
人民卫生出版社	1375	450		1877		423539		69751	
中国商务出版社	90	35		30		5916		1073	
新世界出版社	3			72		7249		895	
语文出版社	137	4		2204		176930		17278	
中共中央党校出版社	90	61		46		8461		1870	
中国林业出版社	223	74		106		17462		2738	
文化艺术出版社	2	2		1		216		56	
教育科学出版社	558	133		10895		678703		78000	
清华大学出版社	5007	2130		2247		427733		79123	
中国广播电视出版社	1	1				71		14	
中国商业出版社	13			2		250		34	
中国劳动社会保障出版社	1487	332		1570		159169		25059	
知识产权出版社	18	18		8		1501		452	
北京师范大学出版社	1555	664		12266		995519		200676	
中国金融出版社	168	82		155		32612		5890	
红旗出版社	1			48		2640		288	
电子工业出版社	553	161		526		68229		11302	
中央广播电视大学出版社	932	436		1458		211372		35924	
金盾出版社	1					20		4	
经济科学出版社	289	126		160		26792		4727	

全国各出版社课本出版数量(续表2)

中央出版社

	课本合计							
	种数(种)		租型种数(种)	总印数(万册)		总印张(千印张)		定价总金额(万元)	
	合计	新出		合计	租型	合计	租型	合计	租型
高等教育出版社	7707	1820		9326		1590157		249234	
对外经济贸易大学出版社	379	288		131		31410		4355	
中国经济出版社	27	27		12		1447		361	
中央民族大学出版社	35	17		11		1800		320	
中国政法大学出版社	60	17		40		7933		1542	
北京航空航天大学出版社	150	94		59		10955		1968	
北京理工大学出版社	1097	715		485		68103		14951	
中国农业大学出版社	370	135		143		24103		4465	
中华地图学社	23			96		5301		666	
中国传媒大学出版社	27	6		19		3681		748	
中国医药科技出版社	225	89		84		15880		3016	
学苑出版社	5	3		6		507		127	
北京邮电大学出版社	512	235		200		33165		6313	
人民武警出版社	10	10		7		418		80	
团结出版社	5	5		1		19		3	
华文出版社	23	23		392		14948		1894	
中国人事出版社	16	3		11		1985		448	
中国人口出版社	7	5		9		802		171	
北京大学医学出版社	241	24		147		28255		4881	
中国发展出版社	29	13		14		2238		476	
中国中医药出版社	326	122		148		35534		4870	
中国建材工业出版社	9	8		3		303		153	
现代教育出版社	11	6		1		82		18	
中国大地出版社	19	6		66		2096		177	
星球地图出版社	474	40	25	8829	413	354892	25015	49996	2792
中国民航出版社	8	6		4		871		162	
西苑出版社	2	2		1		143		68	
中国电力出版社	820	278		271		44041		7596	
宗教文化出版社	4			1		132		26	

全国各出版社课本出版数量(续表3)

地方出版社

地方	课本合计							
	种数(种)		租型种数(种)	总印数(万册)		总印张(千印张)		定价总金额(万元)	
	合计	新出		合计	租型	合计	租型	合计	租型
地方	32853	11740	9347	247833	148608	17145212	10452398	1944083	1041757
北京出版社	251	19		704		50643		4282	
北京科学技术出版社	15	8		60		5286		481	
同心出版社	79	41		307		26657		4186	
北京工艺美术出版社	5	5		2		154		63	
旅游教育出版社	106	44		43		5960		1014	
北京工业大学出版社	20	7		5		845		140	
首都经济贸易大学出版社	113	22		43		8282		1389	
首都师范大学出版社	159	32		236		18144		2591	
天津教育出版社	35		36	340	221	22540	12914	2860	1474
天津科学技术出版社	2			6		353		36	
新蕾出版社	10			30		1369		232	
天津人民美术出版社			24	62	62	1477	1477	288	288
天津古籍出版社	33	21		49		1307		205	
南开大学出版社	275	136		101		18028		3211	
天津大学出版社	312	129		93		15467		2937	
河北人民出版社	102	14		1016		62617		6897	
河北教育出版社	152	72		1404		86127		9037	
河北科学技术出版社			16	139	139	14951	14951	1357	1357
河北少年儿童出版社	35			341		12765		2112	
花山文艺出版社	1	1	8	119	72	8491	5290	763	597
河北美术出版社	22	12	51	1108	638	42481	29350	5506	2871
河北大学出版社	38	20		239		19027		1588	
山西教育出版社	6	2	13	178	45	13445	4486	1320	449
山西科学技术出版社	8			1040		41971		4267	
山西经济出版社	10	6		143		7190		1433	
内蒙古人民出版社	3	3				12		3	
内蒙古教育出版社	751	105	311	4546	3192	322414	236245	29981	22499
内蒙古大学出版社	115	52		45		6921		957	
辽宁教育出版社	5	5		1		179		33	
辽宁科学技术出版社	11	1		2		227		96	
辽宁美术出版社	107	4		30		2769		1239	
辽宁民族出版社	41	26		120		4104		601	
辽海出版社	69	5		242		9447		1258	

全国各出版社课本出版数量(续表4)

地 方 出 版 社

	课 本 合 计							
	种数(种)		租型种数(种)	总印数（万册）		总印张（千印张）		定价总金额（万元）	
	合计	新出		合计	租型	合计	租型	合计	租型
沈阳出版社	20	2	3	153	5	7170	352	1051	34
东北财经大学出版社	468	272		254		46188		7537	
辽宁大学出版社	56	20		69		8053		1547	
辽宁师范大学出版社	126	17		818		39062		5373	
大连海事大学出版社	111	44		25		3700		683	
大连理工大学出版社	1457	434		1137		111990		21531	
白山出版社	18	18		31		3309		773	
吉林教育出版社	2	2				32		7	
延边教育出版社	460	26		201		21895		3854	
长春出版社	18	18		183		19771		1274	
东北师范大学出版社	330	146		532		79290		14009	
吉林大学出版社	309	234		99		19547		3714	
吉林出版集团有限责任公司	268	178	451	4391	3598	308080	260036	32262	25730
黑龙江教育出版社	82	4	35	837	258	39905	13786	6461	1766
黑龙江朝鲜民族出版社	18	7		7		745		142	
黑龙江美术出版社	9	8		1		25		15	
东北林业大学出版社	1	1				8		2	
哈尔滨工程大学出版社	338	217		70		11049		2225	
黑龙江大学出版社	25	8		15		2165		311	
上海人民出版社	7	3		28		2117		266	
上海教育出版社	742	63		4759		221694		29740	
上海科学技术出版社	244	42		1111		111944		11223	
上海科技教育出版社	322	46		3709		235399		23526	
少年儿童出版社	27			101		5349		912	
上海辞书出版社	18			97		7098		790	
上海人民美术出版社	168	49		43		4224		1529	
上海译文出版社	19			9		1649		248	
上海音乐学院出版社	77	38		30		3891		998	
上海书画出版社	65	13		757		23938		3411	
上海书店	1	1		1		191		128	
上海锦绣文章出版社	3	1		1		70		28	
格致出版社	35	7		33		4948		940	
立信会计出版社	538	327		408		61825		11741	
上海远东出版社	16			72		4075		520	

全国各出版社课本出版数量(续表5)

地方出版社

	种数(种)		租型种数(种)	课本合计					
				总印数(万册)		总印张(千印张)		定价总金额(万元)	
	合计	新出		合计	租型	合计	租型	合计	租型
上海社会科学院出版社	2	1		2		340		66	
复旦大学出版社	497	123		610		96627		19316	
华东理工大学出版社	153	83		54		10479		1977	
华东师范大学出版社	534	157		715		78157		11258	
上海交通大学出版社	330	133		204		34010		6090	
上海外语教育出版社	621	159		1883		268319		44860	
上海浦江教育出版社	7	7		2		318		68	
同济大学出版社	167	33		80		13969		2495	
东华大学出版社	88	67		31		4278		1027	
上海财经大学出版社	310	142		139		28435		4905	
上海大学出版社	33	24		13		1899		363	
上海音乐出版社	62	3		109		6864		1453	
江苏人民出版社	1			33		1962		193	
江苏教育出版社	668	355	11	6436	708	431343	33949	50026	3437
江苏科学技术出版社	118	48		2333		102605		15095	
江苏少年儿童出版社	52	13		1412		39917		4184	
江苏美术出版社	7	7		2		177		59	
古吴轩出版社	1			9		724		54	
南京出版社	5	4		3		371		60	
译林出版社	378	75	3	2676	41	156020	3243	18901	369
东南大学出版社	442	118		150		24934		4843	
河海大学出版社	124	55		46		7494		1394	
苏州大学出版社	607	320		510		64923		10419	
中国矿业大学出版社	573	405		261		40706		8313	
江苏大学出版社	28	27		6		989		194	
浙江人民出版社	47	10		130		11265		2057	
浙江教育出版社	239	53	10	3193	185	177063	11489	22272	1100
浙江科学技术出版社	100	21		622		32892		4036	
浙江文艺出版社	16	8		225		17574		1868	
浙江人民美术出版社	60	8		906		24508		5259	
浙江摄影出版社	14	8		283		16513		2197	
浙江古籍出版社	3	3		22		1468		346	
浙江大学出版社	602	249		212		33936		6808	
中国美术学院出版社	35	7		11		1262		367	

全国各出版社课本出版数量(续表6)

地方出版社

	课本合计							
	种数（种）		租型种数（种）	总印数（万册）		总印张（千印张）		定价总金额（万元）	
	合计	新出		合计	租型	合计	租型	合计	租型
安徽美术出版社	12	6		10		410		130	
中国科学技术大学出版社	312	177		142		18990		3477	
安徽师范大学出版社	2	2				46		11	
安徽大学出版社	12			266		14269		1423	
合肥工业大学出版社	264	131		106		15432		2852	
福建人民出版社	16	8	32	238	168	12882	9631	1467	1086
福建教育出版社	116	45	4	872	33	42402	1767	3666	172
福建少年儿童出版社	6	3		117		5707		482	
福建美术出版社	6		22	114	77	3171	2158	586	362
鹭江出版社	2	1		5		225		39	
厦门大学出版社	304	137		160		29384		4554	
江西科学技术出版社	61	19		171		13119		1882	
江西美术出版社	22		7	324	93	10311	2305	2015	462
江西高校出版社	147	47		494		33193		5436	
山东人民出版社	63	2		1274		80057		7224	
山东教育出版社	253	30		1483		96500		9201	
山东文艺出版社	4	4	18	305	302	12975	12873	1456	1441
山东科技出版社	405	121		2727		177254		28289	
山东美术出版社	52	9	9	384	130	15294	3626	2130	567
山东友谊出版社	5			44		2156		218	
齐鲁书社	11			206		13731		1222	
济南出版社	6	3		113		9890		948	
泰山出版社	109			1207		68738		6578	
青岛出版社	184	6		1421		67432		8927	
山东大学出版社	112	4		589		37790		4041	
中国石油大学出版社	186	93		159		27897		4555	
中国海洋大学出版社	147	97		83		18708		3904	
黄河出版社	6	6		2		383		121	
河南人民出版社	27	15		9		642		117	
河南科学技术出版社	51	28		1397		50186		6953	
海燕出版社	38	4		1400		45605		5158	
河南文艺出版社	103	16		869		44809		6630	
文心出版社	67			79		4827		463	
中原农民出版社	9	1		18		1229		144	

全国各出版社课本出版数量(续表7)

地方出版社

	课 本 合 计							
	种数(种)		租型种数(种)	总印数(万册)		总印张(千印张)		定价总金额(万元)	
	合计	新出		合计	租型	合计	租型	合计	租型
大象出版社	5		39	1725	1446	111926	94734	12657	9732
河南大学出版社	20	15		48		4565		690	
郑州大学出版社	457	306		412		44580		6830	
湖北人民出版社	20			70		2661		252	
湖北教育出版社	25	1		220		13817		1546	
湖北科学技术出版社	34			432		11957		1547	
长江文艺出版社	1	1		1		170		130	
长江出版社			681	6534	6534	436575	436575	51529	51529
湖北美术出版社	18	4		6		690		248	
武汉出版社	70	11		237		9613		1156	
华中科技大学出版社	442	210		134		23642		4708	
华中师范大学出版社	308	180		270		24229		4333	
武汉大学出版社	986	423		322		55266		9256	
武汉理工大学出版社	173	96		87		15948		1899	
中国地质大学出版社	165	114		75		11656		4220	
湖南教育出版社	47	12		57		4576		1138	
湖南科学技术出版社	56	8	3	631	4	21730	474	3195	57
湖南少年儿童出版社	18	3		129		3744		319	
湖南文艺出版社	82	46		2140		76080		12878	
湖南美术出版社	51	11	18	1184	946	37492	28606	7778	5872
岳麓书社	24			374		38118		4521	
湖南师范大学出版社	25	5		351		17400		1717	
中南大学出版社	325	194		145		22703		4524	
湖南大学出版社	108	38		93		11069		2175	
国防科技大学出版社	103	88		102		11421		2087	
湘潭大学出版社	66	40		47		4887		1010	
广东人民出版社	48			685		42393		4201	
广东教育出版社	331	32		6807		447253		43052	
广东高等教育出版社	180	57		702		51869		5853	
广东科技出版社	90	7		1316		70501		6492	
广东经济出版社	15	5		304		6018		635	
岭南美术出版社	9	4		873		21786		3661	
广东新世纪出版社	24	1		121		4600		530	
花城出版社	4	1		3		533		88	

全国各出版社课本出版数量(续表8)

地 方 出 版 社

	课 本 合 计								
	种数(种)		租型种数(种)	总印数(万册)		总印张(千印张)		定价总金额(万元)	
	合计	新出		合计	租型	合计	租型	合计	租型
广州出版社	26	26		44		3932		522	
华南理工大学出版社	305	99		81		12998		2355	
中山大学出版社	113	38		78		14330		2489	
暨南大学出版社	226	135		99		16890		3442	
广西人民出版社	33		8	65	39	3477	2340	321	231
广西教育出版社	49	2	1	343	9	14220	679	1435	65
广西科学技术出版社	31			818		41366		3384	
接力出版社	22	1		95		3588		388	
广西民族出版社	80	20	8	1090	234	61968	17288	5073	1272
广西美术出版社	34			365		10362		1880	
广西师范大学出版社	168	22	9	799	18	51004	1503	5503	212
海南出版社	15	10		29		2672		495	
南方出版社	2			24		1495		272	
重庆出版社			221	2274	2274	157677	157677	19065	19065
西南师范大学出版社	696	186	31	2788	253	171447	8544	22173	1416
重庆大学出版社	838	248		828		76135		11281	
四川人民出版社	5			75		4052		758	
四川教育出版社	27	10	102	4053	1916	293219	134876	34786	15004
四川文艺出版社	1	1		1		93		16	
四川民族出版社	153	10	153	481	72	34180	5201	2726	414
天地出版社			2			27	27	3	3
四川巴蜀书社	14			8		342		59	
电子科技大学出版社	173	90		78		12575		2274	
四川大学出版社	326	158		165		20012		3585	
西南财经大学出版社	256	95		82		14596		2631	
西南交通大学出版社	715	386		195		28497		5555	
贵州人民出版社	23	3	13	275	218	8893	6149	1502	1052
贵州教育出版社	66	9	2	331	60	17594	3225	2296	354
贵州科技出版社	2	2		1		78		18	
贵州民族出版社	6	3	19	290	233	8050	5770	1306	1167
贵州大学出版社	2	2				17		2	
云南人民出版社	16			184		16773		2733	
云南教育出版社	66			1382		48426		4162	
晨光出版社	19	1		46		1885		193	

全国各出版社课本出版数量(续表9)

地 方 出 版 社

	课 本 合 计							
	种数(种)		租型种数(种)	总印数(万册)		总印张(千印张)		定价总金额(万元)	
	合计	新出		合计	租型	合计	租型	合计	租型
云南民族出版社	53	53		19		1881		335	
云南大学出版社	59	32		44		6620		1260	
西藏人民出版社	152	11	293	1079	765	78311	58799	8022	5908
陕西人民出版社	38	11	187	2696	2601	218843	212481	19111	18125
陕西人民教育出版社	22		133	1309	1163	100283	90773	10357	9383
未来出版社	34			867		47453		4658	
陕西人民美术出版社	2		45	516	515	18765	18535	2983	2936
陕西师范大学出版社	155	91	4	485	85	35947	6293	5209	567
陕西旅游出版社	6			6		229		20	
西安出版社	1	1	3	63	51	7048	6508	861	741
西安电子科技大学出版社	401	217		156		28548		4594	
西安交通大学出版社	293	147	31	441	155	33251	9055	5612	1160
西北大学出版社	379	162	24	898	385	72000	25646	9419	2348
西北工业大学出版社	336	158		121		17843		3573	
西北农林科技大学出版社	20	15		3		505		94	
第四军医大学出版社	170	114		82		13363		2769	
甘肃人民出版社			257	3701	3701	286687	286687	27815	27815
甘肃教育出版社	20	5		18		910		168	
甘肃少年儿童出版社	42	12		43		1531		273	
甘肃文化出版社	1	1		1		128		19	
甘肃民族出版社	4	4		1		64		13	
兰州大学出版社	35	35		11		2734		489	
青海人民出版社			146	617	617	45639	45639	4593	4593
青海民族出版社	235	32	70	305	79	21435	4009	1483	323
宁夏人民出版社			191	868	868	62640	62640	6289	6289
新疆人民出版社	78		58	200	77	16778	6787	1717	665
新疆教育出版社	1708	114	490	5485	3090	372395	203387	38519	20332
新疆科学技术出版社	58	35		64		4967		477	
新疆青少年出版社	61	13		23		1660		223	
新疆美术摄影出版社	254	190	42	483	200	20446	6772	3358	923
克孜勒苏柯尔克孜文出版社	36	36		11		816		108	
新疆大学出版社	1	1				47		9	

在地方图书出版数量中各省(自治区、直辖市)所占百分比

地方	种数		租型种数	总印数			总印张			定价总金额		
	合计	新出		合计	新出	租型	合计	新出	租型	合计	新出	租型
	100	100	100	100	100	100	100	100	100	100	100	100
北京	3.87	3.99		2.27	3.61		3.11	4.55		3.87	4.95	
天津	2.18	2.76	2.06	0.78	1.25	0.75	0.92	1.33	0.68	1.31	1.85	0.75
河北	1.63	1.66	9.25	3.40	2.21	7.52	3.13	1.57	7.66	2.26	1.28	7.36
山西	1.40	1.36	2.59	2.55	3.47	2.78	3.25	5.11	3.00	2.99	3.63	3.05
内蒙古	1.17	1.17	2.96	1.01	0.61	2.08	1.00	0.57	2.21	0.76	0.61	2.09
辽宁	4.10	3.98	0.05	2.01	2.77		2.23	3.08		2.66	3.20	
吉林	9.13	9.85	4.54	4.91	8.34	2.37	6.00	8.82	2.46	6.85	8.44	2.42
黑龙江	1.73	2.21	3.18	1.09	0.88	1.55	1.23	1.21	1.53	1.16	1.09	1.61
上海	9.77	9.34	0.04	5.79	7.62	0.08	7.30	9.48	0.03	9.51	10.62	0.06
江苏	8.37	8.05	2.48	9.28	11.25	5.47	8.26	9.42	5.20	8.65	9.50	5.13
浙江	4.71	4.22	2.54	6.42	5.90	4.91	5.50	5.20	5.04	5.56	5.21	4.97
安徽	3.73	3.70	6.22	4.21	2.79	6.64	4.06	2.70	7.07	3.89	3.02	7.66
福建	1.40	1.66	1.98	1.56	2.36	2.01	1.59	2.12	2.03	1.51	1.94	1.86
江西	2.10	2.49	2.73	3.14	2.76	4.20	2.74	2.29	4.47	2.54	2.43	4.19
山东	4.78	3.86	3.84	7.44	5.41	7.50	6.44	4.38	5.36	5.69	4.47	5.76
河南	2.59	2.40	2.31	3.95	1.72	6.89	3.84	1.84	7.27	3.07	1.92	6.84
湖北	5.80	5.95	9.70	4.56	5.26	4.73	4.85	5.57	4.42	5.31	5.96	5.55
湖南	4.44	4.09	5.07	6.24	5.37	6.79	5.51	5.08	5.56	5.65	4.72	6.61
广东	4.04	5.30	1.32	5.11	5.48	5.30	5.19	5.33	6.15	4.62	5.46	5.38
广西	3.55	3.05	3.31	4.96	4.12	4.06	4.49	3.62	4.43	3.99	3.30	4.01
海南	1.36	1.06	1.69	1.36	1.18	0.73	1.11	1.05	0.67	1.22	1.00	0.77
重庆	2.07	1.53	2.46	2.40	2.23	1.78	2.04	1.71	1.62	2.23	1.74	2.00
四川	3.20	3.01	3.95	4.07	2.77	4.81	4.11	2.77	5.36	3.33	2.32	4.86
贵州	0.40	0.41	3.10	1.26	0.43	3.48	1.12	0.32	3.56	0.79	0.29	3.45
云南	3.24	3.86	2.79	2.88	3.28	4.01	2.98	3.24	4.26	2.77	3.11	3.94
西藏	0.22	0.18	2.82	0.23	0.07	0.51	0.25	0.14	0.56	0.17	0.07	0.56
陕西	3.47	3.18	4.55	3.38	3.04	3.39	3.91	3.66	3.62	4.02	3.75	3.44
甘肃	1.07	1.03	2.40	1.14	0.71	2.41	1.28	0.98	2.68	1.09	0.99	2.58
青海	0.23	0.23	2.02	0.19	0.11	0.45	0.21	0.12	0.46	0.14	0.12	0.46
宁夏	0.69	0.87	1.79	0.47	0.55	0.57	0.55	0.65	0.59	0.65	0.81	0.58
新疆	3.56	3.55	6.26	1.94	2.45	2.23	1.80	2.09	2.05	1.74	2.20	2.06

全国图书出版

	图 书 总 计					使用《中国标 书 籍				
	种 数（种）		印 数（万册、张）	印 张（千印张）	总定价（万元）	种 数（种）		印 数（万册、张）	印 张（千印张）	总定价（万元）
	合计	新出				合计	新出			
全国总计	414005	241986	792464	66699442	11833682	332042	213125	441493	39403537	8254660
中 央	170203	101402	212256	23733235	4782490	121720	84737	110665	13637481	3163443
地 方	243802	140584	580208	42966207	7051192	210322	128388	330828	25766056	5091217
北 京	9431	5611	13154	1336633	272865	8683	5433	11756	1194675	253445
天 津	5319	3886	4536	396645	92368	4647	3595	3033	276512	75916
河 北	3976	2340	19719	1342836	159143	3626	2221	5916	408545	68971
山 西	3403	1911	14789	1396280	211065	3379	1903	9229	1015737	170919
内 蒙 古	2863	1648	5849	429048	53761	1994	1488	1256	99076	22688
辽 宁	9998	5596	11682	959806	187773	7505	4748	8797	721600	145144
吉 林	22263	13803	28512	2578900	482845	20876	13199	23107	2129204	427461
黑 龙 江	4218	3113	6353	527206	81991	3698	2821	3174	322149	55991
上 海	23777	13133	33571	3134835	668212	18665	11608	18382	1897128	487571
江 苏	20407	11318	53761	3555095	610094	17171	9787	32123	2162628	442423
浙 江	11478	5935	37250	2361735	392306	10237	5463	23909	1512277	293774
安 徽	9094	5202	24450	1743809	274061	8492	4886	13745	939111	184014
福 建	3413	2329	9078	683579	106475	2959	2131	4899	390774	78066
江 西	5127	3495	18196	1176694	179196	4897	3429	10855	644493	125126
山 东	11654	5428	43151	2766016	400901	10091	5053	22263	1588503	263199
河 南	6314	3377	22919	1648908	216477	5537	2992	7874	660924	113002
湖 北	14145	8362	26463	2083728	374596	11903	7322	18076	1477504	293773
湖 南	10821	5753	36206	2368593	398521	9750	5142	21389	1552709	290990
广 东	9851	7454	29622	2228062	325714	8479	7048	10377	877033	194294
广 西	8667	4289	28796	1927385	281592	8242	4236	20021	1331437	227027
海 南	3315	1484	7865	478241	86238	3298	1474	6763	407352	77739
重 庆	5052	2155	13944	877072	157449	3515	1721	8052	471778	104910
四 川	7794	4235	23587	1766175	234458	6124	3485	13229	930664	145762
贵 州	966	575	7302	483034	55746	867	556	1605	85736	16109
云 南	7901	5430	16737	1281233	195616	7686	5342	9044	756694	145468
西 藏	546	259	1354	106834	11863	394	248	275	28523	3841
陕 西	8468	4470	19640	1680576	283667	6604	3547	11801	1075114	212993
甘 肃	2617	1453	6614	549031	76948	2512	1393	2840	256929	48133
青 海	557	319	1114	88124	10170	322	287	191	21050	4093
宁 夏	1676	1224	2736	236644	46122	1676	1224	1868	174004	39833
新 疆	8691	4997	11258	773450	122959	6493	4606	4979	356193	78542

数量(书籍、课本、图片)

《中国标准书号》部分 课本					不使用《中国标准书号》部分—图片合计					附：活页文选影印书等用纸		
种数(种) 合计	新出	印数(万册、张)	印张(千印张)	总定价(万元)	种数(种) 合计	新出	印数(万册、张)	印张(千印张)	总定价(万元)	印数(万册、张)	印张(千印张)	总定价(万元)
81271	28363	347458	27078790	3511310	692	498	848	21914	9999	2665	195201	57713
48418	16623	99625	9933578	1567227	65	42	229	2878	2321	1737	159298	49499
32853	11740	247833	17145212	1944083	627	456	619	19036	7678	928	35903	8214
748	178	1398	115972	14147								
667	286	1501	117421	15884	5	5	2	15	10			
350	119	13803	934173	90134								
24	8	5560	377630	39331								
869	160	4591	329347	30941			2	42	34			
2489	848	2883	236197	41723	4		2	27	14		10	9
1387	604	5405	448615	55120								
473	245	3037	203447	24728	47	47	142	1476	1179			
5110	1523	15097	1237583	180583	2	2	1	4	18	91	1982	892
3004	1427	21438	1386553	164853	232	104	144	5876	2818	56	2913	815
1120	367	12568	840405	96200	121	105	130	8812	2198	643	25987	5272
602	316	10705	804688	90038								
450	194	4173	292780	28403	4	4	5	25	6	1	120	40
230	66	7341	532201	54070								
1543	375	20847	1177423	137659	20		1	90	43	40	2697	558
777	385	15045	987984	103475								
2242	1040	8387	606224	80823								
905	445	14686	814311	106553	166	166	131	1573	978		38	
1371	405	19236	1351027	131416	1	1		2	4	9	583	98
417	45	8750	595445	54402	8	8	24	503	163	1	118	38
17	10	1042	70889	8499						60	1081	264
1534	434	5890	405258	52519	3		2	36	20			
1670	750	10358	835511	88696								
99	19	5697	397298	39637								
213	86	7685	524372	50148	2	2	3	167		5	134	93
152	11	1079	78311	8022								
1857	916	7800	605269	70525	7	7	17	193	149	22	241	134
102	57	3774	292054	28777	3	3		48	38			
235	32	923	67074	6077								
		868	62640	6289								
2196	389	6266	417110	44411	2	2	13	147	6			

全国各出版社图书出版

中央

	图书总计					使用《中国标 书籍				
	种数(种)		印数(万册、张)	印张(千印张)	总定价(万元)	种数(种)		印数(万册、张)	印张(千印张)	总定价(万元)
	合计	新出				合计	新出			
中　央	170203	101402	212256	23733235	4782490	121720	84737	110665	13637481	3163443
人民出版社	1239	1027	2237	214865	54769	1230	1018	2219	212700	54412
人民文学出版社	1211	560	2140	350110	56002	1211	560	2140	350110	56002
天天出版社	205	126	234	19465	4131	205	126	234	19465	4131
商务印书馆	975	504	1863	556752	93267	975	504		556752	93267
东方出版中心	139	84	138	11737	2757	138	83	137	11564	2717
中华书局	1088	424	1132	182215	37461	1088	424	1132	182215	37461
人民美术出版社	958	635	1275	215891	38151	758	588	747	191858	33147
人民音乐出版社	1038	414	1007	85146	21546	861	389	698	63102	16466
中国大百科全书出版社	1400	861	2488	288721	74483	1400	861	2488	288721	74483
中国对外翻译出版公司	457	285	322	47673	7303	453	281	320	47463	7264
印刷工业出版社	364	238	227	20195	7245	364	238	227	20195	7245
现代出版社	436	403	292	31850	9017	436	403	292	31850	9017
中国盲文出版社	519	377	53	4953	227	509	367	52	4816	222
生活、读书、新知三联书店	592	391	572	77637	20803	592	391	572	77637	20803
中国书籍出版社	394	390	181	27630	6894	353	349	162	25437	6420
商务印书馆国际有限公司	160	120	162	51445	8541	160	120	162	51445	8541
中国戏剧出版社	190	189	99	21382	4452	189	188	98	21267	4423
中国社会科学出版社	1109	1073	161	29100	8753	1109	1073	161	29100	8753
中国财政经济出版社	1034	684	969	157593	27062	670	533	536	81281	15343
企业管理出版社	261	257	66	9554	2785	261	257	66	9554	2785
民族出版社	827	621	227	38874	10664	822	616	220	36432	10124
中国青年出版社	998	681	799	108207	30462	979	670	790	107426	30078
中国少年儿童出版社	1100	445	3057	144613	38059	1100	445	3057	144613	38059
中国工人出版社	327	258	337	37394	8476	327	258	337	37394	8476
人民体育出版社	326	159	140	20444	3953	254	150	93	10910	2437
中国协和医科大学出版社	239	147	162	24221	6072	239	147	162	24221	6072
文物出版社	285	258	100	14077	14571	285	258	100	14077	14571
中国电影出版社	165	149	45	6625	1796	165	149	45	6625	1796
人民日报出版社	866	761	780	169669	40003	866	761	780	169669	40003
新华出版社	471	366	416	41066	11812	468	363	411	40702	10984
世界知识出版社	243	199	124	17405	5052	243	199	124	17405	5052
国家图书馆出版社	290	277	155	19356	44131	290	277	155	19356	44131
群众出版社	176	124	89	14426	3322	176	124	89	14426	3322

数量（书籍、课本、图片）

出 版 社

《准书号》部分					不使用《中国标准书号》部分—图片合计					附：活页文选影印书等用纸		
种 数（种）		印 数	印 张	总定价	种 数（种）		印 数	印 张	总定价	印 数	印 张	总定价
合计	新出	（万册、张）	（千印张）	（万元）	合计	新出	（万册、张）	（千印张）	（万元）	（万册、张）	（千印张）	（万元）
48418	16623	99625	9933578	1567227	65	42	229	2878	2321	1737	159298	49499
9	9	18	2166	357								
1	1	1	173	40								
191	41	508	23731	4802	9	6	20	302	202			
177	25	309	22044	5080								
4	4	2	210	39								
10	10	1	137	5								
41	41	19	2193	474								
1	1	1	116	29								
364	151	433	76312	11719								
5	5	7	2425	538						17	2	
19	11	9	781	384								
72	9	47	9534	1516								
					3	3	4	333	786	1	31	42

全国各出版社图书出版

中央

	图书总计				使用《中国标准书籍》				
	种数(种)		印数	印张	总定价	种数(种)		印数	印张	总定价
	合计	新出	(万册、张)	(千印张)	(万元)	合计	新出	(万册、张)	(千印张)	(万元)
北京大学出版社	3864	2064	2111	327562	74270	1595	1166	962	129080	35573
中国人民大学出版社	3026	1793	2064	424468	80952	1439	1068	838	157625	37984
外语教学与研究出版社	3232	997	10407	1084420	192678	2441	864	3759	349971	75438
人民教育出版社	3928	1022	22980	2136413	236810	2121	817	7753	731379	90215
中国农业出版社	1860	1159	1287	136355	30463	1112	868	718	61477	18251
中国轻工业出版社	821	423	432	58952	15313	460	285	340	42685	12131
中国纺织出版社	1454	1078	952	127677	32008	1281	1039	901	119156	30097
煤炭工业出版社	325	112	113	16460	3870	232	96	77	10997	2799
石油工业出版社	803	510	443	84577	19934	777	508	385	76076	18630
中国水利水电出版社	1634	1093	883	132841	31693	1558	1055	823	127238	29808
原子能出版社	407	383	138	14030	3780	407	383	138	14030	3780
科学出版社	7498	3679	8330	846064	172721	6001	3162	7496	734815	151547
科学普及出版社	374		451	26228	4823	353		296	18373	4012
科学技术文献出版社	455	413	142	22446	6546	455	413	142	22446	6546
机械工业出版社	7540	3625	3150	520839	118380	3506	2177	1682	265711	68523
冶金工业出版社	499	316	102	19632	5398	266	204	46	9989	2997
化学工业出版社	5062	2851	2418	288341	77724	3025	2131	1730	185949	58187
中国建筑工业出版社	2428	1075	1307	359176	84447	1265	775	-148	83081	24908
中国铁道出版社	2666	1790	1280	191126	43780	1628	1312	750	119498	28934
人民交通出版社	1454	635	1193	166617	45116	486	334	217	30128	9580
中国标准出版社	894	708	232	49969	22826	894	708	8	42265	14267
人民邮电出版社	5012	2726	3240	457930	120413	3343	2197	2477	337549	97139
海洋出版社	279	237	91	15676	5233	225	210	73	12640	4459
地质出版社	1052	363	4833	220121	35765	687	306	632	40705	11669
地震出版社	178	175	135	24095	4805	178	175	135	24095	4805
气象出版社	362	227	200	17636	4182	359	226	195	17255	4079
北京交通大学出版社	931	454	345	56101	10879	3	3		23	12
中国地图出版社	2085	1147	10917	462417	85270	1581	942	2458	128407	40629
人民卫生出版社	2910	1460	2960	623642	121959	1535	1010	1081	200085	52198
国防工业出版社	1155	753	730	73269	19796	1155	753	716	71118	19488
中国旅游出版社	418	325	216	34020	12390	418	325	208	33788	12230
中国商务出版社	276	217	49	10025	2258	186	182	19	4109	1185
新世界出版社	1449	1083	2294	261443	44437	1446	1083	2222	254194	43542
外文出版社	1016	696	823	122062	25290	1016	696	816	122031	25290

数量(书籍、课本、图片)(续表1)

出 版 社

《中国标准书号》部分—课本					不使用《中国标准书号》部分—图片合计					附：活页文选影印书等用纸		
种数(种) 合计	新出	印数(万册、张)	印张(千印张)	总定价(万元)	种数(种) 合计	新出	印数(万册、张)	印张(千印张)	总定价(万元)	印数(万册、张)	印张(千印张)	总定价(万元)
2269	898	1149	198482	38697								
1587	725	1226	266843	42968								
791	133	6648	734449	117240								
1807	205	15228	1405034	146595								
727	270	452	74394	11965	21	21	114	433	152	3	52	95
361	138	89	16236	3133						3	31	49
173	39	51	8522	1911								
93	16	36	5463	1071								
26	2	10	1528	222						48	6972	1082
76	38	30	4548	1065						30	1055	820
1497	517	834	111248	21174								
21		155	7855	811								
4034	1448	1468	255128	49857								
233	112	54	9616	2345						2	27	56
2037	720	680	102343	19449						8	50	88
1163	300	931	179624	39441						524	96471	20098
1038	478	404	65223	12731						126	6405	2115
968	301	945	133942	34336						31	2546	1200
										224	7704	8559
1669	529	763	120382	23274								
54	27	18	3036	774								
365	57	4201	179416	24096								
3	1	1	244	48						4	137	55
928	451	345	56078	10867								
504	205	8459	334011	44641								
1375	450	1878	423539	69751						1	18	10
										14	2151	308
										8	232	160
90	35	30	5916	1073								
3		72	7249	895								
										7	31	

全国各出版社图书出版

中央

	图 书 总 计				使用《中国标 书 籍				
	种 数(种)		印 数（万册、张）	印 张（千印张）	总定价（万元）	种 数(种)		印 数（万册、张）	印 张（千印张）	总定价（万元）
	合计	新出				合计	新出			
解放军出版社	284	160	361	50886	8021	284	160	361	50886	8021
语文出版社	447	102	3007	229250	24420	310	98	803	52320	7142
中国文史出版社	308	308	186	34215	17423	308	308	186	34215	17423
中共中央党校出版社	240	188	118	20279	4728	150	127	72	11818	2858
法律出版社	1717	1431	1094	157203	35821	1717	1431	1094	157203	35821
中国统计出版社	277	257	60	25509	13173	277	257	60	25509	13173
中国摄影出版社	167	167	53	10162	11414	167	167	53	10162	11414
中国林业出版社	595	406	208	42787	10487	372	332	102	25326	7749
时事出版社	91	86	38	8118	1711	91	86	38	8118	1711
文化艺术出版社	276	256	123	22576	9788	274	254	122	22360	9732
教育科学出版社	2082	835	15144	976501	133800	1499	697	4163	296138	55347
清华大学出版社	6388	3168	2816	539627	106201	1381	1038	569	111894	27079
中国广播电视出版社	218	184	90	13516	3761	217	183	90	13445	3747
中国商业出版社	432	412	234	34636	8185	419	412	232	34387	8151
中国劳动社会保障出版社	2526	608	2161	223000	37405	1039	276	589	63817	12346
中国环境出版社	505	409	277	27601	7528	505	409	266	27442	7344
知识产权出版社	821	805	176	28278	7278	803	787	168	26776	6826
北京师范大学出版社	3626	1903	19525	1607432	295626	2071	1239	7259	611913	94950
中国宇航出版社	388	235	214	30273	6875	388	235	211	30165	6875
中国工商出版社	70	56	82	16115	3739	70	56	82	16112	3739
作家出版社	565	565	919	201020	29699	565	565	919	201020	29699
中医古籍出版社	163	163	104	20322	4721	163	163	104	20322	4721
中国财富出版社	534	515	218	37074	9186	534	515	218	37074	9186
光明日报出版社	863	863	600	90608	17767	863	863	600	90608	17767
长征出版社	56	56	57	11647	2499	56	56	57	11647	2499
中国妇女出版社	306	190	777	57479	11161	306	190	777	57479	11161
中国金融出版社	582	449	605	75695	18000	414	367	450	43083	12110
长城出版社	45	45	31	5497	6556	45	45	31	5497	6556
红旗出版社	343	328	290	41580	8779	342	328	242	38940	8491
中国海关出版社	87	72	78	27275	7466	87	72	78	27275	7466
电子工业出版社	4262	2761	3183	419283	98791	3709	2600	2657	351054	87489
朝华出版社	566	347	408	62860	10375	566	347	408	62860	10375
中央广播电视大学出版社	932	436	1458	211372	35924					
中国友谊出版公司	203	198	231	31669	7652	203	198	231	31669	7652

数量(书籍、课本、图片)(续表2)

出版社

《准书号》部分 — 课本					不使用《中国标准书号》部分—图片合计					附:活页文选影印书等用纸		
种数(种) 合计	新出	印数(万册、张)	印张(千印张)	总定价(万元)	种数(种) 合计	新出	印数(万册、张)	印张(千印张)	总定价(万元)	印数(万册、张)	印张(千印张)	总定价(万元)
137	4	2204	176930	17278								
90	61	46	8461	1870								
223	74	106	17462	2738								
2	2	1	216	56								
558	133	10895	678703	78000	25	5	2	244	145	84	1417	308
5007	2130	2247	427733	79122								
1	1		71	14								
13		2	250	34								
1487	332	1571	159169	25059						1	14	
										11	159	184
18	18	8	1501	452								
1555	664	12266	995519	200676								
										3	108	
												3
168	82	155	32612	5890								
	1	48	2640	288								
553	161	526	68229	11302								
932	436	1458	211372	35924								

全国各出版社图书出版

中央

	图 书 总 计				使用《中国标准书籍》				
	种 数(种)		印 数	印 张	总定价	种 数(种)		印 数	印 张	总定价
	合计	新出	(万册、张)	(千印张)	(万元)	合计	新出	(万册、张)	(千印张)	(万元)
人民军医出版社	1302	852	638	91648	27989	1302	852	599	88382	26762
军事科学出版社	68	58	19	3014	815	68	58	19	3014	815
金盾出版社	1260	639	1297	95992	19539	1259	639	1297	95972	19535
经济科学出版社	1559	1296	733	127346	26162	1270	1170	573	100554	21435
中国文联出版社	453	451	72	22277	10313	453	451	72	22277	10313
高等教育出版社	9471	2678	11250	1816489	295834	1764	858	1925	226327	46600
故宫出版社	157	121	53	11800	19463	157	121	44	10591	19013
中共党史出版社	479	391	184	29751	6323	479	391	184	29751	6323
对外经济贸易大学出版社	445	347	146	33479	5019	66	59	15	2068	664
经济管理出版社	492	444	175	26507	8039	492	444	175	26507	8039
军事谊文出版社	6	6	2	619	93	6	6	1	279	93
国际文化出版公司	163	163	62	2914	664	163	163	62	2914	664
中国画报出版社	549	345	269	40819	8567	549	345	269	40819	8567
中国经济出版社	822	748	358	59786	14860	795	721	346	58340	14499
中国石化出版社	770	550	229	39696	10765	770	550	217	39087	10362
中央民族大学出版社	237	218	38	6170	1624	202	201	27	4370	1304
北京语言大学出版社	683	220	247	36324	10008	683	220	247	36324	10008
中国政法大学出版社	594	405	249	46610	9045	534	388	209	38677	7503
中国人民公安大学出版社	535	350	265	35024	8306	535	350	265	35024	8306
社会科学文献出版社	1174	1084	414	71545	22455	1174	1084	414	71545	22455
中国农业科学技术出版社	509	464	160	16507	4752	509	464	160	16507	4752
北京航空航天大学出版社	482	349	510	91742	17162	332	255	451	80787	15194
北京理工大学出版社	2230	1621	1353	143777	31934	1133	906	868	75675	16983
中国国际广播出版社	139	81	59	7161	1613	139	81	59	7161	1613
中国农业大学出版社	468	179	224	33400	6440	98	44	81	9297	1975
航空工业出版社	386	253	232	28688	7544	386	253	232	28688	7544
中国传媒大学出版社	388	251	261	29102	6429	361	245	242	25422	5681
北京体育大学出版社	432	263	163	20859	3988	432	263	163	20859	3988
经济日报出版社	134	97	61	7936	2141	134	97	61	7936	2141
兵器工业出版社	153	127	38	6472	1742	153	127	38	6472	1742
华艺出版社	41	41	11	1998	1007	41	41	11	1998	1007
中国和平出版社	84	73	114	6673	1369	84	73	114	6673	1369
华夏出版社	858	622	792	105067	22270	858	622	792	105067	22270
中国医药科技出版社	598	370	316	47296	11264	373	281	232	31416	8248

数量(书籍、课本、图片)(续表3)

出 版 社

准书号》部分					不使用《中国标准书号》部分—图片合计					附：活页文选影印书等用纸		
课　本												
种 数(种)		印 数	印 张	总定价	种 数(种)		印 数	印 张	总定价	印 数	印 张	总定价
合计	新出	(万册、张)	(千印张)	(万元)	合计	新出	(万册、张)	(千印张)	(万元)	(万册、张)	(千印张)	(万元)
										39	3266	1227
	1		20	4								
289	126	160	26792	4727								
7707	1820	9325	1590163	249235						9	1209	450
379	288	131	31410	4355								
										1	340	
27	27	12	1447	361						12	609	403
35	17	11	1800	320								
60	17	40	7933	1542								
150	94	59	10955	1968								
1097	715	485	68103	14951								
370	135	143	24103	4465								
27	6	19	3681	748								
225	89	84	15880	3016								

全国各出版社图书出版

中央

	图书总计					使用《中国标准书籍			
	种数(种)		印数(万册、张)	印张(千印张)	总定价(万元)	种数(种)		印数(万册、张)	印张(千印张)	总定价(万元)
	合计	新出				合计	新出			
国防大学出版社	101	101	45	8750	1844	101	101	30	6280	1844
人民法院出版社	293	266	414	52016	11343	293	266	414	52016	11343
中国藏学出版社	66	66	11	2998	705	66	66	11	2998	705
研究出版社	45	43	20	3078	840	45	43	20	3078	840
中国长安出版社	97	97	225	35704	5907	97	97	225	35704	5907
中国计划出版社	192	148	193	35557	18085	192	148	-46	23136	11335
中央文献出版社	269	237	151	32233	12430	269	237	151	32233	12430
海潮出版社	170	170	91	16070	3495	170	170	91	16070	3495
学苑出版社	357	238	114	19073	6669	352	235	108	18567	6542
北京邮电大学出版社	568	286	221	35693	6911	56	51	21	2528	598
人民武警出版社	208	208	141	16106	4928	198	198	134	15689	4848
团结出版社	525	462	138	17090	6196	520	457	137	17070	6193
华文出版社	239	191	1162	68985	10825	216	168	770	54037	8931
中央音乐学院出版社	77	46	22	3340	904	77	46	22	3340	904
中国市场出版社	134	133	58	10073	2863	134	133	58	10073	2863
中国民族摄影艺术出版社	139	139	41	5535	5214	139	139	41	5535	5214
中国华侨出版社	1115	1115	860	188075	29721	1115	1115	860	188075	29721
中信出版社	813	480	1147	182737	47617	813	480	1147	182737	47617
中国人事出版社	206	100	240	31056	7183	190	97	229	29071	6735
开明出版社	470	363	273	35205	5786	470	363	273	35205	5786
中国人口出版社	408	370	917	36182	8066	401	365	908	35380	7895
中国民主法制出版社	244	217	142	16287	5559	244	217	142	16287	5559
中国时代经济出版社	329	326	125	19740	4809	329	326	125	19740	4809
蓝天出版社	266	122	157	19904	4480	266	122	157	19904	4480
世界图书出版公司	1856	1766	906	129923	25236	1856	1766	906	129893	25226
群言出版社	174	100	230	60633	10075	174	100	230	60633	10075
北京大学医学出版社	548	191	287	52731	12089	307	167	139	24476	7208
华龄出版社	215	214	75	12240	3485	215	214	75	12240	3485
金城出版社	340	298	181	30140	6390	340	298	181	30140	6390
中国法制出版社	967	731	687	83041	20827	967	731	687	83041	20827
新星出版社	483	410	453	58407	16602	483	410	453	58407	16602
中国检察出版社	205	169	138	19398	6297	205	169	138	19398	6297
中国发展出版社	163	130	77	12106	3309	134	117	63	9868	2833
中国中医药出版社	867	487	412	77151	14258	541	365	264	41617	9388

数量(书籍、课本、图片)(续表4)

出版社	《中国标准书号》部分 课本					不使用《中国标准书号》部分—图片合计					附:活页文选影印书等用纸		
	种数(种)		印数(万册、张)	印张(千印张)	总定价(万元)	种数(种)		印数(万册、张)	印张(千印张)	总定价(万元)	印数(万册、张)	印张(千印张)	总定价(万元)
	合计	新出				合计	新出						
												15	2469
											239	12421	6750
	5	3	6	507	127								
	512	235	200	33165	6313								
	10	10	7	418	80								
	5	5	1	19	3								
	23	23	392	14948	1894								
	16	3	11	1985	448								
	7	5	9	802	171								
												30	10
	241	24	148	28255	4881								
	29	13	14	2238	476								
	326	122	148	35534	4870								

全国各出版社图书出版

中 央

	图 书 总 计				使用《中国标 书 籍				
	种 数(种)		印 数 (万册、张)	印 张 (千印张)	总定价 (万元)	种 数(种)		印 数 (万册、张)	印 张 (千印张)	总定价 (万元)
	合计	新出				合计	新出			
中国社会出版社	1041	439	834	76586	15795	1041	439	834	76586	15795
中华地图学社	100	41	435	10926	2514	77	41	338	5624	1848
中国建材工业出版社	318	229	87	16940	4902	309	221	73	15453	4363
当代中国出版社	130	92	106	15679	4550	130	92	106	15679	4550
大众文艺出版社	80	72	20	2331	614	80	72	20	2331	614
现代教育出版社	182	136	69	10849	1972	171	130	68	10768	1954
中国致公出版社	198	198	181	16091	3088	198	198	181	16091	3088
中国大地出版社	67	46	166	6144	1486	48	40	74	3853	1206
党建读物出版社	129	107	450	62375	13738	129	107	450	62375	13738
中国城市出版社	296	203	228	28575	9777	296	203	228	28575	9777
中华工商联合出版社	313	304	242	30765	7731	313	304	242	30765	7731
中国三峡出版社	68	48	72	5631	1128	68	48	72	5631	1128
线装书局	200	197	140	30239	19921	200	197	140	30239	19921
星球地图出版社	854	170	9549	387022	58960	380	130	720	32130	8964
中国方正出版社	136	73	309	41698	8544	136	73	309	41698	8544
民主与建设出版社	73	73	32	6583	1232	73	73	32	6583	1232
五洲传播出版社	197	197	87	7562	7413	197	197	87	7562	7413
中国民航出版社	94	56	40	7416	2591	84	48	28	6068	2182
九州出版社	406	379	85	13906	3791	406	379	85	13906	3791
当代世界出版社	66	66	28	4931	2231	66	66	28	4931	2231
中央编译出版社	440	279	209	35875	10977	440	279	209	35875	10977
西苑出版社	176	176	70	7614	3574	174	174	69	7471	3506
学习出版社	207	179	351	36134	7584	207	179	351	36134	7584
中国税务出版社	201	168	341	48540	11464	197	164	256	45577	9787
方志出版社	260	260	47	19563	12909	260	260	47	19563	12909
中国电力出版社	2607	1341	1548	183828	46291	1787	1063	1031	129822	34740
军事医学科学出版社	290	210	178	24079	5252	290	210	178	24079	5252
中国言实出版社	246	246	79	10871	4294	246	246	79	10871	4294
宗教文化出版社	225	142	75	15016	3360	221	142	74	14884	3334
国家行政学院出版社	21	21	14	1965	482	21	21	14	1965	482
台海出版社	131	131	123	17564	3896	131	131	123	17564	3896
海豚出版社	553	352	634	65924	17677	553	352	634	65924	17677
华语教学出版社	347	163	401	66604	10383	347	163	401	66604	10383
荣宝斋	126	116	27	4061	4962	125	115	26	3957	4866

数量(书籍、课本、图片)(续表5)

出版社

《准书号》部分					不使用《中国标准书号》部分—图片合计					附：活页文选 影印书等用纸		
课本												
种数(种)		印数 (万册、张)	印张 (千印张)	总定价 (万元)	种数(种)		印数 (万册、张)	印张 (千印张)	总定价 (万元)	印数 (万册、张)	印张 (千印张)	总定价 (万元)
合计	新出				合计	新出						
23		96	5301	666								
9	8	3	303	153						11	1183	386
11	6	1	82	18								
19	6	66	2096	177						26	194	103
474	40	8829	354892	49996								
8	6	4	871	162	2	2	6	278	236	2	200	11
2	2	1	143	68								
					4	4	82	1184	704	3	1778	973
820	278	271	44041	7596						246	9965	3955
4		1	132	26								
					1	1	1	104	96			

全国各出版社图书出版

地 方

地 方	图 书 总 计					使用《中国标书籍				
	种 数(种)		印 数 (万册、张)	印 张 (千印张)	总定价 (万元)	种 数(种)		印 数 (万册、张)	印 张 (千印张)	总定价 (万元)
	合计	新出				合计	新出			
地 方	243802	140584	580208	42966207	7051192	210322	128388	330828	25766056	5091217
北京出版社	4539	2449	8170	777583	137672	4288	2430	7466	726940	133390
北京科学技术出版社	930	611	871	65342	19603	915	603	811	60056	19122
燕山出版社	142	71	72	11544	3037	142	71	72	11544	3037
同心出版社	626	390	1166	128661	38035	547	349	859	102004	33850
北京工艺美术出版社	134	131	110	9306	5866	129	126	109	9152	5803
旅游教育出版社	380	249	175	25137	5144	274	205	132	19177	4130
北京联合出版	438	437	362	43276	10277	438	437	362	43276	10277
中国书店	302	235	95	9021	5245	302	235	95	9021	5245
北京工业大学出版社	613	423	340	58289	10146	593	416	334	57444	10005
首都经济贸易大学出版社	159	66	54	9703	1696	46	44	11	1421	307
首都师范大学出版社	1168	549	1738	198770	36145	1009	517	1502	180627	33554
天津人民出版社	690	579	520	52863	11498	690	579	520	52863	11498
天津教育出版社	531	280	902	73628	12719	496	280	562	51088	9859
天津科学技术出版社	1041	846	436	48072	9228	1039	846	429	47719	9192
新蕾出版社	583	340	724	39149	11233	573	340	694	37780	11001
百花文艺出版社	209	173	147	24792	5182	209	173	147	24792	5182
天津人民美术出版社	456	411	315	14367	13066	456	411	253	12890	12779
天津古籍出版社	186	153	96	5783	2027	153	132	47	4476	1822
天津科技翻译出版公司	242	192	76	9658	2581	237	187	75	9643	2571
天津社会科学院出版社	159	148	81	10668	2742	159	148	81	10668	2742
天津杨柳青画社	238	203	96	5276	3160	238	203	96	5276	3160
南开大学出版社	399	252	132	23478	4906	124	116	31	5450	1694
天津大学出版社	585	309	191	32032	7911	273	180	98	16565	4974
河北人民出版社	574	265	1801	112940	16439	472	251	786	50324	9542
河北教育出版社	372	177	1751	117080	12600	220	105	347	30953	3563
河北科学技术出版社	737	342	1522	109255	15972	737	342	1383	94305	14614
河北少年儿童出版社	1307	840	2176	134838	26324	1272	840	1834	122073	24212
花山文艺出版社	411	320	733	50915	6531	410	319	614	42424	5768
燕山大学出版社	10	10	1	192	567	10	10	1	192	567
河北美术出版社	280	174	1749	80320	10430	258	162	641	37840	4924
河北大学出版社	285	212	404	35275	4908	247	192	165	16248	3320
山西人民出版社	285	269	125	20761	6346	285	269	125	20761	6346
山西教育出版社	1024	531	4606	671953	84250	1018	529	4428	658508	82931
山西科学技术出版社	374	205	1219	62128	8101	366	205	179	20157	3834
希望出版社	1133	369	4282	288385	70090	1133	369	4282	288385	70090

数量(书籍、课本、图片)(续表6)

出版社

《准书号》部分 课本					不使用《中国标准书号》部分—图片合计					附:活页义选 影印书等用纸		
种 数(种)		印 数 (万册、张)	印 张 (千印张)	总定价 (万元)	种 数(种)		印 数 (万册、张)	印 张 (千印张)	总定价 (万元)	印 数 (万册、张)	印 张 (千印张)	总定价 (万元)
合计	新出				合计	新出						
32853	11740	247833	17145212	1944083	627	456	619	19036	7678	928	35903	8214
251	19	704	50643	4282								
15	8	60	5286	481								
79	41	307	26657	4186								
5	5	2	154	63								
106	44	43	5960	1014								
20	7	5	845	140								
113	22	43	8282	1389								
159	32	236	18144	2591								
35		340	22540	2860								
2		6	353	36								
10		30	1369	232								
		62	1477	288								
33	21	49	1307	205	5	5	2	15	10			
275	136	101	18028	3211								
312	129	93	15467	2937								
102	14	1016	62617	6897								
152	72	1404	86127	9037								
		139	14951	1357								
35		341	12765	2112								
1	1	119	8491	763								
22	12	1108	42481	5506								
38	20	239	19027	1588								
6	2	178	13445	1320								
8		1040	41971	4267								

全国各出版社图书出版

地 方

	图 书 总 计					使用《中国标 书 籍				
	种 数(种)		印 数 (万册、张)	印 张 (千印张)	总定价 (万元)	种 数(种)		印 数 (万册、张)	印 张 (千印张)	总定价 (万元)
	合计	新出				合计	新出			
北岳文艺出版社	191	191	86	11202	2526	191	191	86	11202	2526
三晋出版社	160	160	34	6122	3029	160	160	34	6122	3029
山西经济出版社	193	147	217	17602	3993	183	141	74	10413	2560
书海出版社	43	39	21	3101	418	43	39	21	3101	418
内蒙古人民出版社	539	520	189	19617	5045	536	517	189	19605	5043
内蒙古教育出版社	1512	403	5214	366307	37474	761	298	666	43851	7459
内蒙古科学技术出版社	84	84	26	3636	832	84	84	26	3636	832
内蒙古少年儿童出版社	224	224	138	12477	2686	224	224	138	12477	2686
内蒙古文化出版社	85	85	36	4642	1355	85	85	36	4642	1355
远方出版社	210	210	174	12535	4565	210	210	174	12535	4565
内蒙古大学出版社	209	122	72	9835	1804	94	70	27	2913	847
辽宁人民出版社	316	238	198	29321	6236	316	238	198	29321	6236
辽宁教育出版社	899	380	1405	125308	21715	894	375	1404	125129	21682
辽宁科学技术出版社	853	540	400	44439	14739	842	539	397	44212	14642
辽宁少年儿童出版社	312	275	276	18767	4090	312	275	276	18767	4090
春风文艺出版社	319	242	487	45172	9189	319	242	487	45172	9189
辽宁美术出版社	408	154	126	10548	4562	301	150	96	7780	3323
辽宁民族出版社	306	239	240	15342	2981	261	213	118	11212	2365
辽海出版社	958	392	1995	94022	16665	889	387	1753	84575	15407
沈阳出版社	462	388	371	30553	5940	442	386	218	23373	4879
大连出版社	238	148	206	19630	4321	238	148	206	19630	4321
东北财经大学出版社	535	333	287	50480	8576	67	61	32	4292	1039
东北大学出版社	265	160	292	22163	3137	265	160	292	22163	3137
辽宁大学出版社	557	486	531	71881	15442	501	466	462	63828	13895
辽宁师范大学出版社	738	267	2957	176936	23759	612	250	2139	137874	18385
万卷出版公司	592	357	315	42224	8412	592	357	315	42224	8412
大连海事大学出版社	301	150	85	14792	4119	190	106	60	11092	3436
大连理工大学出版社	1850	760	1312	133210	30150	393	326	175	21221	8620
白山出版社	89	87	198	15016	3741	71	69	167	11706	2968
吉林人民出版社	827	482	1253	109085	24142	827	482	1253	109085	24142
吉林教育出版社	2526	1799	1070	84959	17131	2524	1797	1069	84928	17124
吉林科学技术出版社	486	442	407	65292	11892	486	442	407	65292	11892
延边教育出版社	3033	1050	2842	280071	43771	2573	1024	2641	258176	39917
北方妇女儿童出版社	891	286	736	58144	13487	891	286	736	58144	13487
吉林文史出版社	496	369	234	22809	5500	496	369	234	22809	5500
吉林美术出版社	1254	998	1205	64036	18057	1254	998	1205	64036	18057

数量(书籍、课本、图片)(续表7)

出 版 社

《准书号》部分 课 本					不使用《中国标准书号》部分—图片合计					附:活页文选 影印书等用纸		
种 数(种)		印 数	印 张	总定价	种 数(种)		印 数	印 张	总定价	印 数	印 张	总定价
合计	新出	(万册、张)	(千印张)	(万元)	合计	新出	(万册、张)	(千印张)	(万元)	(万册、张)	(千印张)	(万元)
10	6	143	7190	1433								
3	3		12	3								
751	105	4546	322414	29981			2	42	34			
115	52	45	6921	957								
5	5	1	179	33								
11	1	2	227	96								
107	4	30	2769	1239								
41	26	120	4104	601	4		2	27	14			
69	5	242	9447	1258								
20	2	153	7170	1051						0.06	10	9
468	272	254	46188	7537								
56	20	69	8053	1547								
126	17	818	39062	5373								
111	44	25	3700	683								
1457	434	1137	111990	21531								
18	18	31	3309	773								
2	2		32	7								
460	26	201	21895	3854								

全国各出版社图书出版

地方

	图书总计				使用《中国标书籍			
	种数（种）		印数（万册、张）	印张（千印张）	总定价（万元）	种数（种）		印数（万册、张）	印张（千印张）	总定价（万元）
	合计	新出				合计	新出			
吉林摄影出版社	569	569	569	43201	10412	569	569	569	43201	10412
吉林时代文艺出版社	398	229	721	80532	14134	398	229	721	80532	14134
长春出版社	784	783	2364	173041	26072	766	765	2181	153270	24798
延边人民出版社	1247	665	658	48877	11250	1247	665	658	48877	11250
东北师范大学出版社	836	526	1134	160874	29950	506	380	602	81584	15941
吉林大学出版社	1656	1339	1055	115749	27098	1347	1105	956	96202	23384
延边大学出版社	2507	1316	4790	563811	117320	2507	1316	4790	563811	117320
吉林出版集团有限责任公司	4753	2950	9474	708420	112629	4485	2772	5084	400340	80367
黑龙江人民出版社	270	253	62	10316	2557	270	253	62	10316	2557
黑龙江教育出版社	572	296	2342	170757	26503	490	292	1505	130852	20042
黑龙江科学技术出版社	335	333	130	24484	4923	335	333	130	24484	4923
黑龙江少年儿童出版社	325	186	483	29169	6629	325	186	483	29169	6629
北方文艺出版社	153	151	70	12409	1870	153	151	70	12409	1870
黑龙江朝鲜民族出版社	165	86	32	3674	772	147	79	25	2929	629
黑龙江美术出版社	305	301	44	1667	853	296	293	42	1643	839
哈尔滨出版社	410	365	428	37221	7352	410	365	428	37221	7352
哈尔滨地图出版社	235	189	298	13601	4599	188	142	155	12125	3420
东北林业大学出版社	204	177	43	4981	1085	203	176	43	4973	1083
哈尔滨工程大学出版社	408	240	101	13149	2728	70	23	30	2099	503
哈尔滨工业大学出版社	689	413	179	50947	5545	689	413	179	50947	5545
黑龙江大学出版社	147	123	31	5016	964	122	115	16	2851	653
上海人民出版社	907	709	855	92662	22455	900	706	827	90545	22189
上海教育出版社	1982	609	6070	302940	48114	1240	546	1311	81245	18374
上海科学技术出版社	920	459	1722	177700	25767	676	417	610	65756	14544
上海科技教育出版社	682	226	4776	307622	34437	360	180	1066	72222	10912
上海科学普及出版社	439	389	646	39040	13164	439	389	646	39040	13164
少年儿童出版社	800	326	1344	89968	20829	773	326	1243	84620	19916
上海文艺出版社	429	370	844	181899	29380	429	370	844	181899	29380
上海辞书出版社	433	257	302	47637	12143	415	257	206	40539	11353
上海人民美术出版社	770	444	1061	43447	16852	600	393	1007	39165	14965
上海古籍出版社	909	557	314	56129	20187	909	557	314	56129	20187
上海译文出版社	676	381	666	90035	19436	657	381	657	88385	19188
上海音乐学院出版社	198	108	70	9778	2280	121	70	40	5888	1282
中国福利会出版社	141	73	775	27245	73599	141	73	775	27245	73599
上海书画出版社	445	195	906	36375	12156	380	182	149	12436	8745
上海书店	221	161	79	10598	5186	220	160	79	10407	5058

数量(书籍、课本、图片)(续表8)

出 版 社

《准书号》部分 - 课本					不使用《中国标准书号》部分—图片合计					附：活页文选影印书等用纸		
种数(种)		印数	印张	总定价	种数(种)		印数	印张	总定价	印数	印张	总定价
合计	新出	(万册、张)	(千印张)	(万元)	合计	新出	(万册、张)	(千印张)	(万元)	(万册、张)	(千印张)	(万元)
18	18	183	19771	1274								
330	146	532	79290	14009								
309	234	99	19547	3714								
268	178	4391	308080	32262								
82	4	837	39905	6461								
18	7	7	745	142								
9	8	1	25	15								
					47	47	144	1476	1179			
1	1		8	2								
338	217	70	11049	2225								
25	8	15	2165	311								
7	3	28	2117	266								
742	63	4759	221694	29740								
244	42	1111	111944	11223								
322	46	3709	235399	23526								
27		101	5349	912								
18		97	7098	790								
168	49	43	4224	1529	2	2	1	4	18	10.365	54	340
19		9	1649	248								
77	38	30	3891	998								
65	13	757	23938	3411								
1	1	1	191	128								

全国各出版社图书出版

地 方

	图 书 总 计					使用《中国标				
						书 籍				
	种 数(种)		印 数	印 张	总定价	种 数(种)		印 数	印 张	总定价
	合计	新出	(万册、张)	(千印张)	(万元)	合计	新出	(万册、张)	(千印张)	(万元)
上海科技文献出版社	457	421	208	24887	5078	457	421	208	24887	5078
上海锦绣文章出版社	232	166	99	10147	3092	229	165	99	10077	3064
格致出版社	186	134	96	20059	3693	151	127	63	15111	2752
立信会计出版社	851	541	734	117862	20524	313	214	327	56036	8783
上海远东出版社	320	244	610	39625	11111	304	244	538	35551	10591
上海三联书店	350	311	140	20895	5439	350	311	140	20895	5439
文汇出版社	217	217	133	19161	3545	217	217	133	19161	3545
学林出版社	218	182	76	11078	2947	218	182	76	11078	2947
上海社会科学院出版社	248	212	85	13605	3691	246	211	83	13265	3625
复旦大学出版社	1664	756	1311	201334	41488	1167	633	701	104707	22172
华东理工大学出版社	446	250	225	35311	6999	293	167	171	24832	5021
华东师范大学出版社	2245	877	2725	270686	49814	1711	720	1929	190655	38014
上海交通大学出版社	1969	1215	1821	248770	35804	1639	1082	1617	214760	29714
上海外语教育出版社	1234	357	2302	322601	54846	613	198	419	54282	9986
第二军医大学出版社	167	167	34	7138	1857	167	167	34	7138	1857
上海浦江教育出版社	54	51	13	1961	627	47	44	11	1644	559
同济大学出版社	539	287	206	33924	8382	372	254	125	19900	5875
东华大学出版社	249	201	96	12341	2864	161	134	65	8063	1837
上海财经大学出版社	477	276	302	52960	9457	167	134	163	24525	4552
上海大学出版社	444	419	501	49316	10908	411	395	489	47417	10545
上海中西书局	167	141	116	15992	6672	167	141	116	15992	6672
上海音乐出版社	718	201	514	51795	12875	656	198	405	44930	11422
上海文化出版社	134	118	129	17651	5243	134	118	129	17651	5243
江苏人民出版社	1920	1159	3951	277887	64379	1919	1159	3889	274624	63935
江苏教育出版社	3714	1760	15636	916917	124415	2898	1342	9134	481141	72743
江苏科学技术出版社	2568	1364	5566	357015	65403	2450	1316	3225	254165	50091
江苏少年儿童出版社	1455	538	3865	181034	34671	1400	523	2451	140997	30468
江苏文艺出版社	1102	782	1752	199698	44952	1102	782	1752	199698	44952
江苏美术出版社	1272	860	1820	154463	34850	1264	852	1813	153700	33991
古吴轩出版社	214	207	110	10796	4102	212	206	101	10071	4045
南京出版社	561	280	424	38039	8594	536	258	409	37549	8252
译林出版社	1568	732	4369	349290	56484	1190	657	1691	193197	37552
东南大学出版社	1203	555	741	86299	17686	761	437	585	60722	12770
河海大学出版社	428	297	237	23914	5283	304	242	191	16420	3889
南京大学出版社	923	471	730	92834	16141	923	471	730	92834	16141
苏州大学出版社	840	500	651	78993	13540	233	180	141	14069	3121

数量(书籍、课本、图片)(续表9)

出版社

《中国标准书号》部分 课本					不使用《中国标准书号》部分—图片合计					附：活页文选影印书等用纸		
种数(种)		印数	印张	总定价	种数(种)		印数	印张	总定价	印数	印张	总定价
合计	新出	(万册、张)	(千印张)	(万元)	合计	新出	(万册、张)	(千印张)	(万元)	(万册、张)	(千印张)	(万元)
3	1	1	70	28								
35	7	33	4948	940								
538	327	408	61825	11741								
16		72	4075	520								
2	1	2	340	66								
497	123	610	96627	19316								
153	83	54	10479	1977								
534	157	715	78157	11258						80.09	1874	541
330	133	204	34010	6090								
621	159	1883	268319	44860								
7	7	2	318	68								
167	33	80	13969	2495						0.93	55	11
88	67	31	4278	1027								
310	142	139	28435	4905								
33	24	13	1899	363								
62	3	109	6864	1453								
1		33	1962	193						29.4396	1301	252
668	355	6436	431343	50026	148	63	55	3783	1402		650	243
118	48	2333	102605	15095						6.541	244	217
52	13	1412	39917	4184	3	2	2	120	19			
7	7	2	177	59	1	1	5	587	800			
1		9	724	54	1	1		1	2			
5	4	3	371	60	20	18	12	120	282			
378	75	2676	156020	18901						1.8332	74	30
442	118	150	24934	4843						6.238	643	73
124	55	46	7494	1394								
607	320	510	64923	10419								

全国各出版社图书出版

地 方

	图 书 总 计					使用《中国标				
						书 籍				
	种 数(种)		印 数 (万册、张)	印 张 (千印张)	总定价 (万元)	种 数(种)		印 数 (万册、张)	印 张 (千印张)	总定价 (万元)
	合计	新出				合计	新出			
中国矿业大学出版社	645	457	305	44358	9512	72	52	44	3652	1199
南京师范大学出版社	858	496	3057	90456	25088	799	477	2987	89190	24779
凤凰出版社	851	617	1069	128294	30151	851	617	1069	128294	30151
广陵书社	157	118	25	3015	2322	157	118	25	3015	2322
江苏大学出版社	128	125	27	3746	1013	100	98	21	2756	819
浙江人民出版社	619	439	1733	137671	28332	568	426	1580	125246	26090
浙江教育出版社	2209	779	13561	722254	99311	1939	703	10015	530707	73945
浙江科学技术出版社	1356	833	5300	190541	42248	1256	812	4656	157227	38136
浙江少年儿童出版社	1578	477	4084	328503	61852	1577	476	4061	327915	61673
浙江文艺出版社	608	226	833	80951	15744	592	218	607	63377	13876
浙江人民美术出版社	478	238	1172	42805	11452	365	177	251	16498	5666
浙江摄影出版社	326	210	595	51166	8975	292	186	303	33971	6403
浙江古籍出版社	391	191	196	25166	7702	376	179	158	22495	7159
杭州出版社	161	123	62	9103	2469	161	123	4	7235	1870
西泠印社出版社	164	164	33	6077	7084	164	164	33	6077	7084
宁波出版社	696	540	543	50768	8998	696	540	372	42904	7953
浙江大学出版社	2393	1327	1392	173991	39414	1791	1078	1098	135324	31413
中国美术学院出版社	205	162	57	7928	4820	170	155	46	6666	4453
浙江工商大学出版社	290	226	84	10887	2914	290	226	84	10887	2914
安徽人民出版社	741	710	315	37782	8786	741	710	315	37782	8786
安徽教育出版社	1376	350	4736	277952	40125	1376	350	4736	277952	40125
安徽科学技术出版社	969	413	718	74410	15486	969	413	718	74410	15486
安徽少年儿童出版社	1569	744	3578	190048	40208	1569	744	3578	190048	40208
安徽师范大学出版社	664	664	198	22959	4844	662	662	197	22912	4834
安徽文艺出版社	485	325	436	57781	12188	485	325	436	57781	12188
安徽美术出版社	782	560	782	49368	19356	770	554	772	48958	19226
黄山书社	1152	789	2410	180532	33237	1152	789	2410	180532	33237
中国科学技术大学出版社	369	205	163	21704	4210	57	28	21	2714	733
安徽大学出版社	553	151	773	54164	8718	541	151	507	39895	7295
合肥工业大学出版社	434	291	161	21507	4752	170	160	55	6075	1899
福建人民出版社	417	247	1669	130073	23704	401	239	1430	117191	22237
福建教育出版社	723	518	2455	159317	23578	607	473	1583	116914	19912
福建科学技术出版社	380	179	226	19123	5679	380	179	226	19123	5679
福建少年儿童出版社	561	359	820	57029	12180	555	356	702	51202	11658
海峡文艺出版社	253	194	316	26005	4999	253	194	316	26005	4999
福建美术出版社	225	211	220	13647	3855	219	211	106	10475	3268

数量(书籍、课本、图片)(续表10)

出 版 社

《中国标准书号》部分—课本					不使用《中国标准书号》部分—图片合计					附：活页文选影印书等用纸		
种 数(种)		印 数	印 张	总定价	种 数(种)		印 数	印 张	总定价	印 数	印 张	总定价
合计	新出	(万册、张)	(千印张)	(万元)	合计	新出	(万册、张)	(千印张)	(万元)	(万册、张)	(千印张)	(万元)
573	405	261	40706	8313								
					59	19	70	1266	310			
										11.7534		
28	27	6	989	194								
47	10	130	11265	2057	4	3	2	116	27	21.1832	1044	157
239	53	3193	177063	22272	31	23	101	6043	1333	252.101	8441	1761
100	21	622	32892	4036						22.0946	421	76
					1	1	4	40	24	18.384	548	155
16	8	225	17574	1868								
60	8	906	24508	5259	53	53	15	1799	527			
14	8	283	16513	2197	20	16	6	462	188	3.814	221	187
3	3	22	1468	346	12	9	3	354	98	12.55	850	100
										57.5	1868	600
										171.1969	7864	1044
602	249	212	33936	6808						82.702	4731	1193
35	7	11	1262	367								
2	2		46	11								
12	6	10	410	130								
312	177	142	18990	3477								
12		266	14269	1423								
264	131	106	15432	2852								
16	8	238	12882	1467								
116	45	872	42402	3666								
6	3	117	5707	482						0.8	120	40
6		114	3171	586								

全国各出版社图书出版

地方

	图书总计					使用《中国标准书籍				
	种数(种)		印数（万册、张）	印张（千印张）	总定价（万元）	种数(种)		印数（万册、张）	印张（千印张）	总定价（万元）
	合计	新出				合计	新出			
海峡书局出版社	15	15	4	722	337	15	15	4	722	337
福建省地图出版社	54	53	64	1304	665	50	49	59	1279	659
鹭江出版社	161	135	298	19326	3002	159	134	293	19101	2964
厦门大学出版社	590	384	323	56547	10105	286	247	162	27163	5550
海风出版社	34	34	15	1478	763	34	34	15	1478	763
江西人民出版社	623	494	1361	92850	13521	623	494	1361	92850	13521
江西教育出版社	588	236	4510	188258	23495	588	236	4510	188258	23495
江西科学技术出版社	510	239	458	37670	7271	449	220	287	24551	5389
百花洲文艺出版社	220	143	302	30091	4592	220	143	302	30091	4592
二十一世纪出版社	1494	988	2991	188769	47508	1494	988	2991	188769	47508
江西美术出版社	668	582	632	38199	13302	646	582	308	27888	11287
江西高校出版社	1024	813	1591	125279	24770	877	766	1097	92086	19334
山东人民出版社	1503	968	3220	236975	37540	1440	966	1946	156919	30316
山东教育出版社	1187	278	4179	295969	29113	934	248	2696	199469	19912
明天出版社	1105	503	3821	280777	45580	1105	503	3821	280777	45580
山东文艺出版社	445	187	1252	75235	10738	441	183	947	62261	9282
山东美术出版社	716	600	851	47070	17071	664	591	427	29078	14384
山东画报出版社	231	207	209	16732	4446	231	207	209	16732	4446
山东省地图出版社	174	174	133	11397	4441	174	174	133	11397	4441
山东科技出版社	705	251	3069	212140	33929	300	130	342	34886	5640
山东友谊出版社	712	174	1348	91187	11330	687	174	1303	88940	11068
齐鲁书社	136	60	1218	77691	8935	125	60	1011	63960	7713
济南出版社	485	217	971	82496	12483	479	214	858	72605	11536
泰山出版社	232	40	1574	88095	8783	123	40	367	19356	2204
青岛出版社	2801	990	7911	480636	82391	2617	984	6490	413204	73465
山东大学出版社	327	111	974	73341	8815	215	107	385	35552	4774
中国石油大学出版社	483	359	1169	98314	14846	297	266	1010	70417	10291
中国海洋大学出版社	343	240	315	44593	9949	196	143	232	25886	6045
黄河出版社	69	69	32	4453	1613	63	63	31	4071	1493
河南人民出版社	314	249	111	17668	5388	287	234	101	17025	5271
河南科学技术出版社	1077	580	2274	129555	25027	1026	552	876	79369	18074
海燕出版社	906	297	3433	167559	24468	868	293	2033	121953	19310
河南文艺出版社	291	185	970	57050	9165	188	169	101	12241	2535
河南美术出版社	163	130	98	7064	3571	163	130	98	7064	3571
文心出版社	493	179	613	53072	7242	426	179	534	48246	6779
中州古籍出版社	370	240	227	27306	9863	370	240	227	27306	9863

数量（书籍、课本、图片）（续表11）

出版社

《准书号》部分 课本					不使用《中国标准书号》部分—图片合计					附：活页文选影印书等用纸		
种数（种）		印数（万册、张）	印张（千印张）	总定价（万元）	种数（种）		印数（万册、张）	印张（千印张）	总定价（万元）	印数（万册、张）	印张（千印张）	总定价（万元）
合计	新出				合计	新出						
					4	4	5	25	6			
2	1	5	225	39								
304	137	160	29384	4554								
61	19	171	13119	1882								
22		324	10311	2015								
147	47	494	33193	5436								
63	2	1274	80057	7224								
253	30	1483	96500	9201								
4	4	305	12975	1456								
52	9	384	15294	2130						39.638	2697	558
405	121	2727	177254	28289								
5		44	2156	218	20		1	90	43			
11		206	13731	1222								
6	3	113	9890	948								
109		1207	68738	6578								
184	6	1421	67432	8927								
112	4	589	37790	4041								
186	93	159	27897	4555								
147	97	83	18708	3904								
6	6	2	383	121								
27	15	9	642	117								
51	28	1397	50186	6953								
38	4	1400	45605	5158								
103	16	869	44809	6630								
67		79	4827	463								

全国各出版社图书出版

地方

	图书总计				使用《中国标书籍			
	种数(种)		印数（万册、张）	印张（千印张）	总定价（万元）	种数(种)		印数（万册、张）	印张（千印张）	总定价（万元）
	合计	新出				合计	新出			
中原农民出版社	368	127	585	41819	7175	359	126	567	40590	7031
大象出版社	969	447	4728	375942	43331	964	447	3003	264016	30674
黄河水利出版社	363	225	120	18805	4593	363	225	120	18805	4593
河南大学出版社	345	258	170	19209	3729	325	243	122	14644	3039
郑州大学出版社	655	460	503	54244	9093	198	154	91	9664	2263
湖北人民出版社	588	420	654	61004	11582	568	420	584	58344	11330
湖北教育出版社	1690	957	4853	361775	58879	1665	956	4633	347959	57334
湖北科学技术出版社	634	360	1256	51953	9134	600	360	824	39996	7586
湖北少年儿童出版社	1272	498	3579	259113	47000	1272	498	3579	259113	47000
长江文艺出版社	730	370	1488	217127	41353	729	369	1488	216957	41223
崇文书局	373	219	692	45930	6396	373	219	692	45930	6396
湖北美术出版社	1114	843	1684	87519	26340	1096	839	1678	86828	26093
武汉出版社	655	416	874	62998	13254	585	405	637	53386	12098
华中科技大学出版社	1717	1097	669	90071	25716	1275	887	534	66429	21008
华中师范大学出版社	844	509	939	119049	19976	536	329	669	94820	15642
武汉大学出版社	2709	1202	2005	169283	38163	1723	779	1683	114018	28908
武汉理工大学出版社	688	480	250	42354	6481	515	384	164	26405	4582
中国地质大学出版社	288	198	99	14629	5664	123	84	24	2973	1445
长江出版社	843	793	887	64346	13128	843	793	887	64346	13128
湖南人民出版社	596	548	603	51709	15392	596	548	603	51709	15392
湖南教育出版社	3189	1093	9068	613316	105741	3142	1081	9011	608740	104603
湖南科学技术出版社	686	303	1583	99948	20449	630	295	951	78218	17255
湖南少年儿童出版社	2296	1011	4667	241465	49588	2278	1008	4538	237720	49269
湖南文艺出版社	874	629	4492	385808	61233	792	583	2352	309728	48354
湖南美术出版社	1020	756	3974	155333	37379	969	745	2791	117842	29601
湖南地图出版社	292	237	253	8779	3233	126	71	122	7207	2254
岳麓书社	325	194	754	117008	15216	301	194	380	78890	10695
湖南师范大学出版社	592	371	839	59437	10629	567	366	488	42037	8913
中南大学出版社	429	262	219	31386	6181	104	68	74	8683	1657
湖南大学出版社	260	134	148	19639	4031	152	96	55	8570	1855
国防科技大学出版社	140	123	110	12457	2459	37	35	8	998	372
湘潭大学出版社	122	92	61	7216	1781	56	52	14	2329	771
广东人民出版社	958	738	1684	133195	24293	910	738	998	90801	20092
广东教育出版社	1558	937	8745	598428	67659	1227	905	1938	151175	24607
广东高等教育出版社	469	293	1118	109321	13377	289	236	412	56902	7458
广东科技出版社	314	139	1548	88389	11178	223	131	228	17854	4651

数量(书籍、课本、图片)(续表12)

出版社

《准书号》部分—课本					不使用《中国标准书号》部分—图片合计					附：活页文选影印书等用纸		
种数(种) 合计	新出	印数(万册、张)	印张(千印张)	总定价(万元)	种数(种) 合计	新出	印数(万册、张)	印张(千印张)	总定价(万元)	印数(万册、张)	印张(千印张)	总定价(万元)
9	1	18	1229	144								
5		1725	111926	12657								
20	15	48	4565	690								
457	306	412	44580	6830								
20		70	2661	252								
25	1	220	13817	1546								
34		432	11957	1547								
1	1	1	170	130								
18	4	6	690	248								
70	11	237	9613	1156								
442	210	134	23642	4708								
308	180	270	24229	4333								
986	423	322	55266	9256								
173	96	87	15948	1899								
165	114	75	11656	4220								
47	12	57	4576	1138								
56	8	631	21730	3195								
18	3	129	3744	319								
82	46	2140	76080	12878								
51	11	1184	37492	7778								
					166	166	131	1573	978			
24		374	38118	4521								
25	5	351	17400	1717								
325	194	145	22703	4524								
108	38	93	11069	2175								
103	88	102	11421	2087							0.403	38
66	40	47	4887	1010								
48		685	42393	4201								
331	32	6807	447253	43052								
180	57	702	51869	5853						5.5028	550	66
90	7	1316	70501	6492	1	1		2	4	3.952	33	32

全国各出版社图书出版

地方

	图 书 总 计					使 用 《中 国 标 书 籍				
	种 数(种)		印 数 (万册、张)	印 张 (千印张)	总定价 (万元)	种 数(种)		印 数 (万册、张)	印 张 (千印张)	总定价 (万元)
	合计	新出				合计	新出			
广东经济出版社	753	661	778	61067	15125	738	656	474	55048	14489
广东地图出版社	112	35	146	2938	1997	112	35	146	2938	1997
广东旅游出版社	99	77	45	3752	1161	99	77	45	3752	1161
岭南美术出版社	288	273	1126	39924	16137	279	269	252	18137	12475
广东新世纪出版社	2194	1798	4198	266288	57733	2170	1797	4078	261688	57203
花城出版社	316	264	160	22790	4807	312	263	157	22257	4718
海天出版社	209	203	135	18021	5241	209	203	135	18021	5241
广州出版社	362	362	582	76224	14654	336	336	538	72293	14132
华南理工大学出版社	490	257	195	30174	6290	185	158	114	17176	3935
汕头大学出版社	501	497	261	26873	8237	501	497	261	26873	8237
中山大学出版社	413	275	283	43077	8169	300	237	205	28747	5681
暨南大学出版社	570	436	193	31081	6919	344	301	94	14191	3477
南方日报出版社	78	78	24	3673	1107	78	78	24	3673	1107
羊城晚报出版社	93	73	84	6300	1712	93	73	84	6300	1712
深圳报业集团出版社	74	58	185	8622	1823	74	58	185	8622	1823
广西人民出版社	517	400	448	44706	8715	484	400	383	41228	8395
广西教育出版社	1187	571	6529	335891	31927	1138	569	6186	321671	30492
广西科学技术出版社	460	156	1282	82912	15632	428	155	463	41543	12233
接力出版社	1564	611	4556	280655	56436	1541	609	4460	277042	56042
广西民族出版社	366	196	1347	81609	9191	286	176	257	19641	4118
广西美术出版社	432	47	764	37679	11868	392	41	376	26726	9808
漓江出版社	881	733	881	85064	19651	881	733	881	85064	19651
广西师范大学出版社	3260	1575	7812	569408	91755	3092	1553	7013	518404	86251
海南出版社	1118	607	2844	161151	26189	1103	597	2762	157492	25462
南方出版社	1414	569	2508	147691	28808	1412	569	2484	146196	28536
南海出版公司	556	274	656	72357	18566	556	274	656	72357	18566
三环出版社	227	34	806	30321	4942	227	34	799	30227	4911
重庆出版社	2409	1175	8616	516706	101148	2409	1175	6342	359029	82083
西南师范大学出版社	1095	330	4041	236240	34868	399	144	1253	64793	12695
重庆大学出版社	1548	650	1288	124125	21433	707	402	458	47955	10132
四川人民出版社	256	209	257	22205	4713	251	209	182	18153	3955
四川教育出版社	1069	345	13053	831816	100124	1042	335	9000	538597	65338
四川科学技术出版社	369	155	211	21729	5440	369	155	211	21729	5440
四川少儿出版社	448	306	483	23700	6453	448	306	483	23700	6453
四川文艺出版社	381	277	289	46186	7716	380	276	288	46093	7700
四川民族出版社	390	78	1249	97677	10410	237	68	769	63498	7684

数量(书籍、课本、图片)(续表13)

出 版 社

准书号》部分					不使用《中国标准书号》部分—图片合计					附：活页文选影印书等用纸		
课	本											
种 数(种)		印数	印张	总定价	种 数(种)		印数	印张	总定价	印数	印张	总定价
合计	新出	(万册、张)	(千印张)	(万元)	合计	新出	(万册、张)	(千印张)	(万元)	(万册、张)	(千印张)	(万元)
15	5	304	6018	635								
9	4	873	21786	3661								
24	1	121	4600	530								
4	1	3	533	88								
26	26	44	3932	522								
305	99	81	12998	2355								
113	38	78	14330	2489								
226	135	99	16890	3442								
33		65	3477	321								
49	2	343	14220	1435								
31		818	41366	3384	1	1		4	14			
22	1	95	3588	388	1	1		12	3	1.0064	13	3
80	20	1090	61968	5073								
34		365	10362	1880	6	6	23	487	146	0.1	105	35
168	22	799	51004	5503								
15	10	29	2672	495						53.63	987	233
2		24	1495	272								
										6.61	94	31
		2274	157677	19065								
696	186	2788	171447	22173								
838	248	828	76135	11281	3		2	36	20			
5		75	4052	758								
27	10	4053	293219	34786								
1	1	1	93	16								
153	10	481	34180	2726								

全国各出版社图书出版

地方

	图书总计				使用《中国标 书 籍			
	种 数(种)	印 数(万册、张)	印 张(千印张)	总定价(万元)	种 数(种)	印 数(万册、张)	印 张(千印张)	总定价(万元)
	合计 新出				合计 新出			
四川美术出版社	388 265	231	15462	6629	388 265	231	15462	6629
四川辞书出版社	154 76	95	18210	2791	154 76	95	18210	2791
天地出版社	445 115	368	32060	6364	445 115	368	32033	6361
四川巴蜀书社	238 192	114	14184	3366	224 192	105	13842	3307
成都地图出版社	174 46	248	8497	2465	174 46	248	8497	2465
成都时代出版社	283 228	306	25574	6687	283 228	306	25574	6687
电子科技大学出版社	463 325	283	43913	7371	290 235	205	31338	5097
四川大学出版社	1191 742	560	61304	12771	865 584	395	41293	9185
西南财经大学出版社	626 355	387	41783	8077	370 260	304	27187	5446
西南交通大学出版社	919 521	233	33955	6779	204 135	39	5458	1224
贵州人民出版社	401 300	1141	49919	9596	378 297	866	41026	8093
贵州教育出版社	218 43	818	48504	7421	152 34	488	30910	5125
贵州科技出版社	85 85	25	3173	800	83 83	24	3095	782
贵州民族出版社	177 62	458	17226	3103	171 59	167	9177	1797
贵州大学出版社	85 85	60	1546	313	83 83	60	1530	310
云南人民出版社	1954 1623	2469	288543	53832	1938 1623	2285	271771	51098
云南教育出版社	1477 607	3662	199729	33504	1411 607	2280	151303	29342
云南科技出版社	1710 1207	1734	118408	24118	1710 1207	1734	118408	24118
晨光出版社	1486 834	2376	172202	25918	1467 833	2329	170299	25713
德宏民族出版社	96 96	14	3486	1764	96 96	14	3486	1764
云南美术出版社	284 284	161	12697	5680	284 284	161	12697	5680
云南民族出版社	284 284	76	11292	3733	229 229	51	9128	3316
云南大学出版社	610 495	230	26088	5602	551 463	186	19469	4343
西藏人民出版社	489 208	1334	104524	11417	337 197	255	26213	3395
西藏藏文古籍出版社	57 51	20	2310	446	57 51	20	2310	446
陕西人民出版社	520 363	3479	336105	45148	482 352	783	117262	26037
陕西人民教育出版社	2110 672	5534	503510	76828	2088 672	4226	403227	66471
陕西科学技术出版社	432 265	598	34207	6892	432 265	598	34207	6892
未来出版社	768 264	2338	114677	35588	734 264	1471	67225	30930
太白文艺出版社	323 217	274	44285	7596	323 217	274	44285	7596
陕西人民美术出版社	98 61	656	26378	5132	96 61	140	7613	2148
陕西旅游出版社	178 110	242	17013	4577	172 110	236	16784	4557
三秦出版社	194 194	82	15739	4234	194 194	82	15739	4234
西安出版社	345 168	521	47300	9133	344 167	458	40252	8272
西安地图出版社	67 59	31	2443	1092	60 52	-8	2009	809
陕西师范大学出版社	1015 722	3121	242093	34904	860 631	2636	206146	29695

数量(书籍、课本、图片)(续表14)

出版社

《中国标准书号》部分—课本					不使用《中国标准书号》部分—图片合计					附：活页文选影印书等用纸		
种数(种)		印数	印张	总定价	种数(种)		印数	印张	总定价	印数	印张	总定价
合计	新出	(万册、张)	(千印张)	(万元)	合计	新出	(万册、张)	(千印张)	(万元)	(万册、张)	(千印张)	(万元)
			27	3								
14		8	342	59								
173	90	78	12575	2274								
326	158	165	20012	3585								
256	95	82	14596	2631								
715	386	195	28497	5555								
23	3	275	8893	1502								
66	9	331	17594	2296								
2	2	1	78	18								
6	3	290	8050	1306								
2	2		17	2								
16		184	16773	2733								
66		1382	48426	4162								
19	1	46	1885	193						2.1	18	12
53	53	19	1881	335	2	2	3	167		2.455	116	82
59	32	44	6620	1260								
152	11	1079	78311	8022								
38	11	2696	218843	19111								
22		1309	100283	10357								
34		867	47453	4658								
2		516	18765	2983								
6		6	229	20								
1	1	63	7048	861								
					7	7	17	193	149	22.2	241	134
155	91	485	35947	5209								

全国各出版社图书出版

地 方

	图 书 总 计					使用《中国标 书 籍				
	种 数(种)		印数 (万册、张)	印张 (千印张)	总定价 (万元)	种 数(种)		印数 (万册、张)	印张 (千印张)	总定价 (万元)
	合计	新出				合计	新出			
西安电子科技大学出版社	433	243	166	30073	4889	32	26	10	1525	295
西安交通大学出版社	774	445	1112	130422	25770	481	298	671	97171	20158
西北大学出版社	379	162	898	72000	9419					
西北工业大学出版社	434	230	181	23078	4937	98	72	59	5235	1364
西北农林科技大学出版社	114	88	36	3786	855	94	73	33	3281	760
第四军医大学出版社	284	207	150	23910	5199	114	93	68	10547	2430
甘肃人民出版社	181	154	3793	305178	31203	181	154	92	18492	3389
甘肃教育出版社	667	141	1225	124220	17950	647	136	1206	123310	17782
甘肃科学技术出版社	232	149	119	11359	2691	232	149	119	11359	2691
甘肃少年儿童出版社	514	132	748	42173	6155	469	117	705	40594	5844
甘肃文化出版社	150	117	253	16971	7515	149	116	253	16844	7496
甘肃民族出版社	296	240	74	9966	2151	292	236	73	9902	2138
甘肃人民美术出版社	110	78	36	4225	2099	110	78	36	4225	2099
敦煌文艺出版社	214	189	64	8502	1787	214	189	64	8502	1787
兰州大学出版社	253	253	302	26437	5397	218	218	291	23702	4908
青海人民出版社	155	154	735	58283	6866	155	154	118	12644	2273
青海民族出版社	402	165	380	29841	3304	167	133	74	8406	1820
宁夏人民出版社	358	310	1036	87121	12596	358	310	168	24481	6307
宁夏人民教育出版社	632	396	1005	76452	12104	632	396	1005	76452	12104
阳光出版社	686	518	695	73071	21422	686	518	695	73071	21422
新疆人民出版社	1918	1486	1785	134950	35777	1840	1486	1585	118172	34060
新疆教育出版社	2293	158	6359	401687	41790	585	44	873	29291	3271
新疆科学技术出版社	749	260	422	26813	5049	691	225	358	21846	4573
新疆青少年出版社	2227	1964	1225	120944	22740	2166	1951	1201	119284	22517
新疆美术摄影出版社	541	471	1101	55017	9580	287	281	606	34446	6222
喀什维吾尔文出版社	327	195	103	9140	1972	327	195	103	9140	1972
克孜勒苏柯尔克孜文出版社	55	55	13	1046	200	17	17	2	208	86
伊犁人民出版社	102	44	35	4027	945	102	44	35	4027	945
新疆大学出版社	31	31	7	899	195	30	30	7	853	186
新疆人民卫生出版社	315	200	87	7334	1784	315	200	87	7334	1784
新疆生产建设兵团出版社	133	133	122	11594	2927	133	133	122	11594	2927

数量(书籍、课本、图片)(续表15)

出版社												
《中国标准书号》部分					不使用《中国标准书号》部分—图片合计					附：活页文选影印书等用纸		
课本												
种 数(种)		印数	印张	总定价	种 数(种)		印数	印张	总定价	印数	印张	总定价
合计	新出	(万册、张)	(千印张)	(万元)	合计	新出	(万册、张)	(千印张)	(万元)	(万册、张)	(千印张)	(万元)
401	217	156	28548	4594								
293	147	441	33251	5612								
379	162	898	72000	9419								
336	158	121	17843	3573								
20	15	3	505	94								
170	114	82	13363	2769								
		3701	286687	27815								
20	5	18	910	168								
42	12	43	1531	273	3	3		48	38			
1	1	1	128	19								
4	4	1	64	13								
35	35	11	2734	489								
		617	45639	4593								
235	32	305	21435	1483								
		868	62640	6289								
78		200	16778	1717								
1708	114	5485	372395	38519								
58	35	64	4967	477								
61	13	23	1660	223								
254	190	483	20446	3358			13	125				
36	36	11	816	108	2	2		22	6			
1	1		47	9								

使用《中国标准书号》各类图书的平均印数、平均印张和平均定价

全　国

	平均印数(万册/种)			平均印张(印张/册)			平均定价(元/册)			平均印张定价(元/印张)		
	新出	重印	租型	新出	重印	租型	新出	重印	租型	新出	重印	租型
使用《标准书号》部分合计	1.01	2.27	14.37	10.23	7.87	6.97	23.64	12.55	7.04	2.31	1.59	1.01
A 马列主义、毛泽东思想	0.68	4.19	87.20	14.96	18.59	2.45	37.50	21.99	4.87	2.51	1.18	1.99
B 哲学	0.64	0.85		14.21	14.64		37.76	27.45		2.66	1.88	
C 社会科学总论	0.55	0.82	0.50	16.65	14.07	12.08	48.79	23.99	34.25	2.93	1.70	2.84
D 政治、法律	0.83	1.04	14.25	12.96	14.04	3.70	29.83	27.17	6.61	2.30	1.93	1.79
E 军事	0.69	0.88		13.90	13.14		32.77	24.66		2.36	1.88	2.50
F 经济	0.47	0.59	0.29	16.86	16.95	17.55	41.63	30.80	31.60	2.47	1.82	1.80
G 文化、科学、教育、体育	1.72	3.83	14.66	7.93	6.42	7.00	14.99	9.17	7.02	1.89	1.43	1.00
H 语言、文字	0.70	1.33	1.29	14.69	16.18	13.37	30.60	30.11	19.68	2.08	1.86	1.47
I 文学	1.03	1.46	1.84	11.68	10.81	4.75	25.07	19.40	11.39	2.15	1.79	2.40
J 艺术	0.63	0.95	1.16	9.58	8.35	8.76	40.53	19.85	16.32	4.23	2.38	1.86
K 历史、地理	0.63	1.09	0.38	12.99	9.93	11.63	48.07	22.10	47.33	3.70	2.23	4.07
N 自然科学总论	0.71	1.14		9.32	9.67		27.88	18.98		2.99	1.96	
O 数理科学、化学	0.43	0.69		16.27	16.54		31.23	26.80		1.92	1.62	
P 天文学、地球科学	0.42	0.66		10.91	11.31		34.79	23.28		3.19	2.06	
Q 生物科学	0.63	0.75		9.42	13.81		27.52	25.45		2.92	1.84	
R 医药、卫生	0.64	1.33	1.20	14.45	9.64	10.35	36.57	18.62	23.67	2.53	1.93	2.29
S 农业科学	0.42	0.90		10.41	8.13		31.70	15.15		3.05	1.86	
T 工业技术	0.45	0.48	0.29	15.84	16.55	13.35	43.84	30.44	23.50	2.77	1.84	1.76
U 交通运输	0.46	0.77		14.42	13.12		39.47	30.37		2.74	2.32	
V 航空、航天	0.41	0.49		13.10	11.93		41.55	26.74		3.17	2.24	
X 环境科学	0.41	0.74	1.09	11.62	10.34	10.93	33.90	21.54	54.50	2.92	2.08	4.98
Z 综合性图书	0.61	1.04	1.00	11.66	11.52	7.48	46.85	26.25	78.50	4.02	2.28	10.50

使用《中国标准书号》各类图书的平均印数、平均印张和平均定价(续表1)

中　央

	平均印数(万册/种)			平均印张(印张/册)			平均定价(元/册)			平均印张定价(元/印张)		
	新出	重印	租型	新出	重印	租型	新出	重印	租型	新出	重印	租型
使用《标准书号》部分合计	**0.80**	**1.88**	**5.38**	**12.75**	**10.26**	**6.41**	**31.66**	**16.82**	**7.76**	**2.48**	**1.64**	**1.21**
A 马列主义、毛泽东思想	0.65	7.29		19.26	18.99		54.88	22.07		2.85	1.16	
B 哲学	0.58	0.93		15.48	14.48		45.04	27.71		2.91	1.91	
C 社会科学总论	0.55	0.71	0.25	18.51	17.06	24.30	59.39	29.41	41.00	3.21	1.72	1.69
D 政治、法律	0.87	1.14	0.75	13.29	14.58	5.53	30.37	28.38	9.00	2.29	1.95	1.63
E 军事	0.66	0.89		13.87	13.10		33.51	25.58		2.42	1.95	
F 经济	0.50	0.64	0.29	17.19	17.03	17.55	42.72	31.20	31.60	2.48	1.83	1.80
G 文化、科学、教育、体育	1.84	5.75	14.75	8.50	7.38	6.07	16.64	10.17	6.81	1.96	1.38	1.12
H 语言、文字	0.65	1.46	0.50	16.28	17.90	8.70	35.21	34.21	16.00	2.16	1.91	1.84
I 文学	0.93	1.29		13.38	13.35		28.45	23.60		2.13	1.77	
J 艺术	0.60	0.75		15.27	10.57		54.60	27.07		3.57	2.56	
K 历史、地理	0.59	1.37	0.33	14.01	10.16	4.30	58.57	22.55	88.00	4.18	2.22	20.47
N 自然科学总论	0.59	0.69		11.72	15.70		37.97	26.82		3.24	1.71	
O 数理科学、化学	0.43	0.71		16.55	18.01		35.16	29.00		2.12	1.61	
P 天文学、地球科学	0.31	0.47		12.70	14.10		45.94	27.27		3.62	1.93	
Q 生物科学	0.66	0.57		9.44	19.40		28.55	32.01		3.02	1.65	
R 医药、卫生	0.63	0.94		16.44	15.54		42.76	27.79		2.60	1.79	
S 农业科学	0.41	0.85		11.40	9.65		34.55	16.95		3.03	1.76	
T 工业技术	0.45	0.48	0.20	16.65	17.15	19.60	44.36	31.16	34.00	2.66	1.82	1.73
U 交通运输	0.41	0.82		14.80	13.40		42.48	31.59		2.87	2.36	
V 航空、航天	0.32	0.42		14.84	14.59		56.06	31.94		3.78	2.19	
X 环境科学	0.35	0.64		13.80	12.15		41.53	25.55		3.01	2.10	
Z 综合性图书	0.61	1.45		14.37	13.30		70.09	32.20		4.88	2.42	

使用《中国标准书号》各类图书的平均印数、平均印张和平均定价(续表2)

	地方											
	平均印数(万册/种)			平均印张(印张/册)			平均定价(元/册)			平均印张定价(元/印张)		
	新出	重印	租型	新出	重印	租型	新出	重印	租型	新出	重印	租型
使用《标准书号》部分合计	1.17	2.53	14.44	9.00	6.68	6.97	19.69	10.43	7.03	2.19	1.56	1.01
A 马列主义、毛泽东思想	0.72	0.63	87.20	10.77	13.30	2.45	20.52	20.86	4.87	1.91	1.57	1.99
B 哲学	0.72	0.74		12.92	14.88		30.32	27.03		2.35	1.82	
C 社会科学总论	0.56	0.98	0.75	14.22	10.57	8.00	34.91	17.63	32.00	2.45	1.67	4.00
D 政治、法律	0.75	0.78	15.35	11.96	12.03	3.69	28.17	22.61	6.60	2.36	1.88	1.79
E 军事	0.73	0.88		13.96	13.18		31.61	23.91		2.26	1.81	2.50
F 经济	0.43	0.48		16.02	16.73		38.89	29.63		2.43	1.77	
G 文化、科学、教育、体育	1.69	3.40	14.66	7.78	6.05	7.00	14.55	8.79	7.02	1.87	1.45	1.00
H 语言、文字	0.75	1.17	1.40	13.15	13.19	13.59	26.13	22.99	19.86	1.99	1.74	1.46
I 文学	1.07	1.52	1.84	10.99	10.11	4.75	23.69	18.25	11.39	2.16	1.80	2.40
J 艺术	0.64	1.05	1.16	7.37	7.65	8.76	35.05	17.54	16.32	4.76	2.29	1.86
K 历史、地理	0.66	0.87	0.40	12.22	9.64	15.30	40.20	21.54	27.00	3.29	2.23	1.76
N 自然科学总论	0.74	1.43		8.73	7.84		25.40	16.61		2.91	2.12	
O 数理科学、化学	0.44	0.66		15.83	13.09		25.07	21.64		1.58	1.65	
P 天文学、地球科学	0.55	0.86		9.55	9.66		26.31	20.91		2.76	2.16	
Q 生物科学	0.60	1.03		9.39	8.84		26.21	19.63		2.79	2.22	
R 医药、卫生	0.65	2.12	1.20	11.86	4.51	10.35	28.56	10.63	23.67	2.41	2.36	2.29
S 农业科学	0.44	0.96		8.80	6.66		27.10	13.43		3.08	2.02	
T 工业技术	0.45	0.49	0.50	13.80	14.28	7.10	42.52	27.67	13.00	3.08	1.94	1.83
U 交通运输	0.62	0.56		13.59	11.42		32.96	23.04		2.43	2.02	
V 航空、航天	0.58	0.59		11.27	9.34		26.34	21.68		2.34	2.32	
X 环境科学	0.54	1.06	1.09	8.76	6.66	10.93	23.87	13.38	54.50	2.72	2.01	4.98
Z 综合性图书	0.61	0.88	1.00	10.83	10.38	7.48	39.68	22.44	78.50	3.66	2.16	10.50

各地区使用《中国标准书号》各类图书的平均印数、平均印张、平均定价和平均印张定价

使用《中国标准书号》部分合计

	平均印数(万册/种)			平均印张(印张/册)			平均定价(元/册)			平均印张定价(元/印张)		
	新出	重印	租型	新出	重印	租型	新出	重印	租型	新出	重印	租型
全国总计	1.01	2.27	14.37	10.23	7.87	6.97	23.64	12.55	7.04	2.31	1.59	1.01
中　　央	0.80	1.88	5.38	12.75	10.26	6.41	31.66	16.82	7.76	2.48	1.64	1.21
地　　方	1.17	2.53	14.44	9.00	6.68	6.97	19.69	10.43	7.03	2.19	1.56	1.01
北　　京	1.06	1.88		11.31	9.21		26.96	15.59		2.38	1.69	
天　　津	0.53	0.93	5.20	9.53	9.61	6.32	29.11	18.23	7.07	3.05	1.90	1.12
河　　北	1.56	2.75	11.68	6.35	6.43	7.10	11.35	8.51	6.86	1.79	1.32	0.97
山　　西	3.01	3.21	15.38	13.18	6.64	7.54	20.49	12.62	7.74	1.55	1.90	1.03
内 蒙 古	0.61	1.35	10.26	8.39	6.56	7.40	19.53	6.98	7.05	2.33	1.06	0.95
辽　　宁	0.82	1.61	1.20	9.96	7.09	6.68	22.66	11.82	7.00	2.28	1.67	1.05
吉　　林	1.00	1.31	7.48	9.48	9.10	7.23	19.85	16.50	7.20	2.09	1.81	1.00
黑 龙 江	0.43	2.29	6.98	13.55	7.29	6.90	25.94	11.62	7.34	1.91	1.59	1.06
上　　海	0.95	1.96	32.00	11.22	8.28	2.35	27.55	15.45	5.45	2.46	1.86	2.32
江　　苏	1.65	2.98	31.64	7.52	5.99	6.63	16.54	9.19	6.60	2.20	1.53	1.00
浙　　江	1.58	3.57	27.68	8.08	5.29	7.15	17.73	8.50	7.12	2.19	1.61	1.00
安　　徽	0.89	2.48	15.29	8.66	6.10	7.42	21.24	9.73	8.07	2.45	1.60	1.09
福　　建	1.68	1.93	14.52	8.05	7.25	7.07	16.10	11.24	6.53	2.00	1.55	0.92
江　　西	1.31	4.40	22.07	7.43	5.01	7.41	17.29	7.66	7.01	2.33	1.53	0.95
山　　东	1.64	3.66	28.00	7.25	6.81	4.98	16.21	8.53	5.40	2.24	1.25	1.09
河　　南	0.84	3.24	42.79	9.57	6.30	7.36	21.89	8.46	6.98	2.29	1.34	0.95
湖　　北	1.04	1.82	6.98	9.48	7.47	6.52	22.25	11.52	8.26	2.35	1.54	1.27
湖　　南	1.56	3.34	19.22	8.58	6.04	5.71	17.40	10.29	6.85	2.03	1.70	1.20
广　　东	1.21	5.19	57.61	8.72	6.27	8.10	19.59	7.26	7.15	2.25	1.16	0.88
广　　西	1.59	3.60	17.57	7.90	5.82	7.62	15.73	8.33	6.96	1.99	1.43	0.91
海　　南	1.29	2.60	6.22	8.06	5.28	6.32	16.84	9.53	7.41	2.09	1.80	1.17
重　　庆	1.71	2.60	10.38	6.88	5.98	6.35	15.32	10.54	7.91	2.23	1.76	1.25
四　　川	1.08	3.27	17.43	8.96	6.73	7.77	16.44	9.18	7.11	1.83	1.36	0.91
贵　　州	1.25	3.19	16.08	6.53	4.47	7.13	13.36	7.13	6.98	2.05	1.60	0.98
云　　南	1.00	2.08	20.66	8.84	6.73	7.39	18.60	10.13	6.91	2.10	1.51	0.93
西　　藏	0.46	1.58	2.59	17.13	5.89	7.63	19.24	7.73	7.75	1.12	1.31	1.02
陕　　西	1.12	2.35	10.68	10.85	7.99	7.43	24.28	13.29	7.14	2.24	1.66	0.96
甘　　肃	0.81	1.49	14.40	12.36	6.73	7.75	27.38	9.71	7.52	2.22	1.44	0.97
青　　海	0.56	1.00	3.22	10.09	8.54	7.13	21.09	6.13	7.06	2.09	0.72	0.99
宁　　夏	0.74	2.13	4.54	10.61	8.10	7.22	28.93	14.17	7.25	2.73	1.75	1.00
新　　疆	0.81	1.03	5.68	7.65	6.46	6.42	17.60	7.78	6.51	2.30	1.20	1.01

各地区使用《中国标准书号》各类图书的平均印数、平均印张、平均定价和平均印张定价(续表1)

A 马克思主义、列宁主义、毛泽东思想

	平均印数(万册/种)			平均印张(印张/册)			平均定价(元/册)			平均印张定价(元/印张)		
	新出	重印	租型	新出	重印	租型	新出	重印	租型	新出	重印	租型
全国总计	0.68	4.19	87.20	14.96	18.59	2.45	37.50	21.99	4.87	2.51	1.18	1.99
中 央	0.65	7.29		19.26	18.99		54.88	22.07		2.85	1.16	
地 方	0.72	0.63	87.20	10.77	13.30	2.45	20.52	20.86	4.87	1.91	1.57	1.99
北 京	0.50			9.80			23.00			2.35		
天 津		1.00			19.30			27.50		1.90	1.42	
河 北		1.00			13.30			24.00		9.53	1.80	
山 西	1.00			7.60			20.50			2.70	0.95	
内 蒙 古	0.40			27.90			34.00			1.22		
辽 宁	0.30	0.33		13.03	6.75		33.00	14.50		2.53	2.15	
吉 林	0.62	0.40		10.41	11.70		20.13	26.00		1.93	2.22	
黑 龙 江	0.10			16.40			37.00			2.26		
上 海	0.38	0.33		20.58	14.40		44.60	36.00		2.17	2.50	
江 苏	0.25	0.80		17.90	14.33		44.50	19.50		2.49	1.36	
浙 江	6.89	1.50	108.75	7.02	3.20	2.42	11.11	7.00	4.83	1.58	2.19	2.00
安 徽	1.70	1.00		12.21	4.29		14.94	6.25		1.22	1.46	
福 建		1.00			14.85			31.50			2.12	
江 西	0.33			12.50			20.00			1.60		
山 东	0.50			5.80			13.00			2.24	1.24	
河 南		0.50			19.50			26.00			1.33	
湖 北	0.30	0.36		15.80	20.11		34.18	31.00		2.16	1.54	
湖 南	0.14	0.50		17.40	4.90		64.50	10.00		3.71	2.04	
广 东	0.57			16.33			39.00			2.39	1.76	
广 西		1.33			12.45			23.50			2.50	1.89
海 南												
重 庆		1.00			10.10			15.00		1.75	1.49	
四 川	0.45	0.50		10.50	18.65		23.00	36.00		2.19	1.93	
贵 州												
云 南	0.25			9.00			24.00			2.67		
西 藏												
陕 西	0.14	1.33	1.00	9.30	16.41	16.60	20.00	21.08	22.00	2.15	1.28	1.33
甘 肃		0.50			2.00			3.00		2.15	1.50	
青 海												
宁 夏										5.00		
新 疆												

各地区使用《中国标准书号》各类图书的平均印数、平均印张、平均定价和平均印张定价(续表2)

B 哲 学

	平均印数(万册/种)			平均印张(印张/册)			平均定价(元/册)			平均印张定价(元/印张)		
	新出	重印	租型	新出	重印	租型	新出	重印	租型	新出	重印	租型
全国总计	0.64	0.85		14.21	14.64		37.76	27.45		2.66	1.88	
中 央	0.58	0.93		15.48	14.48		45.04	27.71		2.91	1.91	
地 方	0.72	0.74		12.92	14.88		30.32	27.03		2.35	1.82	
北 京	0.70	0.46		14.75	15.23		28.54	26.33		1.93	1.73	
天 津	0.34	0.50		13.62	12.51		29.81	20.65		2.19	1.65	
河 北	0.12	2.00		30.65	3.60		56.00	7.00		1.83	1.94	
山 西	0.33	0.50		13.40	13.40		33.73	18.00		2.52	1.34	
内 蒙 古	0.30	0.67		27.87	12.05		117.67	27.50		4.22	2.28	
辽 宁	0.56	0.49		13.59	18.55		28.34	30.58		2.09	1.65	
吉 林	0.99	0.87		11.07	9.73		25.12	19.95		2.27	2.05	
黑 龙 江	0.39	0.29		13.87	17.15		26.23	25.50		1.89	1.49	
上 海	0.77	0.85		11.80	18.06		28.30	31.43		2.40	1.74	
江 苏	0.80	1.15		12.53	14.09		29.71	27.99		2.37	1.99	
浙 江	0.67	0.57		13.02	12.15		34.20	21.40		2.63	1.76	
安 徽	0.57	0.67		13.33	12.34		33.25	23.26		2.50	1.88	
福 建	0.31	0.78		21.82	11.16		41.09	18.86		1.88	1.69	
江 西	0.42	0.64		15.96	16.56		31.16	20.57		1.95	1.24	
山 东	0.48	0.78		14.53	12.17		30.27	16.43		2.08	1.35	
河 南	0.66	0.86		10.61	10.09		27.29	19.78		2.57	1.96	
湖 北	0.60	0.46		13.43	12.06		27.78	22.59		2.07	1.87	
湖 南	0.44	0.67		11.44	7.65		26.71	18.50		2.34	2.42	
广 东	0.43	0.52		14.43	17.14		34.46	30.76		2.39	1.80	
广 西	1.80	1.07		11.05	21.26		38.91	47.00		3.52	2.21	
海 南	0.85	0.78		15.67	13.38		34.50	27.33		2.20	2.04	
重 庆	0.60	0.50		10.02	10.25		21.00	24.00		2.10	2.34	
四 川	0.33	0.46		11.50	14.22		23.75	26.65		2.07	1.87	
贵 州	0.61	0.50		3.66	6.75		7.74	13.50		2.11	2.00	
云 南	0.39	0.67		21.76	23.85		46.36	48.00		2.13	2.01	
西 藏	0.47	0.35		54.44	22.35		29.95	37.50		0.55	1.68	
陕 西	0.77	0.69		18.02	12.85		36.19	26.45		2.01	2.06	
甘 肃	0.48	1.00		26.05	3.40		382.18	8.00		14.67	2.35	
青 海	0.36	1.09		15.60	23.68		36.50	25.58		2.34	1.08	
宁 夏	0.29			27.78			34.75			1.25	2.26	
新 疆	6.91	0.33		4.53	6.30		7.63	12.00		1.68	1.90	

各地区使用《中国标准书号》各类图书的平均印数、平均印张、平均定价和平均印张定价(续表3)

C 社会科学总论

	平均印数(万册/种)			平均印张(印张/册)			平均定价(元/册)			平均印张定价(元/印张)		
	新出	重印	租型	新出	重印	租型	新出	重印	租型	新出	重印	租型
全国总计	0.55	0.82	0.50	16.65	14.07	12.08	48.79	23.99	34.25	2.93	1.70	2.84
中 央	0.55	0.71	0.25	18.51	17.06	24.30	59.39	29.41	41.00	3.21	1.72	1.69
地 方	0.56	0.98	0.75	14.22	10.57	8.00	34.91	17.63	32.00	2.45	1.67	4.00
北 京	0.64	0.70		17.65	14.78		33.73	24.91		1.91	1.69	
天 津	0.36	0.31		14.47	18.50		34.93	31.25		2.41	1.69	
河 北	0.13	2.50		19.90	8.80		47.00	13.80		2.36	1.57	
山 西	0.29	1.00		16.74	12.70		41.40	22.00		2.47	1.73	
内 蒙 古	0.21			22.87			59.33			2.59	2.14	
辽 宁	0.36	0.52		14.56	15.30		37.86	31.81		2.60	2.08	
吉 林	0.72	0.38		13.72	12.54		34.68	24.80		2.53	1.98	
黑 龙 江	0.24	0.56		16.03	9.90		32.00	13.60		2.00	1.37	
上 海	0.38	0.77		18.07	18.02		59.14	30.15		3.27	1.67	
江 苏	1.56	0.58		12.29	15.09		32.25	27.23		2.62	1.80	
浙 江	0.89	0.40		8.93	16.42		24.81	31.59		2.78	1.92	
安 徽	0.41	0.29		13.74	15.31		28.00	30.33		2.04	1.98	
福 建	0.32	0.43		18.74	20.70		39.29	30.00		2.10	1.45	
江 西	0.60	0.67		14.23	18.07		34.75	19.67		2.44	1.09	
山 东	0.61	1.05		13.78	9.90		43.90	20.71		3.19	2.09	
河 南	0.24	0.42		14.79	10.12		34.50	21.20		2.33	2.09	
湖 北	0.36	0.27	0.75	15.48	19.97	8.00	37.37	30.27	32.00	2.41	1.52	4.00
湖 南	0.22	0.33		19.84	17.73		41.00	29.67		2.07	1.67	
广 东	0.36	0.47		16.62	15.23		43.86	26.90		2.64	1.77	
广 西	0.41	1.08		14.51	8.37		48.27	25.38		3.33	3.03	
海 南	0.63	0.60		12.84	24.27		30.90	44.33		2.41	1.83	
重 庆	0.41	0.24		15.30	14.59		36.86	30.33		2.41	2.08	
四 川	0.26	0.34		12.70	14.27		30.09	25.94		2.37	1.81	
贵 州	0.40			17.65			31.50			1.78	1.90	
云 南	0.23	1.00		18.16	22.17		67.55	42.33		3.72	1.91	
西 藏												
陕 西	0.51	5.88		15.81	5.78		33.42	7.70		2.11	1.33	
甘 肃	0.96	0.50		21.44	14.70		23.72	27.00		1.11	1.84	
青 海												
宁 夏	0.28			34.90			31.60			0.91		
新 疆	0.71	0.25		10.04	14.70		24.80	31.00		2.47	2.11	

各地区使用《中国标准书号》各类图书的平均印数、平均印张、平均定价和平均印张定价(续表4)

D 政治、法律

	平均印数(万册/种)			平均印张(印张/册)			平均定价(元/册)			平均印张定价(元/印张)		
	新出	重印	租型	新出	重印	租型	新出	重印	租型	新出	重印	租型
全国总计	0.83	1.04	14.25	12.96	14.04	3.70	29.83	27.17	6.61	2.30	1.93	1.79
中 央	0.87	1.14	0.75	13.29	14.58	5.53	30.37	28.38	9.00	2.29	1.95	1.63
地 方	0.75	0.78	15.35	11.96	12.03	3.69	28.17	22.61	6.60	2.36	1.88	1.79
北 京	1.09	0.50		11.89	15.40		27.29	27.22		2.30	1.77	
天 津	0.33	0.30	10.50	12.44	19.50	2.65	25.03	37.91	5.14	2.01	1.94	1.94
河 北	0.52	1.33	22.71	12.81	5.13	4.06	31.89	10.19	7.08	2.49	1.99	1.74
山 西	0.27	1.26		19.21	13.85		54.15	21.42		2.82	1.55	
内 蒙 古	0.50	2.00		9.21	15.12		19.79	22.90		2.15	1.51	
辽 宁	0.52	0.53		16.54	12.31		36.70	23.21		2.22	1.89	
吉 林	0.39	0.48		13.51	8.76		24.33	22.08		1.80	2.52	
黑 龙 江	0.67	0.25	0.20	13.57	10.80	5.10	25.91	18.00	12.00	1.91	1.67	2.35
上 海	0.39	0.62	32.00	17.44	17.43	2.35	42.17	29.64	5.45	2.42	1.70	2.32
江 苏	0.91	1.29		11.98	10.21		38.96	23.26		3.25	2.28	
浙 江	0.65	0.92		13.55	12.21		32.34	25.84		2.39	2.12	
安 徽	0.30	0.47		14.33	12.77		29.42	26.00		2.05	2.04	
福 建	0.25	0.83	29.75	22.73	14.03	3.56	60.08	24.20	6.24	2.64	1.72	1.75
江 西	1.61	0.40		6.16	12.28		11.26	23.00		1.83	1.87	
山 东	0.57	0.29		20.19	16.37	2.00	49.17	31.43	4.50	2.44	1.92	2.25
河 南	0.37	0.50		16.92	17.44		49.82	35.55		2.94	2.04	
湖 北	1.07	1.41		8.24	7.38		17.55	8.43		2.13	1.14	
湖 南	1.03	0.86		10.30	12.28		24.45	19.06		2.37	1.55	4.00
广 东	0.58	0.65		14.50	14.92		36.91	28.25		2.55	1.89	
广 西	2.33	1.12	10.50	7.12	11.51	4.54	12.29	26.83	7.48	1.73	2.33	1.65
海 南	2.64	0.50	6.50	11.07	6.60	4.10	22.62	12.00	5.73	2.04	1.82	1.40
重 庆	0.28	0.21		16.44	10.48		33.00	18.00		2.01	1.72	
四 川	0.64	0.63	16.50	13.22	13.67	3.87	26.48	28.98	6.64	2.00	2.12	1.71
贵 州	0.33	0.27		10.10	13.97		22.33	30.67		2.21	2.20	
云 南	0.28	1.10	37.00	15.43	11.94	4.31	47.28	22.97	7.23	3.06	1.92	1.68
西 藏	0.62	0.33	1.88	7.33	14.50	5.24	15.38	24.75	9.33	2.10	1.71	1.78
陕 西	2.59	0.79		10.81	14.09		25.46	27.61		2.35	1.96	
甘 肃	0.25	0.40		17.93	8.45		39.40	14.50		2.20	1.72	
青 海	0.13			17.25			39.50			2.29		
宁 夏	0.19			20.96			53.00			2.53		
新 疆	0.69	0.14		10.16	8.10		22.41	17.00		2.21	2.10	

各地区使用《中国标准书号》各类图书的平均印数、平均印张、平均定价和平均印张定价(续表5)

E 军 事

	平均印数(万册/种)			平均印张(印张/册)			平均定价(元/册)			平均印张定价(元/印张)		
	新出	重印	租型	新出	重印	租型	新出	重印	租型	新出	重印	租型
全国总计	0.69	0.88		13.90	13.14		32.77	24.66		2.36	1.88	2.50
中　　央	0.66	0.89		13.87	13.10		33.51	25.58		2.42	1.95	
地　　方	0.73	0.88		13.96	13.18		31.61	23.91		2.26	1.81	2.50
北　　京	0.69	1.33		18.92	12.95		98.56	21.25		5.21	1.64	
天　　津	0.40	0.67		13.30	7.40		31.00	12.00		2.33	1.62	
河　　北	0.50			13.30			42.00			3.16		
山　　西	0.67			11.10			26.00			2.34		
内　蒙　古		0.50			10.20			17.00			1.67	
辽　　宁	0.42	0.38		16.40	20.07		40.40	30.67		2.46	1.53	
吉　　林	0.96	0.68		13.63	8.03		26.61	17.39		1.95	2.17	
黑　龙　江	1.13	4.00		14.62	10.03		21.72	14.50		1.49	1.45	2.50
上　　海	0.50	1.08		10.94	15.38		36.00	24.14		3.29	1.57	
江　　苏	1.95	0.83		18.91	8.43		31.16	19.50		1.65	2.31	
浙　　江	1.14	0.82		13.85	12.49		27.38	21.64		1.98	1.73	
安　　徽	0.43	0.95		11.06	12.14		24.40	21.24		2.21	1.75	
福　　建	0.50	3.00		24.10	16.31		30.00	21.92		1.24	1.34	
江　　西	0.60	1.00		10.37	18.80		23.50	18.00		2.27	0.96	
山　　东	0.56	1.00		17.46	9.67		43.40	23.17		2.49	2.40	
河　　南	1.20	1.44		6.27	12.02		17.33	36.38		2.77	3.03	
湖　　北	0.73	0.41		11.38	17.42		25.16	34.67		2.21	1.99	
湖　　南	0.33	0.80		15.27	14.38		29.33	24.75		1.92	1.72	
广　　东	0.51	3.00		11.91	15.28		32.74	29.67		2.75	1.94	
广　　西	1.33	0.67		8.68	37.03		12.50	46.50		1.44	1.26	
海　　南		1.00			16.50			25.00			1.52	
重　　庆												
四　　川	0.64	0.75		8.49	11.57		18.29	18.17		2.15	1.57	
贵　　州	1.00			25.60			40.00			1.56		
云　　南	0.40			18.75			52.00			2.77		
西　　藏										2.00		
陕　　西	0.71	0.89		12.74	15.79		31.23	25.88		2.45	1.64	
甘　　肃	0.67			17.65			40.50			2.29		
青　　海												
宁　　夏	0.40			17.35			57.00			3.29		
新　　疆	0.38			20.17			69.67			3.45		

各地区使用《中国标准书号》各类图书的平均印数、平均印张、平均定价和平均印张定价(续表6)

F 经　济

	平均印数(万册/种)			平均印张(印张/册)			平均定价(元/册)			平均印张定价(元/印张)		
	新出	重印	租型	新出	重印	租型	新出	重印	租型	新出	重印	租型
全国总计	0.47	0.59	0.29	16.86	16.95	17.55	41.63	30.80	31.60	2.47	1.82	1.80
中　央	0.50	0.64	0.29	17.19	17.03	17.55	42.72	31.20	31.60	2.48	1.83	1.80
地　方	0.43	0.48		16.02	16.73		38.89	29.63		2.43	1.77	
北　京	0.67	0.42		17.05	16.49		41.76	28.24		2.45	1.71	
天　津	0.26	0.40		15.98	14.78		40.71	27.54		2.55	1.86	
河　北	0.34	0.75		11.90	11.50		56.79	19.67		4.77	1.71	
山　西	0.38	0.46		17.92	12.67		55.02	29.50		3.07	2.33	
内蒙古	0.14	0.17		18.60	29.40		62.80	57.00		3.38	1.94	
辽　宁	0.41	0.58		16.99	17.14		32.98	29.70		1.94	1.73	
吉　林	0.36	0.55		14.39	9.90		29.15	18.00		2.03	1.82	
黑龙江	0.20	0.57		19.38	13.75		49.65	27.79		2.56	2.02	
上　海	0.54	0.61		15.93	19.86		34.08	32.63		2.14	1.64	
江　苏	0.45	0.34		14.90	17.35		38.80	33.89		2.60	1.95	
浙　江	0.45	0.42		14.56	14.75		40.10	29.19		2.75	1.98	
安　徽	0.31	0.34		15.49	14.24		34.11	25.81		2.20	1.81	
福　建	0.31	0.43		17.31	20.04		37.08	30.42		2.14	1.52	
江　西	1.67	0.14		7.27	50.50		12.16	48.00		1.67	0.95	
山　东	0.61	0.41		27.22	15.02		60.75	28.94		2.23	1.93	
河　南	0.28	0.34		18.95	15.30		66.66	26.65		3.52	1.74	
湖　北	0.35	0.43		15.26	14.48		42.74	24.52		2.80	1.69	
湖　南	0.25	0.33		17.02	18.97		51.13	34.63		3.00	1.83	
广　东	0.42	0.41		15.92	15.51		42.30	29.47		2.66	1.90	
广　西	0.38	1.83		24.20	11.42		57.33	33.12		2.37	2.90	
海　南	0.82	1.00		15.44	13.87		34.00	28.50		2.20	2.05	
重　庆	0.37	0.29		13.92	15.26		34.73	28.66		2.50	1.88	
四　川	0.28	0.32		16.15	15.22		40.03	27.78		2.48	1.83	
贵　州	0.13	7.33		23.00	8.42		59.00	14.68		2.57	1.74	
云　南	0.34	0.24		17.38	10.53		59.79	19.71		3.44	1.87	
西　藏	0.25			8.70			19.00			2.18	1.72	
陕　西	0.37	0.43		15.97	18.19		35.34	37.48		2.21	2.06	
甘　肃	0.24			24.04			83.33			3.47	1.83	
青　海	0.23			19.87			57.00			2.87		
宁　夏	0.21	1.25		25.22	4.58		114.50	11.60		4.54	2.53	
新　疆	0.17	0.50		11.95	10.10		45.25	20.50		3.79	2.03	

各地区使用《中国标准书号》各类图书的平均印数、平均印张、平均定价和平均印张定价(续表7)

G 文化、科学、教育、体育

	平均印数(万册/种)			平均印张(印张/册)			平均定价(元/册)			平均印张定价(元/印张)		
	新出	重印	租型	新出	重印	租型	新出	重印	租型	新出	重印	租型
全国总计	1.72	3.83	14.66	7.93	6.42	7.00	14.99	9.17	7.02	1.89	1.43	1.00
中　央	1.84	5.75	14.71	8.50	7.38	6.08	16.64	10.17	6.83	1.96	1.38	1.12
地　方	1.69	3.40	14.66	7.78	6.05	7.00	14.55	8.79	7.02	1.87	1.45	1.00
北　京	1.30	2.37		9.67	8.35		19.41	13.58		2.01	1.63	
天　津	0.79	1.51	5.11	8.02	8.93	6.46	18.80	13.34	7.14	2.35	1.49	1.11
河　北	1.99	3.17	11.99	5.76	6.22	7.13	8.55	7.87	6.81	1.48	1.26	0.95
山　西	5.60	3.89	15.38	13.03	6.41	7.54	19.01	12.16	7.74	1.46	1.90	1.03
内蒙古	0.88	1.45	10.26	6.95	6.30	7.40	13.36	6.19	7.05	1.92	0.98	0.95
辽　宁	1.36	2.78	1.50	7.95	5.80	6.17	15.76	8.34	6.00	1.98	1.44	0.97
吉　林	1.11	1.53	7.49	8.86	8.98	7.24	18.35	16.14	7.19	2.07	1.80	0.99
黑龙江	0.69	4.52	7.23	8.67	6.90	6.90	19.93	10.50	7.33	2.30	1.52	1.06
上　海	1.52	3.47		8.51	6.02		20.67	11.53		2.43	1.92	
江　苏	2.54	4.07	31.64	6.15	5.20	6.63	11.11	7.38	6.60	1.81	1.42	1.00
浙　江	2.54	4.46	26.76	7.10	5.39	7.44	12.49	7.60	7.26	1.76	1.41	0.98
安　徽	1.28	3.22	15.29	7.27	5.65	7.42	15.08	8.67	8.07	2.07	1.54	1.09
福　建	3.27	2.95	14.23	7.47	6.44	7.21	12.61	9.18	6.54	1.69	1.43	0.91
江　西	1.59	6.00	22.07	6.80	4.42	7.41	13.47	5.72	7.01	1.98	1.29	0.95
山　东	2.09	4.22	27.99	6.41	6.58	4.98	11.16	7.63	5.41	1.74	1.16	1.09
河　南	1.49	4.88	42.96	8.36	5.85	7.36	12.96	7.05	6.98	1.55	1.21	0.95
湖　北	1.63	2.68	7.97	8.05	6.05	6.51	17.25	8.86	8.01	2.14	1.46	1.23
湖　南	2.28	4.06	19.25	6.65	5.34	5.71	12.38	9.22	6.85	1.86	1.73	1.20
广　东	1.52	8.13	57.61	8.50	6.01	8.10	15.71	6.43	7.15	1.85	1.07	0.88
广　西	1.97	4.36	17.73	6.91	5.55	7.64	11.43	6.71	6.95	1.65	1.21	0.91
海　南	1.49	2.76	6.21	6.54	4.82	6.38	11.65	8.05	7.45	1.78	1.67	1.17
重　庆	2.92	3.84	10.10	5.46	5.54	6.52	9.64	9.85	8.01	1.77	1.78	1.23
四　川	2.18	5.69	17.48	7.58	6.35	7.81	10.60	8.04	7.11	1.40	1.27	0.91
贵　州	2.64	4.75	16.08	7.25	4.13	7.13	10.25	5.48	6.98	1.41	1.33	0.98
云　南	1.27	2.31	20.44	8.19	6.58	7.47	14.88	9.74	6.90	1.82	1.48	0.92
西　藏	0.64	2.12	2.62	8.06	5.35	7.54	13.71	6.68	7.46	1.70	1.25	0.99
陕　西	1.70	3.02	10.74	9.19	7.16	7.43	18.29	11.39	7.13	1.99	1.59	0.96
甘　肃	1.69	1.58	14.40	10.36	7.07	7.75	17.87	10.44	7.52	1.73	1.48	0.97
青　海	0.98	1.01	3.22	8.32	7.49	7.13	9.41	4.37	7.06	1.13	0.58	0.99
宁　夏	1.03	2.29	4.54	9.96	8.23	7.22	21.00	13.85	7.25	2.11	1.68	1.00
新　疆	0.80	1.09	5.68	7.51	6.39	6.42	18.12	7.51	6.51	2.41	1.17	1.01

各地区使用《中国标准书号》各类图书的平均印数、平均印张、平均定价和平均印张定价(续表8)

H 语言、文字

	平均印数(万册/种)			平均印张(印张/册)			平均定价(元/册)			平均印张定价(元/印张)		
	新出	重印	租型	新出	重印	租型	新出	重印	租型	新出	重印	租型
全国总计	0.70	1.33	1.29	14.69	16.18	13.37	30.60	30.11	19.68	2.08	1.86	1.47
中　央	0.65	1.46	0.50	16.28	17.90	8.70	35.21	34.21	16.00	2.16	1.91	1.84
地　方	0.75	1.17	1.40	13.15	13.19	13.59	26.13	22.99	19.86	1.99	1.74	1.46
北　京	1.16	0.94		16.92	15.24		25.93	21.50		1.53	1.41	
天　津	0.39	0.32		13.39	13.18		26.55	23.45		1.98	1.78	
河　北	0.66	1.03	1.31	5.80	8.46	8.24	17.18	12.47	9.88	2.96	1.47	1.20
山　西	0.37	0.50		19.08	12.83		35.64	24.25		1.87	1.89	
内 蒙 古	0.38	0.46		6.92	15.03		13.50	19.73		1.95	1.31	
辽　宁	0.46	0.62		13.20	12.20		28.60	27.04		2.17	2.22	
吉　林	0.80	0.71		10.12	13.92		20.77	23.04		2.05	1.66	
黑 龙 江	0.29	0.50		13.11	10.23		27.19	21.63		2.07	2.11	
上　海	0.92	1.62		14.86	15.11		29.38	26.44		1.98	1.75	
江　苏	0.69	0.74		10.90	15.49		21.93	23.99		2.01	1.55	
浙　江	1.66	1.85		10.24	9.55		19.42	17.22		1.90	1.80	
安　徽	0.49	0.77		11.67	11.73		27.24	19.37		2.33	1.65	
福　建	0.24	0.66		21.04	9.94		41.43	15.90		1.97	1.60	
江　西	0.61	1.03		8.77	12.39		33.15	18.48		3.78	1.49	
山　东	1.47	0.87		11.70	13.40		21.00	20.91		1.79	1.56	
河　南	0.35	0.64		12.31	10.08		32.93	17.96		2.68	1.78	
湖　北	0.47	0.45	2.00	11.25	13.74	8.05	23.66	24.30	16.00	2.10	1.77	1.99
湖　南	0.33	0.50		15.72	18.51		34.53	31.13		2.20	1.68	
广　东	0.51	1.15		13.78	16.37		32.89	26.17		2.39	1.60	
广　西	0.20	0.82		17.52	10.86		44.00	19.56		2.51	1.80	
海　南	0.65	5.33		10.38	3.28		22.30	12.56		2.15	3.83	
重　庆	0.35	0.34		14.18	14.42		36.38	29.15		2.57	2.02	
四　川	0.39	0.49		17.71	17.86		30.72	26.98		1.73	1.51	
贵　州	0.79	3.50		6.68	13.23		21.03	23.00		3.15	1.74	
云　南	0.34	0.35		14.27	20.28		35.80	35.83		2.51	1.77	
西　藏	0.33	0.82	2.00	15.55	5.06	64.60	35.00	8.11	108.50	2.25	1.60	1.68
陕　西	1.11	1.07		13.75	13.72		28.72	29.65		2.09	2.16	
甘　肃	0.63	3.55		15.37	5.13		25.18	5.40		1.64	1.05	
青　海	0.25	1.20		9.30	6.16		17.00	8.50		1.83	1.38	
宁　夏	0.25			9.00			26.33			2.93		
新　疆	0.36	0.27		10.13	16.47		22.89	22.33		2.26	1.36	

各地区使用《中国标准书号》各类图书的平均印数、平均印张、平均定价和平均印张定价(续表9)

I 文 学

	平均印数(万册/种)			平均印张(印张/册)			平均定价(元/册)			平均印张定价(元/印张)		
	新出	重印	租型	新出	重印	租型	新出	重印	租型	新出	重印	租型
全国总计	**1.03**	**1.46**	**1.84**	**11.68**	**10.81**	**4.75**	**25.07**	**19.40**	**11.39**	**2.15**	**1.79**	**2.40**
中　央	0.93	1.29		13.38	13.35		28.45	23.60		2.13	1.77	
地　方	1.07	1.52	1.84	10.99	10.11	4.75	23.69	18.25	11.39	2.16	1.80	2.40
北　京	1.22	1.69		11.73	12.55		24.94	22.15		2.13	1.76	
天　津	0.81	1.37		9.96	7.32		23.74	16.87		2.38	2.31	
河　北	1.37	1.36	1.50	8.22	10.52	19.77	17.15	18.36	17.33	2.09	1.74	0.88
山　西	0.50	0.70		13.62	12.41		29.61	24.91		2.17	2.01	
内 蒙 古	0.41	0.39		10.75	9.38		27.10	19.41		2.52	2.07	
辽　宁	0.77	1.74		11.77	9.06		22.78	18.99		1.94	2.10	
吉　林	0.85	0.72		10.80	10.54		21.30	19.43		1.97	1.84	
黑 龙 江	0.47	0.28	0.25	13.79	10.01	6.00	23.34	21.00	15.00	1.69	2.10	2.50
上　海	1.03	0.90		16.09	12.34		31.61	22.13		1.96	1.79	
江　苏	1.29	1.57		11.60	12.79		25.02	22.03		2.16	1.72	
浙　江	0.90	1.44		9.89	9.36		25.92	16.20		2.62	1.73	
安　徽	0.49	1.12		13.15	11.16		33.03	22.17		2.51	1.99	
福　建	0.84	0.93		8.78	10.03		22.39	21.08		2.55	2.10	
江　西	1.33	2.22		9.94	6.52		20.32	13.40		2.04	2.05	
山　东	1.82	3.00		7.52	7.45		18.24	13.48		2.42	1.81	
河　南	0.59	0.79		11.31	11.13		26.24	22.53		2.32	2.02	
湖　北	1.43	1.54	0.88	11.75	15.61	6.80	26.23	23.77	18.66	2.23	1.52	2.74
湖　南	1.68	2.08		11.73	14.00		21.07	19.16		1.80	1.37	
广　东	1.71	0.96		6.66	8.45		16.82	18.17		2.53	2.15	
广　西	1.18	2.41	4.50	11.06	7.19	6.26	25.47	18.04	8.33	2.30	2.51	1.33
海　南	1.13	2.08		10.73	10.47		27.95	28.50		2.60	2.72	
重　庆	1.45	2.69	28.50	8.16	6.21	2.46	21.25	10.07	5.63	2.60	1.62	2.29
四　川	0.62	0.91		13.63	10.82		26.28	19.90		1.93	1.84	3.08
贵　州	1.34	0.33		4.51	11.20		11.91	22.00		2.64	1.96	
云　南	0.45	0.73		15.79	13.81		35.33	28.13		2.24	2.04	
西　藏	0.20	0.50	1.50	13.06	13.16	5.33	25.33	20.00	7.33	1.94	1.52	1.38
陕　西	0.85	1.09	1.00	12.82	12.84	10.75	31.33	27.87	16.00	2.44	2.17	1.49
甘　肃	0.34	0.51		13.81	9.36		29.00	16.89		2.10	1.80	
青　海	0.29	0.40		14.55	31.45		34.95	36.50		2.40	1.16	
宁　夏	0.41	0.38		8.78	10.50		76.89	59.33		8.76	5.65	
新　疆	0.58	0.33		16.87	11.60		22.71	22.68		1.35	1.96	

各地区使用《中国标准书号》各类图书的平均印数、平均印张、平均定价和平均印张定价(续表10)

J 艺 术

	平均印数(万册/种)			平均印张(印张/册)			平均定价(元/册)			平均印张定价(元/印张)		
	新出	重印	租型	新出	重印	租型	新出	重印	租型	新出	重印	租型
全国总计	0.63	0.95	1.16	9.58	8.35	8.76	40.53	19.85	16.32	4.23	2.38	1.86
中 央	0.60	0.75		15.27	10.57		54.60	27.07		3.57	2.56	
地 方	0.64	1.05	1.16	7.37	7.65	8.76	35.05	17.54	16.32	4.76	2.29	1.86
北 京	0.53	0.58		9.58	9.10		51.48	30.04		5.37	3.30	
天 津	0.50	0.41		5.57	7.84		47.84	37.38		8.59	4.77	
河 北	0.20	1.13	1.19	11.37	12.27	14.04	66.00	20.74	19.32	5.80	1.69	1.38
山 西	0.33	0.84		7.34	15.77		49.79	25.69		6.79	1.63	
内 蒙 古	0.37	0.25		14.73	10.90		66.86	24.00		4.54	2.20	
辽 宁	0.41	0.27		8.74	8.93		46.08	32.03		5.27	3.59	
吉 林	1.11	1.67	3.00	7.11	8.21	2.00	20.28	11.47	10.67	2.85	1.40	5.33
黑 龙 江	0.12	0.17		6.17	19.50		34.80	34.00		5.64	1.74	
上 海	0.50	1.27		8.66	7.08		43.86	14.23		5.06	2.01	
江 苏	0.89	1.57		5.61	6.41		27.86	15.98		4.96	2.49	
浙 江	0.35	0.60		10.51	6.94		77.46	18.43		7.37	2.66	
安 徽	0.39	0.67		12.54	9.15		70.09	22.42		5.59	2.45	
福 建	0.28	0.67		6.51	8.71		41.63	22.50		6.39	2.58	
江 西	1.08	2.66		4.77	5.20		23.40	16.25		4.91	3.13	
山 东	0.66	0.76		6.40	6.02		32.09	24.34		5.02	4.04	
河 南	0.35	0.66		10.58	7.75		64.29	19.09		6.08	2.46	
湖 北	0.68	0.52	1.05	9.09	9.19	5.12	28.24	26.17	14.50	3.11	2.85	2.83
湖 南	0.83	1.16		8.06	6.79		24.17	15.80		3.00	2.33	
广 东	0.74	0.50		8.14	12.86		50.27	27.75		6.17	2.16	
广 西	0.41	0.63		12.00	8.95		48.62	40.17		4.05	4.49	
海 南	0.52	1.00		8.39	5.05		42.09	25.00		5.02	4.95	
重 庆	0.41	0.43		12.64	14.02		35.24	33.01		2.79	2.35	
四 川	0.54	0.63		6.08	7.31		35.30	27.21		5.80	3.72	
贵 州	0.43	0.29		4.96	12.10		33.56	31.50		6.77	2.60	
云 南	0.19	0.25		16.81	10.60		144.92	31.00		8.62	2.92	
西 藏	0.40			6.65			17.00			2.56	1.39	
陕 西	0.54	0.94		7.75	46.74		48.16	37.50		6.21	0.80	
甘 肃	0.21	1.00		13.25	5.24		113.67	17.50		8.58	3.34	
青 海	0.32			9.87			90.67			9.19	2.09	
宁 夏	0.23	2.00		8.61	4.50		46.29	10.00		5.37	2.22	
新 疆	2.24	0.28		3.24	4.70		8.38	10.95		2.58	2.33	

各地区使用《中国标准书号》各类图书的平均印数、平均印张、平均定价和平均印张定价（续表11）

K 历史、地理

	平均印数(万册/种)			平均印张(印张/册)			平均定价(元/册)			平均印张定价(元/印张)		
	新出	重印	租型	新出	重印	租型	新出	重印	租型	新出	重印	租型
全国总计	0.63	1.09	0.38	12.99	9.93	11.63	48.07	22.10	47.33	3.70	2.23	4.07
中　　央	0.59	1.37	0.67	14.01	10.16	2.15	58.57	22.56	44.00	4.18	2.22	20.47
地　　方	0.66	0.87	0.40	12.22	9.64	15.30	40.20	21.54	27.00	3.29	2.23	1.76
北　　京	0.87	1.00		17.13	12.30		82.18	26.72		4.80	2.17	
天　　津	0.36	0.85		13.87	9.16		47.67	17.91		3.44	1.96	
河　　北	0.57	1.88	1.00	12.59	7.34	22.70	61.95	12.51	36.00	4.92	1.70	1.59
山　　西	0.40	0.85		17.73	9.35		53.55	22.21		3.02	2.37	
内 蒙 古	0.20	0.15		17.22	17.80		59.81	40.50		3.47	2.28	
辽　　宁	0.62	0.48		13.37	12.16		34.20	22.79		2.56	1.87	1.94
吉　　林	0.89	0.78		9.50	9.38		21.05	20.37		2.21	2.17	
黑 龙 江	0.65	1.44		13.80	4.18		32.18	16.63		2.33	3.98	2.29
上　　海	0.89	0.78		8.68	12.77		30.99	24.85		3.57	1.95	
江　　苏	0.65	1.04		14.51	9.89		45.79	23.15		3.16	2.34	
浙　　江	0.63	1.31		22.92	15.56		73.29	32.27		3.20	2.07	
安　　徽	0.69	0.50		11.58	13.52		46.33	27.80		4.00	2.06	
福　　建	0.63	0.78		8.45	8.82		30.83	21.21		3.65	2.40	
江　　西	0.60	0.50		13.62	31.36		33.85	27.20		2.48	0.87	
山　　东	0.57	0.43		8.87	12.09		38.99	27.65		4.40	2.29	
河　　南	0.86	0.76		8.98	13.73		33.14	25.69		3.69	1.87	3.08
湖　　北	0.59	0.52		10.86	10.59		34.13	33.04		3.14	3.12	
湖　　南	0.58	1.09		9.83	8.66		44.76	19.06		4.55	2.20	
广　　东	0.50	1.20		12.95	3.71		42.83	13.54		3.31	3.65	
广　　西	0.45	0.67		23.97	13.68		70.28	33.22		2.93	2.43	
海　　南	0.47	1.50		17.43	22.73		52.68	41.67		3.02	1.83	
重　　庆	0.57	0.64		14.13	6.53		44.92	20.56		3.18	3.15	
四　　川	0.57	1.15		9.41	3.80		37.53	11.10		3.99	2.92	
贵　　州	0.34	0.39		13.84	9.15		42.62	20.32		3.08	2.22	
云　　南	0.28	0.21		18.02	11.20		77.27	25.50		4.29	2.28	
西　　藏	0.39	0.22		7.92	14.15		19.89	23.00		2.51	1.63	
陕　　西	0.77	1.28		14.15	10.19		43.18	21.22		3.05	2.08	
甘　　肃	0.37	0.38		19.12	11.22		55.47	18.67		2.90	1.66	
青　　海	0.38			12.99			59.50			4.58	2.30	
宁　　夏	0.22	1.35		23.68	5.82		68.38	14.91		2.89	2.56	
新　　疆	0.52	0.21		15.05	9.47		36.75	18.33		2.44	1.94	

各地区使用《中国标准书号》各类图书的平均印数、平均印张、平均定价和平均印张定价(续表12)

N 自然科学总论

	平均印数(万册/种)			平均印张(印张/册)			平均定价(元/册)			平均印张定价(元/印张)		
	新出	重印	租型	新出	重印	租型	新出	重印	租型	新出	重印	租型
全国总计	0.71	1.14		9.32	9.67		27.88	18.98		2.99	1.96	
中　央	0.59	0.69		11.72	15.70		37.97	26.82		3.24	1.71	
地　方	0.74	1.43		8.73	7.84		25.40	16.61		2.91	2.12	
北　京	0.66	1.35		7.59	10.62		20.05	20.13		2.64	1.90	
天　津	0.33	0.25		10.23	8.60		28.00	14.00		2.74	1.63	
河　北	0.29	0.50		9.28	14.40		22.90	31.00		2.47	2.15	
山　西	0.50	0.50		42.30	6.35		128.00	12.50		3.03	1.97	
内蒙古	0.67			12.22			30.83			2.52		
辽　宁	0.43	1.00		13.90	9.28		24.33	29.25		1.75	3.15	
吉　林	1.30	1.28		12.41	9.36		24.91	18.89		2.01	2.02	
黑龙江	0.33			9.85			27.00			2.74		
上　海	0.72	1.63		8.80	8.50		17.89	21.11		2.03	2.48	
江　苏	0.33	0.29		14.08	8.30		38.75	20.50		2.75	2.47	
浙　江	0.53	0.50		11.68	13.47		35.11	26.67		3.01	1.98	
安　徽	0.36	0.33		11.40	22.60		28.25	40.00		2.48	1.77	
福　建										3.08	1.61	
江　西	0.33			14.20			29.67			2.09		
山　东	2.29	13.71		3.93	5.35		28.58	6.13		7.27	1.15	
河　南	0.33	0.33		12.20	9.90		23.00	21.00		1.89	2.12	
湖　北	0.57	1.75		8.35	6.77		25.50	8.86		3.05	1.31	
湖　南										5.61		
广　东	0.47	0.50		10.96	6.20		32.86	12.00		3.00	1.94	
广　西	0.67	1.14		6.40	9.17		13.00	43.63		2.03	4.76	
海　南	1.00			8.40			21.00			2.50		
重　庆											1.43	
四　川	0.43	0.17		7.10	9.20		15.67	23.67		2.21	2.57	
贵　州										1.92		
云　南										2.89		
西　藏											1.67	
陕　西	2.00	1.00		8.55	13.63		20.10	26.33		2.35	1.93	
甘　肃	0.82	0.28		10.47	4.66		24.93	9.60		2.38	2.06	
青　海										2.08		
宁　夏										3.64		
新　疆	0.50			9.80			23.00			2.35		

各地区使用《中国标准书号》各类图书的平均印数、平均印张、平均定价和平均印张定价(续表13)

O 数理科学、化学

	平均印数(万册/种)			平均印张(印张/册)			平均定价(元/册)			平均印张定价(元/印张)		
	新出	重印	租型	新出	重印	租型	新出	重印	租型	新出	重印	租型
全国总计	0.43	0.69		16.27	16.54		31.23	26.80		1.92	1.62	
中　央	0.43	0.71		16.55	18.01		35.16	29.00		2.12	1.61	
地　方	0.44	0.66		15.83	13.09		25.07	21.64		1.58	1.65	
北　京	0.84	2.19		7.35	10.39		22.19	17.59		3.02	1.69	
天　津	0.31	0.42		14.15	18.04		32.10	25.57		2.27	1.42	
河　北	5.00			4.42			7.64			1.73		
山　西	0.43			13.27			26.00			1.96		
内蒙古	0.15	0.71		9.30	10.85		17.50	20.80		1.88	1.92	
辽　宁	0.33	0.31		12.62	16.69		27.50	29.74		2.18	1.78	
吉　林	0.79	1.15		13.27	12.55		27.75	20.53		2.09	1.64	
黑龙江	0.24	0.38		51.31	12.02		30.20	16.93		0.59	1.41	
上　海	0.32	0.52		14.98	16.89		31.30	30.18		2.09	1.79	
江　苏	0.42	0.53		14.86	13.99		29.20	23.41		1.96	1.67	
浙　江	0.27	0.32		13.54	14.18		31.14	26.80		2.30	1.89	
安　徽	0.29	0.40		16.51	15.88		35.35	28.31		2.14	1.78	
福　建	0.20	0.38		17.85	21.93		32.50	31.00		1.82	1.41	
江　西	0.20	0.67		14.10	14.49		27.00	21.70		1.91	1.50	
山　东	0.79	1.31		11.22	10.13		15.67	11.50		1.40	1.14	
河　南	0.33	0.36		17.57	12.23		30.67	22.50		1.75	1.84	
湖　北	0.48	1.12		11.84	7.66		23.35	10.34		1.97	1.35	
湖　南	0.31	0.36		19.14	19.68		40.00	33.75		2.09	1.72	
广　东	0.37	0.38		15.53	9.54		32.57	18.10		2.10	1.90	
广　西	0.38	0.50		15.07	7.20		34.33	16.00		2.28	2.22	
海　南										3.82		
重　庆	0.54	0.28		13.69	16.54		28.29	28.29		2.07	1.71	
四　川	0.25	0.28		16.36	13.75		31.71	24.87		1.94	1.81	
贵　州					4.75			15.50			3.26	
云　南	0.13	0.14		15.90	12.10		36.00	21.00		2.26	1.74	
西　藏												
陕　西	0.35	1.02		14.41	17.45		33.29	34.40		2.31	1.97	
甘　肃	0.11	1.00		23.60	7.10		49.00	10.00		2.08	1.41	
青　海												
宁　夏										2.50		
新　疆												

各地区使用《中国标准书号》各类图书的平均印数、平均印张、平均定价和平均印张定价(续表14)

P 天文学、地球科学

	平均印数(万册/种)			平均印张(印张/册)			平均定价(元/册)			平均印张定价(元/印张)		
	新出	重印	租型	新出	重印	租型	新出	重印	租型	新出	重印	租型
全国总计	0.42	0.66		10.91	11.31		34.79	23.28		3.19	2.06	
中 央	0.31	0.47		12.70	14.10		45.94	27.27		3.62	1.93	
地 方	0.55	0.86		9.55	9.66		26.31	20.91		2.76	2.16	
北 京	0.91	1.69		7.00	8.61		20.23	17.38		2.89	2.02	
天 津	0.45	0.50		7.92	7.23		22.65	15.33		2.86	2.12	
河 北		1.08			8.45			15.62		2.31	1.85	
山 西												
内 蒙 古	0.45	2.67		11.52	8.81		28.20	19.75		2.45	2.24	
辽 宁	0.81	0.67		8.45	11.50		20.24	20.00		2.39	1.74	
吉 林	1.05	1.12		11.83	8.04		24.22	17.44		2.05	2.17	
黑 龙 江	0.45	0.50		9.54	17.00		24.33	25.00		2.55	1.47	
上 海	0.35	0.70		12.67	17.56		43.27	29.86		3.41	1.70	
江 苏	0.46	0.57		8.91	12.68		25.38	22.85		2.85	1.80	
浙 江	0.41	0.75		9.23	7.89		27.87	16.08		3.02	2.04	
安 徽	0.39	0.67		11.91	9.28		28.87	22.25		2.42	2.40	
福 建		0.33			2.60			8.00		1.67	3.08	
江 西	0.40	1.00		10.65	11.83		24.50	25.00		2.30	2.11	
山 东	0.31	0.60		13.30	11.13		40.80	25.67		3.07	2.31	
河 南	0.37	0.35		11.42	13.99		26.31	25.50		2.30	1.82	
湖 北	0.40	0.60		10.60	12.62		43.96	28.18		4.15	2.23	
湖 南	0.22			13.25			52.50			3.96	2.22	
广 东	0.41	0.25		10.53	3.10		35.57	13.00		3.38	4.19	
广 西	1.20			3.05			9.83			3.22	1.88	
海 南	1.40			14.31			24.86			1.74		
重 庆	1.00	0.29		3.90	16.45		22.00	32.00		5.64	1.95	
四 川	0.48	0.30		8.49	15.40		22.56	27.33		2.66	1.77	
贵 州	0.33	17.00		7.40	5.02		17.00	16.29		2.30	3.25	
云 南	1.08			3.65			8.31			2.28	2.64	
西 藏	1.00			7.10			13.00			1.83	1.67	
陕 西	0.50	1.17		7.03	10.41		31.33	31.67		4.45	3.04	
甘 肃	1.00			10.32			24.21			2.35	1.88	
青 海										2.00		
宁 夏	0.25			11.60			36.00			3.10		
新 疆	0.67			3.22			15.17			4.72	2.78	

各地区使用《中国标准书号》各类图书的平均印数、平均印张、平均定价和平均印张定价(续表15)

Q 生物科学

	平均印数(万册/种)			平均印张(印张/册)			平均定价(元/册)			平均印张定价(元/印张)		
	新出	重印	租型	新出	重印	租型	新出	重印	租型	新出	重印	租型
全国总计	0.63	0.75		9.42	13.81		27.52	25.45		2.92	1.84	
中 央	0.66	0.57		9.44	19.40		28.55	32.01		3.02	1.65	
地 方	0.60	1.03		9.39	8.84		26.21	19.63		2.79	2.22	
北 京	0.71	1.36		7.14	8.59		21.92	17.69		3.07	2.06	
天 津	0.46	0.44		8.52	10.00		23.62	15.25		2.77	1.53	
河 北	0.50	0.33		9.05	7.00		20.00	14.00		2.21	2.00	
山 西	0.33			10.25			43.00			4.20		
内 蒙 古	0.85	2.50		5.95	9.19		19.82	19.80		3.33	2.15	
辽 宁	0.75			6.84			29.92			4.37		
吉 林	1.29	1.16		10.96	8.54		22.43	18.10		2.05	2.12	
黑 龙 江	0.38			11.45			28.06			2.45		
上 海	0.47	0.67		10.96	8.04		28.78	17.60		2.63	2.19	
江 苏	0.60	0.51		6.78	13.09		23.33	25.00		3.44	1.91	
浙 江	0.36	0.62		11.80	10.02		35.00	21.77		2.97	2.17	
安 徽	0.43	0.60		10.53	9.57		24.87	21.67		2.36	2.26	
福 建		0.50			5.50			9.00		1.90	1.64	
江 西	0.79	2.60		9.07	12.48		23.47	24.51		2.59	1.96	
山 东	0.20	2.00		17.30	9.82		73.00	11.60		4.22	1.18	
河 南	0.21	0.20		12.60	12.60		36.00	25.00		2.86	1.98	
湖 北	0.46	0.24		11.14	13.73		34.90	26.25		3.13	1.91	
湖 南	0.67			14.75			26.50			1.80		
广 东	0.41	0.29		11.15	8.15		36.05	15.00		3.23	1.84	
广 西	0.33	0.50		7.90	6.90		29.00	23.00		3.67	3.33	
海 南	0.67	1.00		8.80	3.40		16.50	31.00		1.88	9.12	
重 庆	0.60	0.33		9.13	8.95		41.00	26.50		4.49	2.96	
四 川	0.78	0.55		6.74	7.03		18.74	14.91		2.78	2.12	
贵 州	0.33	14.67		6.90	4.96		22.00	16.07		3.19	3.24	
云 南	0.18			10.70			55.50			5.19	2.00	
西 藏												
陕 西	0.63	0.66		8.49	7.64		30.53	32.05		3.60	4.19	
甘 肃	0.20	0.33		8.20	6.90		31.00	12.00		3.78	1.74	
青 海	0.25			12.80			69.00			5.39		
宁 夏	0.50			8.80			37.00			4.20		
新 疆	0.71			7.44			25.20			3.39		

各地区使用《中国标准书号》各类图书的平均印数、平均印张、平均定价和平均印张定价(续表16)

R 医药、卫生

	平均印数(万册/种)			平均印张(印张/册)			平均定价(元/册)			平均印张定价(元/印张)		
	新出	重印	租型	新出	重印	租型	新出	重印	租型	新出	重印	租型
全国总计	0.64	1.33	1.20	14.45	9.64	10.35	36.57	18.62	23.67	2.53	1.93	2.29
中 央	0.63	0.94		16.44	15.54		42.76	27.79		2.60	1.79	
地 方	0.65	2.12	1.20	11.86	4.51	10.35	28.56	10.63	23.67	2.41	2.36	2.29
北 京	0.51	1.03		15.73	9.95		41.23	21.16		2.62	2.13	
天 津	0.22	0.29		17.79	12.46		44.37	28.14		2.49	2.26	
河 北	0.30	1.06		16.26	10.92		30.74	22.72		1.89	2.08	
山 西	0.29	0.44		16.97	11.02		30.00	18.97		1.77	1.72	
内 蒙 古	0.19	2.67		23.40	8.04		56.83	15.88		2.43	1.98	
辽 宁	0.44	0.44		13.09	11.40		37.40	27.59		2.86	2.42	
吉 林	0.41	0.73		18.37	11.88		34.57	22.75		1.88	1.92	
黑 龙 江	0.39	0.33		21.40	8.95		43.08	15.00		2.01	1.68	
上 海	1.96	0.44		8.18	15.58		17.22	31.99		2.11	2.05	
江 苏	0.66	0.62		13.36	13.33		36.96	29.61		2.77	2.22	
浙 江	0.50	22.45		13.02	1.28		35.56	4.47		2.73	3.50	1.72
安 徽	0.54	0.32		18.73	14.49		37.58	27.08		2.01	1.87	
福 建	0.78	0.75		12.80	6.59		32.83	17.64		2.56	2.68	
江 西	0.52	0.69		17.19	16.05		30.94	28.49		1.80	1.77	
山 东	1.30	1.20		10.37	17.94		37.76	28.50		3.64	1.59	
河 南	0.40	0.57		15.15	13.85		37.09	28.20		2.45	2.04	
湖 北	0.32	0.32	1.50	11.47	13.68	9.87	28.86	26.10	22.83	2.52	1.91	2.31
湖 南	0.52	2.03		15.17	7.89		31.29	14.19		2.06	1.80	
广 东	0.56	0.49		12.03	12.09		38.87	28.92		3.23	2.39	
广 西	0.86	0.84		10.05	11.26		35.35	27.19		3.52	2.41	
海 南	0.38	0.67		15.99	21.80		36.50	28.00		2.28	1.28	
重 庆	0.46	0.53		12.00	11.91		26.17	24.63		2.18	2.07	
四 川	0.37	0.54		14.84	9.59		34.84	19.40		2.35	2.02	
贵 州	0.28	4.00		12.08	6.03		37.25	18.25		3.08	3.03	
云 南	0.31	0.31		9.21	6.73		39.54	19.50		4.29	2.90	
西 藏	0.23	0.25		12.07	20.90		36.33	36.00		3.01	1.72	
陕 西	0.45	0.94		17.18	10.82		39.48	36.48		2.30	3.37	
甘 肃	0.15	0.26		16.22	5.80		40.38	11.44		2.49	1.97	
青 海	0.29			13.18			29.25			2.22		
宁 夏	0.22	0.50		13.23	7.10		30.00	21.00		2.27	2.96	
新 疆	0.21	0.36		11.10	13.04		30.00	23.60		2.70	1.81	

各地区使用《中国标准书号》各类图书的平均印数、平均印张、平均定价和平均印张定价(续表17)

S 农业科学

	平均印数(万册/种)			平均印张(印张/册)			平均定价(元/册)			平均印张定价(元/印张)		
	新出	重印	租型	新出	重印	租型	新出	重印	租型	新出	重印	租型
全国总计	0.42	0.90		10.41	8.13		31.70	15.15		3.05	1.86	
中　　央	0.41	0.85		11.40	9.65		34.55	16.95		3.03	1.76	
地　　方	0.44	0.96		8.80	6.66		27.10	13.43		3.08	2.02	
北　　京	0.55	1.13		9.29	9.98		24.45	20.44		2.63	2.05	
天　　津	0.23			7.18			23.11			3.22	3.00	
河　　北	0.29	0.82		12.86	7.39		50.38	12.87		3.92	1.74	
山　　西	0.11	0.70		15.20	8.60		36.00	18.16		2.37	2.11	
内 蒙 古	0.17	3.00		13.78	3.20		60.40	4.58		4.38	1.43	
辽　　宁	0.27	0.88		9.17	5.22		37.38	10.83		4.08	2.08	
吉　　林	0.36	0.83		13.27	6.10		40.08	12.62		3.02	2.07	
黑 龙 江	0.16	0.72		14.54	6.42		40.57	13.05		2.79	2.03	
上　　海	0.51	0.19		10.59	15.48		41.71	43.25		3.94	2.79	
江　　苏	0.55	1.29		7.36	4.49		22.72	7.61		3.09	1.69	
浙　　江	0.48	1.19		8.23	6.39		26.33	12.45		3.20	1.95	
安　　徽	0.38	0.41		12.18	9.25		30.60	20.93		2.51	2.26	
福　　建	0.53	0.43		8.38	6.45		21.88	14.20		2.61	2.20	
江　　西	0.43	8.00		8.86	12.21		19.92	22.63		2.25	1.85	
山　　东	0.30	0.98		10.86	5.92		22.86	15.19		2.10	2.56	
河　　南	0.63	1.97		8.05	7.10		23.81	14.35		2.96	2.02	
湖　　北	0.41	1.25		8.58	6.67		23.75	13.20		2.77	1.98	
湖　　南	0.75	2.95		11.97	10.05		22.89	13.17		1.91	1.31	
广　　东	0.40	0.71		8.18	5.30		26.32	13.00		3.22	2.45	
广　　西	0.93	0.46		4.91	6.65		25.61	28.00		5.21	4.21	
海　　南	0.20	0.26		17.60	5.72		41.00	12.70		2.33	2.22	
重　　庆	0.50	0.42		8.73	9.00		25.50	19.40		2.92	2.16	
四　　川	0.57	1.33		8.87	7.65		23.23	15.01		2.62	1.96	
贵　　州		0.56			4.83			12.44		3.80	2.58	
云　　南	0.16	0.36		10.13	5.20		50.29	11.62		4.96	2.23	
西　　藏		0.50			10.20			17.00			1.67	
陕　　西	0.75	0.71		7.41	6.08		22.82	13.94		3.08	2.29	
甘　　肃	0.17	0.37		19.08	6.40		50.00	13.06		2.62	2.04	
青　　海	0.13			22.40			141.00			6.29		
宁　　夏	0.21	1.00		14.37	3.13		38.33	15.25		2.67	4.88	
新　　疆	0.47	0.28		6.60	4.22		15.41	10.40		2.33	2.46	

各地区使用《中国标准书号》各类图书的平均印数、平均印张、平均定价和平均印张定价（续表18）

T　工业技术

	平均印数（万册/种）			平均印张（印张/册）			平均定价（元/册）			平均印张定价（元/印张）		
	新出	重印	租型	新出	重印	租型	新出	重印	租型	新出	重印	租型
全国总计	0.45	0.48	0.29	15.84	16.55	13.35	43.84	30.44	23.50	2.77	1.84	1.76
中　央	0.45	0.48	0.20	16.65	17.15	19.60	44.36	31.16	34.00	2.66	1.82	1.73
地　方	0.45	0.49	0.50	13.80	14.28	7.10	42.52	27.67	13.00	3.08	1.94	1.83
北　京	0.72	1.14		13.77	9.25		41.63	22.25		3.02	2.40	
天　津	0.30	0.51		15.13	19.40		51.42	39.07		3.40	2.01	
河　北	7.13	1.67		6.54	7.16		7.77	12.10		1.19	1.69	
山　西	0.22	0.83		28.20	14.25		89.75	28.20		3.18	1.98	
内蒙古	0.23	0.22		7.80	13.15		24.33	16.75		3.12	1.27	
辽　宁	0.42	0.34		12.84	14.28		51.23	34.75		3.99	2.43	
吉　林	0.83	0.72		16.83	10.01		29.79	22.47		1.77	2.24	
黑龙江	0.26	0.25		19.47	17.28		34.89	27.26		1.79	1.58	
上　海	0.38	0.43		15.13	16.16		48.39	33.40		3.20	2.07	
江　苏	0.42	0.55		13.48	15.79		56.91	27.96		4.22	1.77	
浙　江	0.41	0.38	0.50	12.16	13.96	7.10	38.68	31.07	13.00	3.18	2.22	1.83
安　徽	0.34	0.28		15.14	17.50		42.52	31.00		2.81	1.77	
福　建	0.42	0.73		11.87	13.79		55.93	23.51		4.71	1.70	
江　西	0.43	1.41		15.12	24.92		61.88	46.58		4.09	1.87	
山　东	1.39	1.40		10.51	10.41		24.81	16.68		2.36	1.60	
河　南	0.42	0.53		12.35	11.56		40.21	28.37		3.26	2.45	
湖　北	0.33	0.32		15.45	18.28		48.54	34.58		3.14	1.89	
湖　南	0.47	0.84		13.93	13.05		50.58	23.85		3.63	1.83	
广　东	0.46	0.37		12.86	13.56		46.26	26.50		3.60	1.95	
广　西	0.76	1.08		14.45	13.43		78.23	40.88		5.41	3.04	
海　南	0.59	1.57		14.32	24.39		59.30	33.82		4.14	1.39	
重　庆	0.35	0.31		13.08	13.41		30.30	23.60		2.32	1.76	
四　川	0.44	0.35		14.91	13.99		31.24	24.79		2.10	1.77	
贵　州	0.13	17.00		14.00	5.02		107.00	16.24		7.64	3.24	
云　南	0.33	0.50		12.65	12.44		75.23	29.92		5.95	2.41	
西　藏			0.50		2.00			8.00			4.00	
陕　西	0.37	0.40		15.81	17.65		34.14	28.95		2.16	1.64	
甘　肃	0.52	0.17		11.25	6.40		27.33	10.00		2.43	1.56	
青　海												
宁　夏	0.40	2.00		9.25	3.50		19.00	10.00		2.05	2.86	
新　疆	0.33	0.33		11.06	3.60		47.40	8.50		4.29	2.36	

各地区使用《中国标准书号》各类图书的平均印数、平均印张、平均定价和平均印张定价(续表19)

U 交通运输

	平均印数(万册/种)			平均印张(印张/册)			平均定价(元/册)			平均印张定价(元/印张)		
	新出	重印	租型	新出	重印	租型	新出	重印	租型	新出	重印	租型
全国总计	0.46	0.77		14.42	13.12		39.47	30.37		2.74	2.32	
中　　央	0.41	0.82		14.80	13.40		42.48	31.59		2.87	2.36	
地　　方	0.62	0.56		13.59	11.42		32.96	23.04		2.43	2.02	
北　京	0.58	1.17		11.74	3.23		36.29	13.71		3.09	4.25	
天　津	0.30	0.40		8.80	13.70		25.67	26.50		2.92	1.93	
河　北												
山　西	0.50			7.40			30.00			4.05	2.50	
内蒙古	0.50			4.30			17.00			3.95		
辽　宁	0.32	0.35		22.31	15.90		63.89	35.15		2.86	2.21	
吉　林	1.13	0.91		13.82	8.12		27.44	19.50		1.99	2.40	
黑龙江	0.19	0.28		17.73	15.10		42.75	28.15		2.41	1.86	
上　海	0.27	0.43		20.77	15.88		52.52	26.38		2.53	1.66	
江　苏	0.25	0.82		13.94	8.07		46.67	17.78		3.35	2.20	
浙　江	7.60	8.38		2.37	6.88		7.65	13.34		3.22	1.94	
安　徽	0.31	0.67		15.60	8.75		40.00	15.25		2.56	1.74	
福　建											1.76	
江　西										5.09		
山　东	4.86	0.60		34.57	18.00		57.94	42.00		1.68	2.33	
河　南	0.40	0.60		15.65	12.65		57.25	20.67		3.66	1.63	
湖　北	0.31	0.25		14.02	18.50		43.40	28.00		3.10	1.51	
湖　南	0.14	1.67		27.20	10.60		59.00	19.40		2.17	1.83	
广　东	0.36	0.38		12.20	9.50		35.40	20.67		2.90	2.18	
广　西												
海　南										2.31		
重　庆	0.27	0.20		15.68	16.76		31.25	28.60		1.99	1.71	
四　川	0.51	0.25		15.85	15.25		25.50	26.47		1.61	1.74	
贵　州		4.00			4.75			15.25			3.21	
云　南	0.14	0.50		25.70	23.80		192.00	39.00		7.47	1.64	
西　藏												
陕　西	0.64	0.61		8.76	12.44		29.11	27.36		3.32	2.20	
甘　肃										3.61		
青　海												
宁　夏										5.13		
新　疆										4.03		

各地区使用《中国标准书号》各类图书的平均印数、平均印张、平均定价和平均印张定价（续表20）

V 航空、航天

	平均印数(万册/种)			平均印张(印张/册)			平均定价(元/册)			平均印张定价(元/印张)		
	新出	重印	租型	新出	重印	租型	新出	重印	租型	新出	重印	租型
全国总计	0.41	0.49		13.10	11.93		41.55	26.74		3.17	2.24	
中　　央	0.32	0.42		14.84	14.59		56.06	31.94		3.78	2.19	
地　　方	0.58	0.59		11.27	9.34		26.34	21.68		2.34	2.32	
北　京	0.86	2.00		8.12	4.38		17.67	13.50		2.18	3.08	
天　津	0.43			11.10			27.67			2.49		
河　北										1.43		
山　西												
内蒙古	1.00			6.90			20.00			2.90		
辽　宁												
吉　林	0.91	1.00		9.81	8.28		21.50	19.62		2.19	2.37	
黑龙江										1.54		
上　海	0.31	0.20		15.43	16.60		48.00	55.00		3.11	3.31	
江　苏		0.33			17.20			34.00			1.98	
浙　江	1.00			12.30			28.00			2.28		
安　徽	0.52			9.93			19.82			2.00	2.50	
福　建												
江　西	0.43	1.00		10.63	13.00		25.67	25.00		2.41	1.92	
山　东											1.82	
河　南		1.00			0.90			5.00		1.82	5.56	
湖　北	0.50			8.05			24.00			2.98	3.33	
湖　南												
广　东	0.50	0.50		11.10	8.95		42.00	17.50		3.78	1.96	
广　西												
海　南												
重　庆												
四　川	0.60	0.23		21.07	11.67		31.67	19.33		1.50	1.66	
贵　州					4.75			15.25			3.21	
云　南	1.00			9.90			20.00			2.02		
西　藏										1.72		
陕　西	0.50	0.21		12.64	19.37		34.38	41.33		2.72	2.13	
甘　肃	1.33			10.11			23.75			2.35	2.67	
青　海												
宁　夏												
新　疆												

各地区使用《中国标准书号》各类图书的平均印数、平均印张、平均定价和平均印张定价(续表21)

X 环境科学

	平均印数(万册/种)			平均印张(印张/册)			平均定价(元/册)			平均印张定价(元/印张)		
	新出	重印	租型	新出	重印	租型	新出	重印	租型	新出	重印	租型
全国总计	0.41	0.74	1.09	11.62	10.34	10.93	33.90	21.54	54.50	2.92	2.08	4.98
中 央	0.35	0.64		13.80	12.15		41.53	25.55		3.01	2.10	
地 方	0.54	1.06	1.09	8.76	6.66	10.93	23.87	13.38	54.50	2.72	2.01	4.98
北 京	0.77	0.57		8.29	10.05		29.59	19.50		3.57	1.94	
天 津	0.25	0.67		10.77	19.40		29.33	41.00		2.72	2.11	
河 北	0.17			18.90			41.00			2.17		
山 西										2.38		
内 蒙 古	0.67	2.00		8.15	8.70		19.50	13.50		2.39	1.55	
辽 宁	0.24	0.43		9.30	7.20		23.14	13.33		2.49	1.85	
吉 林	0.75	2.27		12.76	7.00		26.50	11.65		2.08	1.66	
黑 龙 江	0.19			17.38			35.50			2.04	1.26	
上 海	0.43			9.95			28.50			2.86	1.60	
江 苏	0.24	1.07		15.68	4.81		33.22	12.50		2.12	2.60	
浙 江	1.50	0.31		5.86	11.70		18.04	28.25		3.08	2.41	
安 徽	0.43	7.40		9.09	3.71		19.38	8.95		2.13	2.41	
福 建										2.08		
江 西	0.50	1.00		6.24	7.20		17.63	9.00		2.83	1.25	
山 东	0.17	0.25		18.30	13.10		67.00	24.00		3.66	1.83	
河 南	0.24	0.83		13.23	8.86		37.75	21.60		2.85	2.44	
湖 北	0.36	0.15	1.09	11.12	17.25	10.93	22.89	29.50	54.50	2.06	1.71	4.98
湖 南	0.20			16.40			45.00			2.74		
广 东	1.37	1.00		6.44	4.33		14.08	7.50		2.19	1.73	
广 西	0.20	0.50		9.20	18.10		26.00	31.00		2.83	1.71	
海 南	0.67			7.80			20.50			2.63		
重 庆	0.20			8.10			22.00			2.72		
四 川	0.83	0.33		4.39	6.70		13.93	13.00		3.17	1.94	
贵 州	1.00	1.00		15.02	2.60		15.00	7.00		1.00	2.69	
云 南	0.07	0.20		24.00	5.80		153.00	10.00		6.38	1.72	
西 藏										2.00		
陕 西	0.50			10.21			31.67			3.10	1.69	
甘 肃	0.20			16.80			109.00			6.49	2.00	
青 海	0.25			18.50			44.00			2.38		
宁 夏	2.75			6.30			32.55			5.17		
新 疆	0.45			5.74			16.60			2.89	2.14	

各地区使用《中国标准书号》各类图书的平均印数、平均印张、平均定价和平均印张定价(续表22)

Z 综合性图书

	平均印数(万册/种)			平均印张(印张/册)			平均定价(元/册)			平均印张定价(元/印张)		
	新出	重印	租型	新出	重印	租型	新出	重印	租型	新出	重印	租型
全国总计	0.61	1.04	1.00	11.66	11.52	7.48	46.85	26.25	78.50	4.02	2.28	10.50
中　　央	0.61	1.45		14.37	13.30		70.09	32.20		4.88	2.42	
地　　方	0.61	0.88	1.00	10.83	10.38	7.48	39.68	22.44	78.50	3.66	2.16	10.50
北　　京	0.80	0.47		9.43	12.33		29.70	22.11		3.15	1.79	
天　　津	0.33			12.48			33.60			2.69		
河　　北	1.54	0.93	0.67	4.19	3.90	6.95	15.85	8.19	141.00	3.78	2.10	20.29
山　　西	0.20	0.25		15.90	14.60		70.00	27.00		4.40	1.85	
内 蒙 古	0.18	0.33		13.31	34.50		34.14	61.00		2.56	1.77	
辽　　宁	0.55	3.71		11.11	8.37		25.90	12.47		2.33	1.49	
吉　　林	0.87	0.41		11.45	11.71		31.63	26.16		2.76	2.23	
黑 龙 江	0.36	0.50		13.54	13.80		29.45	40.00		2.18	2.90	
上　　海	0.40	1.78		22.19	14.27		99.57	32.28		4.49	2.26	
江　　苏	0.33	0.67		36.45	9.74		154.29	29.20		4.23	3.00	
浙　　江	0.87	1.31		9.14	11.85		29.07	22.30		3.18	1.88	
安　　徽	0.94	1.42		5.78	5.66		10.84	12.06		1.87	2.13	
福　　建	0.30			38.17			188.00			4.93		
江　　西	0.79	2.93		12.93	12.54		27.87	25.12		2.15	2.00	
山　　东	1.36	0.47		9.10	11.65		43.51	31.21		4.78	2.68	
河　　南	0.28	0.75		18.45	13.76		81.41	24.41		4.41	1.77	
湖　　北	0.39	0.43	2.00	10.43	15.03	8.00	30.21	44.20	16.00	2.90	2.94	2.00
湖　　南	0.40	1.00		7.60	3.73		39.00	9.25		5.13	2.48	
广　　东	0.68			6.40			26.73			4.18		
广　　西	0.37	0.87		8.44	3.05		67.68	16.08		8.02	5.28	
海　　南	0.08	2.00		34.30	11.75		258.00	20.00		7.52	1.70	
重　　庆	1.00			7.00			15.00			2.14	1.95	
四　　川	0.47	0.60		10.08	9.59		46.25	24.25		4.59	2.53	
贵　　州	0.13			26.93			77.67			2.88		
云　　南	0.20	0.75		21.11	19.28		104.00	31.58		4.93	1.64	
西　　藏		0.46			6.35			10.17			1.60	
陕　　西	0.68	2.00		21.26	9.68		59.63	22.75		2.80	2.35	
甘　　肃	0.40	0.31		18.25	8.18		47.33	17.00		2.59	2.08	
青　　海										7.76		
宁　　夏	0.08			44.60			298.00			6.68		
新　　疆	0.17	1.00		17.00	1.90		88.75	7.00		5.22	3.68	

各类课本的平均印数、平均印张和平均定价

	平均印数（万册/种）			平均印张（印张/册）			平均定价（元/册）			平均印张定价（元/印张）		
	新出	重印	租型	新出	重印	租型	新出	重印	租型	新出	重印	租型
课 本 合 计	1.34	3.03	15.83	9.43	8.11	7.03	17.35	11.26	7.01	1.84	1.39	1.00
(1)大专及大专以上课本	0.48	0.74	0.27	16.85	17.63	19.12	33.38	29.62	33.17	1.98	1.68	1.73
(2)中专、技校课本	0.69	1.40		13.09	12.73		25.47	20.45		1.95	1.61	
(3)中学课本	8.89	11.64	15.70	6.44	6.96	8.05	7.78	7.62	7.84	1.21	1.09	0.97
(4)小学课本	8.66	12.14	16.84	4.97	4.79	5.42	6.72	5.63	5.69	1.35	1.17	1.05
(5)业余教育课本	0.74	0.85		15.72	16.04		36.76	33.55		2.34	2.09	
(6)扫盲课本	3.00	0.50		7.40	8.20		10.67	11.00		1.44	1.34	
(7)教学用书	1.58	1.22	0.43	7.73	8.67	15.00	25.59	17.39	29.09	3.31	2.01	1.94

少数民族文字图书出版数量与去年相比增减百分比

	图书总计				使用《中国标准书号》部分							
					书籍				课本			
	种数		印数	印张	种数		印数	印张	种数		印数	印张
	合计	新出			合计	新出			合计	新出		
全国总计	-1.68	-1.25	-8.91	-3.95	1.18	0.71	15.57	6.78	-5.68	-9.25	-22.62	-12.19
中 央	-21.78	-12.82	-40.72	-22.14	-20.97	-10.42	-43.11	-26.07	400.00			4963.33
地 方	0.27	0.63	-7.38	-2.55	4.92	2.85	24.20	13.29	-5.79	-9.27	-22.79	-12.68

续表

	不使用《中国标准书号》部分—图片合计			
	种数		印数	印张
	合计	新出		
全国总计	-66.67	-81.82	-88.10	-74.89
中 央				
地 方	-11.11	-42.86	150.00	111.11

少数民族文字

	图 书 总 计				使用《中国标 书 籍			
	种数(种)		印数（万册、张）	印张（千印张）	种数(种)		印数（万册、张）	印张（千印张）
	合计	新出			合计	新出		
全国合计	9119	3629	6659	517390	5652	3113	3013	248893
中央合计	643	449	198	30011	637	447	190	28475
中央民族大学出版社	4	3		84	3	3		70
中国农业出版社	8	8	5	429	8	8	5	429
华龄出版社	2	2	3	346	2	2	3	346
中国藏学出版社	10	10	2	339	10	10	2	339
北京大学出版社	1			12				
宗教文化出版社	1	1	3	273	1	1	3	273
民族出版社	615	425	179	28236	613	423	176	27017
中国人口出版社	2		6	292				
地方	8476	3180	6461	487379	5015	2666	2823	220418
吉林	856	303	247	20059	611	284	167	13136
青海	342	110	351	26782	116	82	64	6566
甘肃	126	126	32	4101	125	125	32	4086
四川	246	56	189	12831	106	46	45	4304
北京	1	1	5	428	1	1	5	428
西藏	405	142	491	41785	266	131	204	22562
内蒙古	1478	559	1177	89093	746	429	361	28362
黑龙江	79	31	10	1984	74	30	8	1622
广西	109	100	21	1524	89	80	14	996
云南	150	150	44	4125	95	95	25	2327
新疆	4520	1474	3837	280573	2648	1251	1855	133050
辽宁	146	110	54	3638	123	97	41	2618
贵州	18	18	3	456	15	15	2	363

注：本年出版少数民族文字图书的文种有：德宏傣文、傈僳文、拉祜文、规范彝文、纳西文、景颇文、哈尼文、蒙古文、载佤文、

图书出版数量

《中国标准书号》部分				不使用《中国标准书号》部分 图片合计				附：活页文选、影印书等用纸	
种数（种）		印数（万册、张）	印张（千印张）	种数（种）		印数（万册、张）	印张（千印张）	印数（万册、张）	印张（千印张）
合计	新出			合计	新出				
3457	510	3639	268342	8	4	5	114	2	41
5	1	8	1519						17
1			14						
1			12						
1	1	2	1201						17
2		6	292						
3452	509	3631	266823	8	4	5	114	2	24
245	19	80	6923						
226	28	287	20216						
1	1		15						
140	10	145	8527						
139	11	288	19223						
732	130	814	60690			2	42		
5	1	2	361						
20	20	7	528						
52	52	18	1762	2	2		11	2	24
1870	221	1977	147489	2	2	1	34		
19	13	12	994	4		2	27		
3	3	1	94						

佤文、壮文、维吾尔文、瑶文、布依文、锡伯文、藏文、西双版纳文、苗文、满文、哈萨克文、柯尔克孜文、朝鲜文等23种。

二、期刊出版

全国各地区各类期刊出版的

	合计					种数（种）
	种数（种）	平均期印数（万册）	总印数（万册）	总印张（千印张）	总金额（万元）	
全国总计	9867	16767.43	334798	19601005	2526846	370
中　　央	2894	5746.11	99409	7395718	988711	68
地　　方	6973	11021.32	235390	12205287	1538135	302
北　　京	170	194.37	3733	272179	38000	2
天　　津	251	251.83	3802	193212	27888	3
河　　北	229	247.55	5353	243490	30990	9
山　　西	198	182.11	3733	236566	33453	3
内 蒙 古	148	127.38	2939	139658	15714	3
辽　　宁	320	550.96	9840	417155	55361	6
吉　　林	240	390.48	11303	511785	64589	3
黑 龙 江	315	290.56	5640	295745	39101	8
上　　海	635	937.98	17632	967317	121781	15
江　　苏	467	488.14	12559	478365	75790	21
浙　　江	222	538.67	8312	429265	64734	22
安　　徽	186	404.83	6172	256574	46008	23
福　　建	176	201.72	3660	162052	22482	8
江　　西	161	269.06	7217	233298	29406	6
山　　东	269	485.28	11476	600819	73159	19
河　　南	246	405.30	9566	441153	55733	21
湖　　北	422	1279.55	34141	1865793	186261	20
湖　　南	248	557.07	12449	549072	69218	14
广　　东	389	862.82	18572	1121048	159311	28
广　　西	186	193.47	4517	179985	28304	13
海　　南	43	48.85	803	60541	8443	2
重　　庆	137	265.55	5450	349719	41066	4
四　　川	348	470.46	9066	652364	66496	15
贵　　州	88	86.41	1485	70619	9979	6
云　　南	127	222.34	3890	240777	30134	6
西　　藏	35	15.67	186	10863	1602	1
陕　　西	283	334.19	6708	452606	61594	5
甘　　肃	134	507.02	11420	491464	49458	6
青　　海	53	30.51	421	26591	4000	
宁　　夏	37	62.53	1833	177538	18471	1
新　　疆	210	118.64	1512	77673	9610	9

注：含高校学报、公报、政报、年鉴1560种，平均期印数356万册，总印数4349万册，总印张396963千印张。

种数、印数、总印张、总金额

综 合				哲学、社会科学				
平 均 期印数 （万册）	总印数 （万册）	总印张 （千印张）	总金额 （万元）	种数 （种）	平 均 期印数 （万册）	总印数 （万册）	总印张 （千印张）	总金额 （万元）
1218.22	25487	1322523	164190	2559	7319.21	144317	7480547	1014147
167.05	3992	319159	58056	858	3414.56	60536	3170260	466402
1051.17	21495	1003364	106135	1701	3904.65	83780	4310287	547745
0.40	1	198	91	48	69.14	1430	111975	12674
1.30	15	866	146	46	65.70	968	43827	5806
2.69	27	1662	379	59	117.77	2388	111170	12047
0.92	27	2049	401	52	63.33	1124	62813	9881
1.35	15	979	204	52	64.87	923	35080	4710
8.53	127	11612	1275	70	293.58	6098	234833	30019
8.15	193	12970	1743	63	109.37	3252	147120	21796
2.83	27	3800	570	78	138.88	2737	143104	17398
39.68	1339	66276	6397	138	256.33	5476	320465	39884
6.09	107	6891	1864	100	175.75	4628	160140	26819
3.54	21	1483	291	46	119.26	2217	131634	24247
2.76	13	1353	302	36	70.93	1139	54161	8051
2.58	27	1235	274	55	119.87	1825	80966	11498
3.33	98	6404	664	43	69.74	1351	48177	6464
11.30	322	16598	2656	72	270.17	5402	343355	41289
2.89	16	1831	218	66	181.85	4209	219300	25614
458.99	7987	371097	34279	98	354.83	11957	520405	57915
1.77	10	1147	204	54	134.38	2866	119277	15345
34.49	593	46007	7124	101	361.77	8547	471559	62656
10.10	343	16259	2070	52	65.22	1316	54736	8271
3.60	40	5306	803	12	18.54	255	15627	2428
1.48	12	903	340	34	158.76	2461	177940	17881
31.36	734	27264	4769	70	156.29	2580	148157	19715
2.79	22	1566	353	25	53.92	891	49241	6887
1.24	21	1166	328	37	107.67	1398	123298	14678
0.28	1	55	3	12	7.94	82	3927	467
1.88	13	1147	290	54	115.38	2246	127407	16359
397.00	9258	389693	37685	35	68.33	1365	53936	5330
				18	8.53	145	5854	923
0.64	8	668	154	14	45.40	1489	146088	14600
7.22	79	4878	257	61	61.18	1013	44717	6090

全国各地区各类期刊出版的

	自然科学、技术						
	种数（种）	平均期印数（万册）	总印数（万册）	总印张（千印张）	总金额（万元）	种数（种）	平均期印数（万册）
全国总计	4953	3239.94	48567	3794308	520736	1350	3394.63
中　　央	1503	1290.29	18155	1942696	256327	338	694.11
地　　方	3450	1949.65	30412	1851612	264409	1012	2700.52
北　　京	77	44.79	614	49277	7472	31	67.32
天　　津	148	72.65	835	55004	9330	37	54.12
河　　北	112	57.35	842	60155	10043	35	55.67
山　　西	91	55.48	830	63631	8375	32	32.27
内 蒙 古	52	12.55	160	10592	1244	19	12.92
辽　　宁	183	113.56	1334	75186	12367	44	108.74
吉　　林	105	32.98	510	40332	5739	42	60.21
黑 龙 江	160	48.12	679	38355	5331	49	78.23
上　　海	368	247.30	3094	260517	34566	77	113.84
江　　苏	263	142.10	2732	107308	17736	55	132.43
浙　　江	106	71.65	654	33478	5406	32	303.73
安　　徽	89	58.49	691	41445	5540	26	245.00
福　　建	71	20.32	179	12878	1964	29	32.20
江　　西	70	31.62	604	27066	3377	33	155.30
山　　东	131	68.31	1466	70892	8991	32	98.80
河　　南	115	62.92	1392	69765	9267	24	94.75
湖　　北	213	79.23	996	74582	12552	62	132.00
湖　　南	126	112.75	1583	77312	11237	39	277.54
广　　东	183	274.06	5865	296017	40135	46	129.35
广　　西	75	37.33	564	26532	4313	32	73.20
海　　南	15	9.20	174	11801	1545	11	14.06
重　　庆	80	40.37	883	74820	9707	16	59.36
四　　川	203	92.74	1160	125363	15505	41	169.40
贵　　州	33	7.17	65	4524	638	16	14.52
云　　南	51	23.81	356	17797	2561	19	23.09
西　　藏	4	0.37	1	58	7	13	6.29
陕　　西	172	91.41	1766	100370	15537	38	100.40
甘　　肃	67	16.62	194	15113	2154	20	23.69
青　　海	18	1.99	10	610	87	9	4.26
宁　　夏	11	3.35	34	2517	505	7	11.54
新　　疆	58	19.08	141	8314	1178	46	16.28

种数、印数、总印张、总金额(续表1)

文化、教育			文学、艺术				
总印数 (万册)	总印张 (千印张)	总金额 (万元)	种数 (种)	平 均 期印数 (万册)	总印数 (万册)	总印张 (千印张)	总金额 (万元)
76041	4695214	558806	635	1595.44	40386	2308413	268967
13237	1721667	167992	127	180.11	3488	241935	39934
62804	2973547	390814	508	1415.33	36898	2066478	229033
1369	92145	15697	12	12.73	320	18585	2066
1254	46048	7383	17	58.07	730	47466	5223
1803	55337	6385	14	14.08	293	15166	2136
988	62900	7995	20	30.10	763	45173	6800
418	20382	2113	22	35.70	1424	72626	7444
1493	53315	7159	17	26.56	788	42209	4541
1360	55194	7898	27	179.77	5987	256170	27414
1895	96179	13520	20	22.50	301	14307	2282
1754	104552	16956	37	280.84	5968	215507	23978
4465	168237	24074	28	31.78	627	35790	5296
4695	204424	29621	16	40.49	725	58245	5168
3892	116744	16370	12	27.65	438	42871	15744
941	36532	4762	13	26.76	688	30441	3985
4939	142461	18060	9	9.07	226	9191	841
3129	136527	15444	15	36.70	1156	33447	4778
2263	82074	9885	20	62.89	1686	68184	10749
3459	165697	18921	29	254.49	9741	734012	62594
7380	324555	39366	15	30.63	611	26781	3065
2331	199532	37683	31	63.16	1236	107933	11713
2204	76895	12726	14	7.63	90	5563	925
299	23948	3084	3	3.45	36	3860	584
1970	92729	12674	3	5.58	123	3328	464
4071	299632	20745	19	20.67	521	51948	5762
417	9448	1162	8	8.01	89	5840	938
648	30211	4915	14	66.53	1467	68305	7652
98	6590	1104	5	0.80	4	233	20
2176	200122	26501	14	25.12	507	23560	2906
589	31507	4155	6	1.37	14	1215	133
67	6176	600	8	15.73	199	13952	2390
285	26760	3083	4	1.60	17	1505	128
152	6698	774	36	14.88	126	13067	1311

全国各地区少儿期刊、画刊出版的种数、印数、总印张、总金额

	少儿期刊					画刊				
	种数（种）	平均期印数（万册）	总印数（万册）	总印张（千印张）	总金额（万元）	种数（种）	平均期印数（万册）	总印数（万册）	总印张（千印张）	总金额（万元）
全国总计	142	1497.14	39432	1054925	187275	60	90.79	2006	169724	22348
中 央	26	373.43	9642	264633	56213	17	41.82	957	89764	9034
地 方	116	1123.71	29790	790292	131062	43	48.98	1049	79960	13314
北 京	2	6.25	75	2377	429					
天 津	7	14.85	291	7831	1713	1	0.96	6	404	114
河 北	3	22.18	797	13839	2481	2	2.00	24	1360	330
山 西	3	2.93	91	3279	612	1	0.72	26	1928	389
内 蒙 古	2	23.56	1161	56532	5849	1	0.25	2	60	12
辽 宁	5	57.63	954	26708	5076					
吉 林	8	15.41	460	13270	2258	3	2.92	100	4464	938
黑 龙 江	5	18.90	571	21887	3354	2	1.50	8	465	130
上 海	21	87.15	1629	56681	10357	4	7.91	194	14281	1818
江 苏	9	75.25	2599	63516	15022	1	0.42	18	606	210
浙 江	6	122.33	1725	43099	9450	3	2.95	83	2339	464
安 徽	4	166.00	2052	32820	6391					
福 建	2	5.00	132	3358	738	1	0.50	6	298	72
江 西	7	118.35	4216	88292	10842	3	1.00	24	2040	360
山 东	4	33.33	1379	29573	4267	2	2.00	55	3993	624
河 南	3	23.00	576	17441	4320					
湖 北	4	107.41	3682	114027	16383	1	1.00	36	2399	540
湖 南	5	128.54	4353	110645	15597	2	6.00	72	4129	1080
广 东	2	13.83	486	7409	1485	4	9.80	277	33000	4673
广 西	2	6.22	224	3976	1362	2	1.10	13	804	245
海 南										
重 庆	1	5.50	198	7370	1189					
四 川	3	15.64	403	8327	1359	2	2.95	47	3712	475
贵 州						1	1.40	17	820	168
云 南						1	0.70	17	833	252
西 藏	1	1.25	30	900	210					
陕 西	3	45.24	1562	52986	9788	2	1.65	14	1178	260
甘 肃	1	0.15	2	102	27	1				
青 海	1	2.00	72	2268	360					
宁 夏						1	0.64	8	668	154
新 疆	2	5.80	70	1779	142	2	0.60	4	179	6

各类期刊占期刊出版总数的百分比

	种　数	总　印　数	总　印　张	总　金　额
综　　　合	3.75	7.61	6.75	6.50
哲学、社会科学	25.93	43.11	38.16	40.13
自然科学、技术	50.20	14.51	19.36	20.61
文 化、教 育	13.68	22.71	23.95	22.11
文 学、艺 术	6.44	12.06	11.78	10.64
少 儿 期 刊	1.44	11.78	5.38	7.41
画　　　刊	0.61	0.60	0.87	0.88
动 漫 期 刊	0.27	3.26	3.78	2.38

平均期印数在 25 万册以上的期刊

期 刊 名 称	刊 期	平 均 期 印 数（册）
中　央		
时事报告（大学生版）	半年刊	2800000
求是	半月刊	1380000
时事（《时事报告》中学生版）	月刊	1250000
半月谈	半月刊	1249775
中共中央办公厅通讯	月刊	1200000
青年文摘	半月刊	1184500
特别文摘	半月刊	1074667
心理月刊	月刊	860000
中国税务	月刊	848600
人生	月刊	650000
党建	月刊	621166
幼儿画报	旬刊	607239
中国监察	半月刊	600000
时事报告（职教版）	半年刊	530000
长安	月刊	528300
党建研究	月刊	478000
保密工作	月刊	465000
嘉人	半月刊	463000
党风廉政建设	月刊	412176
中国国家地理	月刊	411417
时事报告	月刊	370000
风尚志	旬刊	370000
商业周刊（中文版）	半月刊	363000
中国民航	月刊	350000
我们爱科学	旬刊	340699
昕薇	月刊	319470
半月谈内部版	月刊	316608
财经	旬刊	305000
学习活页文选	旬刊	300000
儿童文学	旬刊	289086

平均期印数在25万册以上的期刊(续表1)

期 刊 名 称	刊 期	平 均 期 印 数（册）
党建研究内参	月刊	273000
半月选读	半月刊	270000
时事资料手册	双月刊	258850
中国火炬	月刊	250000
天津		
小说月报	月刊	269479
河北		
共产党员	半月刊	380000
老人世界	月刊	342000
辽宁		
共产党员	半月刊	700000
党建文汇	半月刊	514826
老同志之友	半月刊	350000
新少年	月刊	321562
小学生优秀作文	月刊	287119
吉林		
意林	旬刊	1150000
演讲与口才	旬刊	410000
黑龙江		
党的生活	月刊	460000
格言	半月刊	360939
上海		
故事会	半月刊	1843333
上海故事	月刊	295014
江苏		
七彩语文	旬刊	422853
浙江		
小学生时代	月刊	1039067
中学生天地	月刊	962000
浙江共产党员	月刊	325500
幼儿教育	月刊	263225
安徽		

平均期印数在25万册以上的期刊(续表2)

期　刊　名　称	刊　期	平　均　期　印　数（册）
小学生导读	月刊	820000
初中生必读	月刊	710000
江淮	月刊	327000
红蜻蜓	月刊	260000
福建		
福建支部生活	月刊	317500
江西		
小学生之友	旬刊	640000
初中生之友	旬刊	300000
山东		
37°女人	月刊	700000
支部生活	月刊	520000
读报参考	旬刊	300000
爱格	旬刊	300000
河南		
老人春秋	半月刊	330000
招生考试之友	半月刊	322000
党的生活	月刊	282700
妇女生活	半月刊	275000
中学生阅读（初中版）	半月刊	273391
湖北		
特别关注	月刊	3529756
知音	周刊	1583333
知音漫客	周刊	1236555
小学生天地	旬刊	680000
新传奇	旬刊	349271
前卫	旬刊	343300
情感读本	旬刊	340000
最小说	旬刊	252000
湖南		
小学生导刊	旬刊	720400
第二课堂	月刊	412275

平均期印数在 25 万册以上的期刊(续表3)

期　刊　名　称	刊　期	平　均　期　印　数（册）
初中生	旬刊	339600
湖南农业	月刊	298500
新湘评论	半月刊	266500
广东		
家庭医生	半月刊	1100000
人之初	半月刊	782000
南方	其他	570890
家庭	旬刊	503799
佛山文艺	月刊	280000
南方航空	月刊	280000
广西		
当代广西	半月刊	329000
重庆		
党员文摘	月刊	696166
当代党员	月刊	323090
四川		
都市丽人	月刊	650000
女刊	旬刊	450000
四川党的建设（农村版）	月刊	359200
云南		
漫画派对	半月刊	620000
党的生活	月刊	430000
女性大世界	月刊	300000
陕西		
小哥白尼	旬刊	306708
当代陕西	月刊	290000
甘肃		
读者	半月刊	3695122
党的建设	月刊	305000
宁夏		
看天下	旬刊	312750

主要刊期的期刊出版数量

	月刊					双月刊					季刊				
	种数（种）	平均期印数（万册）	总印数（万册）	总印张（千印张）	总金额（万元）	种数（种）	平均期印数（万册）	总印数（万册）	总印张（千印张）	总金额（万元）	种数（种）	平均期印数（万册）	总印数（万册）	总印张（千印张）	总金额（万元）
全　　国	3346	7306	87478	5863513	844431	3157	954	5851	431975	73152	1257	210	819	58871	12640
中　　央	1309	2901	34802	2657462	408014	622	262	1623	116779	25748	228	54	214	16035	5102
地　　方	2037	4405	52675	3206052	436417	2535	692	4227	315197	47404	1029	156	605	42836	7539
北　　京	68	103	1244	91922	13867	44	9	56	3965	644	22	4	15	1255	174
天　　津	95	145	1737	111165	14471	94	33	195	12632	2146	29	5	20	1414	249
河　　北	58	88	1066	59790	9415	71	16	98	7342	1208	39	5	19	1566	167
山　　西	55	65	774	49848	8862	64	22	136	9233	1347	28	6	22	1514	277
内 蒙 古	45	56	671	29020	4244	54	9	54	3722	434	17	2	7	546	62
辽　　宁	119	264	3220	140319	21324	123	31	189	12813	2726	35	5	19	1594	224
吉　　林	81	43	508	35327	5242	62	11	66	5957	866	28	3	12	941	165
黑 龙 江	102	113	1356	75959	10614	116	23	137	10726	1497	31	3	12	816	146
上　　海	245	424	5050	326112	47119	231	75	474	35607	6168	77	13	52	3173	681
江　　苏	87	90	1080	70245	10585	196	54	337	27841	4254	90	12	47	3414	550
浙　　江	72	363	4351	234456	30446	80	43	261	12689	1803	36	4	17	1048	178
安　　徽	48	311	3725	129284	29144	80	23	139	12181	1763	30	5	18	1130	342
福　　建	48	105	1258	57910	8590	69	19	132	12666	1467	41	5	21	1454	171
江　　西	38	64	768	43795	5305	54	11	69	5224	692	32	4	17	1216	169
山　　东	52	176	2114	121390	11924	109	39	234	14768	2175	41	7	29	2014	359
河　　南	51	80	960	50489	8043	91	17	104	9339	1223	36	5	20	1595	219
湖　　北	118	502	5973	356962	35999	152	31	185	14536	2319	42	5	20	1586	323
湖　　南	67	217	2554	147035	21453	98	21	126	10709	1428	39	5	21	1518	196
广　　东	132	276	3300	272401	46089	122	42	253	16401	2623	47	6	24	1571	237
广　　西	66	66	765	42877	6577	55	13	79	5141	731	33	6	23	1406	224
海　　南	20	30	360	27204	4455	7	3	16	1353	211	5	0.48	2	131	19
重　　庆	42	157	1882	95709	11992	52	13	77	6534	903	4	1	4	150	32
四　　川	89	227	2722	231811	22733	141	39	241	19776	2958	57	8	31	2082	362
贵　　州	26	37	437	26609	4220	36	7	40	3324	336	15	11	26	2272	1065
云　　南	37	112	1337	123941	14422	53	10	58	4570	727	14	2	7	398	52
西　　藏	5	5	59	5092	836	10	3	20	1900	253	10	3	13	775	106
陕　　西	75	136	1633	140507	15328	111	28	171	15242	2223	41	7	27	2008	313
甘　　肃	27	64	769	46831	4664	62	16	96	8129	1086	19	2	10	836	115
青　　海	10	20	236	15273	2647	13	2	12	812	85	23	3	13	933	104
宁　　夏	12	7	86	7199	1052	9	3	18	1367	226	6	1	3	239	29
新　　疆	47	60	681	39568	4754	76	26	151	8698	880	62	9	34	2242	230

各类期刊的平均印张和平均定价

	每 册		每印张定价（元）
	印 张	定 价（元）	
综 合	5.19	6.44	1.24
哲学、社会科学	5.18	7.03	1.36
自然科学、技术	7.81	10.72	1.37
文化、教育	6.17	7.35	1.19
文学、艺术	5.72	6.66	1.17
少儿期刊	2.68	4.75	1.78
画 刊	8.46	11.14	1.32
动漫期刊	6.80	5.51	0.81

全国少数民族文字期刊分类种数、印数、总印张、总金额

单位：种、万册、千印张、万元

	合计					综合					哲学、社会科学				
	种数	平均期印数	总印数	总印张	总金额	种数	平均期印数	总印数	总印张	总金额	种数	平均期印数	总印数	总印张	总金额
全国总计	228	127.90	1240.18	53797.01	5900.50	13	3.73	32.01	2174.27	232.95	79	78.92	865.19	33492.23	3957.26
中　　央	18	14.73	87.70	4967.57	638.98	5	0.75	8.99	887.16	107.88	10	12.66	70.84	3450.79	436.66
地　　方	210	113.17	1152.48	48829.44	5261.52	8	2.99	23.02	1287.11	125.07	69	66.26	794.35	30041.44	3520.60
内　蒙　古	44	37.98	437.96	15937.83	1967.87	1	0.25	1.50	60.00	12.00	20	33.62	398.66	13785.86	1730.05
吉　　林	14	4.50	47.88	3041.02	290.43						5	3.04	36.46	1869.18	191.66
黑　龙　江	5	1.93	23.98	1556.78	291.80						1	0.55	13.20	818.40	198.00
广　　西	1	0.10	0.70	21.00	2.10										
四　　川	4	0.95	3.60	113.92	23.32						2	0.80	3.20	96.00	21.76
云　　南	3	0.38	1.68	73.44	7.80										
西　　藏	14	4.73	39.20	1580.55	120.84	1	0.28	0.55	55.44	2.75	5	3.04	32.31	1119.08	79.44
甘　　肃	3	0.66	2.32	144.61	8.80						2	0.16	0.32	32.26	1.60
青　　海	12	2.25	10.82	700.82	55.76						4	0.66	4.06	188.76	14.48
新　　疆	110	59.69	584.34	25659.47	2492.80	6	2.46	20.97	1171.67	110.32	30	24.40	306.14	12131.90	1283.61

续表1

	自然科学、技术					文化、教育					文学、艺术				
	种数	平均期印数	总印数	总印张	总金额	种数	平均期印数	总印数	总印张	总金额	种数	平均期印数	总印数	总印张	总金额
全国总计	37	13.85	95.69	4289.10	411.17	38	15.05	139.78	5311.67	532.01	61	16.34	107.51	8529.74	767.11
中　　央											3	1.31	7.87	629.62	94.44
地　　方	37	13.85	95.69	4289.10	411.17	38	15.05	139.78	5311.67	532.01	58	15.03	99.64	7900.12	672.67
内　蒙　古	8	1.32	10.04	410.44	73.10	3	0.58	10.26	341.54	35.46	12	2.21	17.50	1339.99	117.26
吉　　林	2	0.25	2.50	171.08	19.52	2	0.40	3.60	211.32	18.00	5	0.81	5.32	789.44	61.25
黑　龙　江	1	0.28	1.68	148.18	16.80						3	1.10	9.10	590.20	77.00
广　　西											1	0.10	0.70	21.00	2.10
四　　川											2	0.15	0.40	17.92	1.56
云　　南											3	0.38	1.68	73.44	7.80
西　　藏	1	0.07	0.14	12.15	1.40	4	0.90	4.30	277.76	26.45	3	0.45	1.90	116.12	10.80
甘　　肃											1	0.50	2.00	112.35	7.20
青　　海	2	0.16	0.64	50.02	6.12	3	0.70	3.20	225.48	17.80	3	0.73	2.92	236.56	17.36
新　　疆	23	11.77	80.69	3497.23	294.23	26	12.47	118.42	4255.57	434.30	25	8.61	58.12	4603.10	370.34

续表2

	少儿期刊					画刊				
	种数	平均期印数	总印数	总印张	总金额	种数	平均期印数	总印数	总印张	总金额
全国总计	2	5.98	71.73	2089.13	167.85	7	1.10	11.09	977.40	121.32
中　　央						5	0.75	8.99	887.16	107.88
地　　方	2	5.98	71.73	2089.13	167.85	2	0.35	2.10	90.24	13.44
内　蒙　古						1	0.25	1.50	60.00	12.00
吉　　林	1	0.68	8.13	460.97	40.65					
黑　龙　江										
广　　西										
四　　川										
云　　南										
西　　藏										
甘　　肃										
青　　海										
新　　疆	1	5.30	63.60	1628.16	127.20	1	0.10	0.60	30.24	1.44

全国少数民族文字期刊出版数量与去年相比增减百分比

	种　　数	总　印　数	总　印　张	总　金　额
全国	2.70	38.67	31.54	37.45
中央	0.00	15.49	30.87	22.03
地方	2.94	40.82	31.61	39.59

三、报纸出版

第三部分

全国各级报纸出版数量

	合　　计					中央及省、自治区、直辖市级				
	种数（种）	平　均期印数（万份）	总印数（万份）	总印张（千印张）	总金额（万元）	种数（种）	平　均期印数（万份）	总印数（万份）	总印张（千印张）	总金额（万元）
全国总计	1918	22762	4822568	221100305	4343896	1022	16757.84	3254590	145878281	3061563
中　　央	220	3219.71	767358	21874104	811974	220	3219.71	767358	21874104	811974
地　　方	1698	19542.29	4055210	199226201	3531922	802	13538.13	2487232	124004177	2249589
北　京	37	505.35	127571	8142594	117886	37	505.35	127571	8142594	117886
天　津	27	324.52	90788	5181590	84246	27	324.52	90788	5181590	84246
河　北	66	872.49	150446	4391110	101146	30	663.32	98814	2666329	62222
山　西	60	2209.8	210779	2852928	158676	35	1927.13	171744	2058292	126919
内 蒙 古	61	127.48	27033	713928	25099	26	78.39	13793	440137	14638
辽　宁	69	947.68	165968	9896648	128862	19	677.14	96367	5529790	66061
吉　林	52	1092.58	111005	3870819	100188	24	1002.19	88685	3060977	83184
黑 龙 江	69	377.7	78760	3111578	56704	28	180.83	36759	1347587	25625
上　海	72	661.88	144802	6798436	141582	72	661.88	144802	6798436	141582
江　苏	81	1236.13	288662	14048741	256390	27	701.98	158256	8584922	146123
浙　江	71	1187.83	347100	16283603	283063	24	455.54	122921	6206219	109378
安　徽	51	514.05	125807	5265087	84605	19	269.2	57373	1701488	42946
福　建	43	574.65	118783	5388393	109619	20	412.68	65260	3143671	63671
江　西	41	323.17	75878	3135897	56616	19	234.35	46448	2198111	32665
山　东	87	1170.21	339826	18511401	222175	29	679.47	202077	12237538	131815
河　南	78	1519.1	214763	7172167	190933	32	1233.92	146166	4843264	126558
湖　北	74	836.46	205293	9303746	204826	27	406.55	105079	5276901	115694
湖　南	50	620.33	131455	5252695	110146	24	467.7	90464	4042983	84642
广　东	101	1830.07	453166	41319185	525033	34	936.08	223828	20628667	294573
广　西	54	264.84	69531	2564980	56060	21	134.48	31750	1471822	26642
海　南	12	91.59	24427	761387	24660	8	74.29	20204	627010	20447
重　庆	26	321.1	69299	3542264	72527	24	315.19	67604	3489024	71365
四　川	88	660.9	172573	8656643	169316	39	396.41	95031	5220324	107564
贵　州	31	164.21	41664	1777019	37938	14	74.85	17803	700468	12739
云　南	42	228.08	65314	3124561	46623	18	173.97	48683	2772317	37097
西　藏	23	36.76	7470	196881	4522	11	24.37	5163	111539	2685
陕　西	44	303.94	70922	4538896	66723	29	190.65	42774	3504394	40014
甘　肃	50	217.08	49910	1106466	38327	24	139.05	26580	606200	23736
青　海	27	45.58	11077	363158	7890	15	33.22	7642	270030	6151
宁　夏	14	45.5	10674	308079	11045	9	32.54	6630	183500	7050
新　疆	97	231.23	54464	1645321	38496	37	130.89	30173	958053	23671

全国各级报纸出版数量（续表）

	地、市级					县 级				
	种数（种）	平均期印数（万份）	总印数（万份）	总印张（千印张）	总金额（万元）	种数（种）	平均期印数（万份）	总印数（万份）	总印张（千印张）	总金额（万元）
全国总计	878	5973.73	1559835	75059315	1276213	18	30.43	8143	162709	6120
中 央										
地 方	878	5973.73	1559835	75059315	1276213	18	30.43	8143	162709	6120
北 京										
天 津										
河 北	35	208.36	51451	1721165	38702	1	0.8	181	3616	222
山 西	24	281.31	38774	793330	31627	1	1.37	261	1306	131
内 蒙 古	32	47.29	12911	269424	10364	3	1.8	329	4368	97
辽 宁	47	268.84	69314	4365421	62594	3	1.7	287	1437	206
吉 林	28	90.38	22320	809842	17005					
黑 龙 江	41	196.88	42001	1763991	31079					
上 海										
江 苏	54	534.15	130407	5463819	110267					
浙 江	45	716.9	218964	9945148	169411	2	15.4	5214	132235	4274
安 徽	32	244.84	68434	3563599	41659					
福 建	23	161.97	53523	2244722	45948					
江 西	20	85.56	28924	932716	23609	2	3.25	507	5070	342
山 东	58	490.73	137748	6273863	90361					
河 南	46	285.18	68597	2328903	64376					
湖 北	44	425.44	99046	4015162	88410	3	4.47	1168	11682	722
湖 南	26	152.63	40992	1209711	25504					
广 东	67	894.01	229337	20690520	230455					
广 西	33	130.36	37781	1093158	29418					
海 南	4	17.3	4223	134378	4213					
重 庆	2	5.91	1695	53240	1162					
四 川	49	264.49	77542	3436319	61753					
贵 州	17	89.36	23861	1076551	25198					
云 南	24	54.11	16631	352244	9526					
西 藏	12	12.39	2307	85342	1838					
陕 西	15	113.29	28148	1034501	26709					
甘 肃	26	78.03	23329	500266	14592					
青 海	10	10.96	3263	90368	1627	2	1.4	172	2760	112
宁 夏	5	12.96	4044	124579	3996					
新 疆	59	100.1	24268	687033	14810	1	0.24	24	235	14

各级综合报纸出版数量

	合计					中央及省、自治区、直辖市级				
	种数（种）	平均期印数（万份）	总印数（万份）	总印张（千印张）	总金额（万元）	种数（种）	平均期印数（万份）	总印数（万份）	总印张（千印张）	总金额（万元）
全国总计	817	9668.28	3278870	182931807	2790075	196	5723.25	1937417	114663159	1720471
中　　央	22	1115.09	365606	10933667	361094	22	1115.09	365606	10933667	361094
地　　方	795	8553.19	2913264	171998140	2428981	174	4608.16	1571811	103729492	1359377
北　京	8	267	94081	6891068	89508	8	267	94081	6891068	89508
天　津	6	208.17	75931	4750446	70827	6	208.17	75931	4750446	70827
河　北	25	270.22	91466	3138856	62771	4	129.01	45615	1627450	28605
山　西	23	147.09	47779	1517161	43243	5	65.61	20771	818524	20799
内蒙古	33	69.6	21034	561279	18519	5	27.98	8754	299844	8325
辽　宁	37	382.12	129169	9358237	99023	7	198.69	68736	5231510	43925
吉　林	22	162.91	54821	2686540	37568	4	100.45	35139	1924359	23710
黑龙江	29	150.04	49233	2512460	32734	7	59.96	19943	1054511	12167
上　海	13	226.65	72021	4339349	72180	13	226.65	72021	4339349	72180
江　苏	47	605.69	216237	12693312	194861	7	309.57	111976	8068930	110232
浙　江	40	781.83	280346	14299205	233235	5	273.95	97948	5584504	89045
安　徽	28	269.75	89273	4500641	60562	3	80.67	25112	1029520	21900
福　建	21	259	93921	4303665	87524	5	120.59	43973	2368238	44149
江　西	28	189.58	62959	2928011	45264	7	101.97	33770	1991431	21362
山　东	39	815.07	281351	16920287	175057	8	494.73	169681	11581996	105319
河　南	33	387.86	121634	6001678	116315	3	187.54	62822	3922363	62822
湖　北	34	483.75	169928	8097617	156759	3	227.52	81901	4375769	81901
湖　南	28	266.61	91219	4159408	54329	5	156.41	54637	3065532	33893
广　东	45	1144.83	380989	37774988	380974	5	590.31	181840	18306903	193074
广　西	27	168.49	57415	2292491	43025	6	66.32	21708	1259822	16766
海　南	4	35.87	12899	508558	12751	2	27.91	10033	401333	10033
重　庆	10	180.11	61505	3105224	55960	8	174.2	59810	3051984	54798
四　川	40	329.01	114106	7338605	101272	5	139.68	49192	4224383	46864
贵　州	17	100.74	34776	1627208	27965	4	39.6	13969	634148	8626
云　南	29	163.97	54671	2546540	35886	5	109.85	38040	2194296	26360
西　藏	15	21.03	5333	183887	3312	3	8.64	3026	98545	1475
陕　西	18	171.05	58507	4261392	54047	5	91.31	32128	3287584	29470
甘　肃	22	93.1	30894	729462	20126	3	24.66	8492	246188	6319
青　海	14	26.07	8638	303633	4276	5	15.52	5337	212891	2623
宁　夏	9	25.43	8106	254602	8058	4	12.46	4062	130023	4062
新　疆	51	150.55	43022	1412330	31050	14	71.23	21363	756048	18238

各级综合报纸出版数量（续表）

	地、市级					县 级				
	种数（种）	平均期印数（万份）	总印数（万份）	总印张（千印张）	总金额（万元）	种数（种）	平均期印数（万份）	总印数（万份）	总印张（千印张）	总金额（万元）
全国总计	605	3925.7	1336695	68207489	1066869	16	19.33	4758	61159	2735
中 央										
地 方	605	3925.7	1336695	68207489	1066869	16	19.33	4758	61159	2735
北 京										
天 津										
河 北	20	140.41	45670	1507790	33943	1	0.8	181	3616	222
山 西	17	80.11	26747	697331	22313	1	1.37	261	1306	131
内 蒙 古	25	39.81	11951	257068	10097	3	1.8	329	4368	97
辽 宁	27	181.74	60146	4125290	54892	3	1.7	287	1437	206
吉 林	18	62.47	19682	762181	13858					
黑 龙 江	22	90.09	29290	1457950	20567					
上 海										
江 苏	40	296.12	104260	4624382	84629					
浙 江	34	502.59	180516	8682455	143249	1	5.3	1881	32245	941
安 徽	25	189.08	64161	3471121	38662					
福 建	16	138.41	49948	1935427	43376					
江 西	19	84.36	28682	931510	23561	2	3.25	507	5070	342
山 东	31	320.34	111670	5338291	69738					
河 南	30	200.32	58812	2079315	53493					
湖 北	28	251.75	86858	3710166	74136	3	4.47	1168	11682	722
湖 南	23	110.2	36582	1093876	20436					
广 东	40	554.52	199151	19468084	187898					
广 西	21	102.17	35708	1032669	26258					
海 南	2	7.96	2865	107226	2718					
重 庆	2	5.91	1695	53240	1162					
四 川	35	189.34	64914	3114222	54408					
贵 州	13	61.14	20807	993060	19339					
云 南	24	54.11	16631	352244	9526					
西 藏	12	12.39	2307	85342	1838					
陕 西	13	79.74	26379	973807	24577					
甘 肃	19	68.43	22402	483274	13807					
青 海	8	10.15	3181	89542	1594	1	0.4	120	1200	60
宁 夏	5	12.96	4044	124579	3996					
新 疆	36	79.08	21636	656047	12798	1	0.24	24	235	14

各级专业报纸出版数量

	合计					中央及省、自治区、直辖市级				
	种数（种）	平均期印数（万份）	总印数（万份）	总印张（千印张）	总金额（万元）	种数（种）	平均期印数（万份）	总印数（万份）	总印张（千印张）	总金额（万元）
全国总计	1101	13093.72	1543698	38168498	1553821	826	11034.59	1317173	31215122	1341092
中　央	198	2104.62	401752	10940437	450880	198	2104.62	401752	10940437	450880
地　方	903	10989.1	1141946	27228061	1102941	628	8929.97	915421	20274685	890212
北　京	29	238.35	33490	1251526	28378	29	238.35	33490	1251526	28378
天　津	21	116.35	14857	431144	13419	21	116.35	14857	431144	13419
河　北	41	602.27	58980	1252254	38375	26	534.31	53199	1038879	33617
山　西	37	2062.71	163000	1335767	115433	30	1861.52	150973	1239768	106120
内蒙古	28	57.88	5999	152649	6580	21	50.41	5039	140293	6313
辽　宁	32	565.56	36799	538411	29839	12	478.45	27631	298280	22136
吉　林	30	929.67	56184	1184279	62620	20	901.74	53546	1136618	59474
黑龙江	40	227.66	29527	599118	23970	21	120.87	16816	293076	13458
上　海	59	435.23	72781	2459087	69402	59	435.23	72781	2459087	69402
江　苏	34	630.44	72425	1355429	61529	20	392.41	46280	515992	35891
浙　江	31	406	66754	1984398	49828	19	181.59	24973	621715	20333
安　徽	23	244.3	36534	764446	24043	16	188.53	32261	671968	21046
福　建	22	315.65	24862	1084728	22095	15	292.09	21287	775433	19522
江　西	13	133.59	12919	207886	11352	12	132.38	12678	206680	11303
山　东	48	355.14	58475	1591114	47118	21	184.74	32396	655542	26496
河　南	45	1131.24	93129	1170489	74618	29	1046.38	83344	920901	63736
湖　北	40	352.71	35365	1206129	48067	24	179.03	23178	901132	33793
湖　南	22	353.72	40236	1093287	55817	19	311.29	35827	977451	50749
广　东	56	685.24	72177	3544197	144059	29	345.77	41988	2321764	101499
广　西	27	96.35	12116	272489	13035	15	68.16	10042	212000	9876
海　南	8	55.72	11528	252829	11909	6	46.38	10171	225677	10414
重　庆	16	140.99	7794	437040	16567	16	140.99	7794	437040	16567
四　川	48	331.89	58467	1318038	68044	34	256.73	45839	995941	60700
贵　州	14	63.47	6888	149811	9973	10	35.25	3834	66320	4113
云　南	13	64.11	10643	578021	10737	13	64.12	10643	578021	10737
西　藏	8	15.73	2137	12994	1210	8	15.73	2137	12994	1210
陕　西	26	132.89	12415	277504	12676	24	99.34	10646	216810	10544
甘　肃	28	123.98	19016	377004	18201	21	114.39	18088	360012	17417
青　海	13	19.51	2439	59525	3614	10	17.7	2305	57139	3528
宁　夏	5	20.07	2568	53477	2987	5	20.08	2568	53477	2988
新　疆	46	80.68	11442	232991	7446	23	59.66	8810	202005	5433

各级专业报纸出版数量(续表)

	地、市级					县　级				
	种数（种）	平均期印数（万份）	总印数（万份）	总印张（千印张）	总金额（万元）	种数（种）	平均期印数（万份）	总印数（万份）	总印张（千印张）	总金额（万元）
全国总计	273	2048.03	223140	6851826	209344	2	11.1	3385	101550	3385
中　央										
地　方	273	2048.03	223140	6851826	209344	2	11.1	3385	101550	3385
北　京										
天　津										
河　北	15	67.95	5781	213375	4759					
山　西	7	201.2	12027	95999	9314					
内蒙古	7	7.48	960	12356	267					
辽　宁	20	87.1	9168	240131	7702					
吉　林	10	27.91	2638	47661	3147					
黑龙江	19	106.79	12711	306041	10512					
上　海										
江　苏	14	238.03	26147	839437	25638					
浙　江	11	214.31	38448	1262693	26162	1	10.1	3333	99990	3333
安　徽	7	55.76	4273	92478	2997					
福　建	7	23.56	3575	309295	2572					
江　西	1	1.2	242	1206	48					
山　东	27	170.39	26078	935572	20623					
河　南	16	84.86	9785	249588	10883					
湖　北	16	173.69	12188	304996	14274					
湖　南	3	42.43	4410	115835	5068					
广　东	27	339.49	30186	1222436	42557					
广　西	12	28.19	2073	60489	3160					
海　南	2	9.34	1358	27152	1495					
重　庆										
四　川	14	75.15	12628	322097	7345					
贵　州	4	28.22	3054	83491	5859					
云　南										
西　藏										
陕　西	2	33.55	1769	60694	2132					
甘　肃	7	9.6	927	16992	785					
青　海	2	0.81	82	826	33	1	1	52	1560	52
宁　夏										
新　疆	23	21.02	2632	30986	2012					

中央及省、自治区、直辖市级综合报纸出版数量

平均期印数：万份　印数：万份　印张：千印张　金额：万元

	开张	版数	刊期	期数	平均期印数	总印数	总印张	总金额
参考消息·北京参考	4	16	周五刊	240	22.5	5400	108000	
环球时报（英文版）	4	40	周六刊	292	8	2336	116800	4672
环球时报	4	16	周六刊	293	136.3	39936	731935	47923
西部时报	2	16	周二刊	96	3.1	298	11904	833
世界新闻报	2	24	周二刊	99	8	792	47520	1584
经济日报	2	16	周七刊	365	62	22630	905200	18557
国际先驱导报	4	32	周一刊	49	8.2	402	16070	804
参考消息大字版	2	16	周七刊	366	1.07	390	13314	585
新华每日电讯	2	8	周七刊	366	121.24	44374	865664	35499
人民日报	2	24	周七刊	366	285.4	104456	4826095	125347
人民政协报	2	12	周六刊	297	12	3564	106920	3742
中国日报（英文）	2	24	周七刊	310	21.3	6603	396180	9905
北京周末报（英文）	2	24	周一刊	50	21.3	1065	63900	1598
商业周刊（英文）	2	24	周一刊	50	21.3	1065	63900	1598
光明日报	2	16	周七刊	365	51.16	18673	693697	14938
参考消息	4	16	周七刊	366	300.53	109995	1878338	87996
中国新闻报	4	8	周五刊	260	2	520	5200	520
华夏时报	2	32	周一刊	50	10	500	40000	1500
21世纪英文报（英文）	4	16	周一刊	50	9.38	469	9384	1173
二十一世纪学生英文报 (21st Century teens)	4	8	周三刊	145	6.29	913	9126	1095
人民日报海外版	2	8	周六刊	305	4.02	1226	24521	1226
京华时报	4	64	周七刊	366	58.1	21264	1701127	21264
北京日报	2	20	周七刊	366	30.08	11009	462033	11009
北京晨报	4	56	周七刊	365	25.54	9323	652590	9323
北京青年报	2	32	周七刊	366	35.97	13164	1053146	19746
今日北京（英文）	4	16	周一刊	52	2	104	2080	208
北京晚报	4	32	周七刊	366	42.72	15634	1068531	15634
新京报	4	80	周七刊	366	48.1	17605	1760460	12323
北京娱乐信报	4	32	周五刊	244	24.5	5978	191100	
每日新报	4	48	周七刊	366	38.6	14128	847656	14128
城市快报	2	28	周七刊	366	19.6	7174	502152	7174
今晚报	2	28	周七刊	365	96.52	35230	2466081	35230
大众生活报	4	4	周一刊	38	0.5	19	95	38
天津日报	2	16	周七刊	366	31.2	11419	456768	10277
渤海早报	4	48	周七刊	366	21.75	7962	477694	3981

中央及省、自治区、直辖市级综合报纸出版数量(续表1)

平均期印数：万份　印数：万份　印张：千印张　金额：万元

	开张	版数	刊期	期数	平均期印数	总印数	总印张	总金额
河北日报	2	12	周七刊	365	31	11315	339450	11315
燕赵都市报冀东版	4	8	周七刊	350	8	2800	28000	1540
燕赵都市报	4	32	周七刊	350	90	31500	1260000	15750
山西晚报	4	40	周七刊	350	25	8750	437500	8750
三晋都市报	4	32	周六刊	294	12	3528	141120	1764
山西政协报	2	4	周二刊	104	1.44	149	1495	273
人民代表报	2	8	周三刊	156	7.63	1190	23806	1428
山西日报	2	12	周七刊	366	19.55	7153	214604	8584
内蒙古晨报	4	24	周六刊	312	9	2808	84240	2808
北方新报	4	48	周六刊	247	8.25	2038	122265	2038
内蒙古日报(蒙文版)	2	8	周七刊	358	1.07	383	7653	306
内蒙古日报	2	12	周七刊	365	9.66	3526	85686	3173
北方晨报	2	32	周六刊	294	5.24	1541	123245	1232
时代商报	2	24	周七刊	354	4.01	1418	69635	709
辽宁日报	2	16	周七刊	366	19.5	7138	285531	7138
华商晨报	2	28	周七刊	348	48	16704	1169280	8352
友报	2	8	周一刊	52	3	156	3120	234
半岛晨报	2	64	周七刊	358	30	10740	1718400	10740
辽沈晚报	4	48	周七刊	349	88.94	31038	1862299	15519
协商新报	2	4	周二刊	100	0.42	42	420	29
城市晚报	4	48	周七刊	349	42	14658	680400	7329
吉林日报	2	12	周七刊	360	13	4680	140400	3744
新文化报	2	28	周七刊	350	45.03	15759	1103139	12607
远东经贸导报(俄文版)	4	8	周一刊	51	1	51	510	102
黑龙江晨报	4	24	周七刊	345	15.3	5279	158355	2639
生活报	4	32	周七刊	344	27.17	9346	768999	4673
北方时报	4	8	周三刊	142	1.23	175	1747	110
黑龙江日报	2	12	周七刊	342	12.26	4193	106900	4193
新都市报	4	16	周七刊	300	3	900	18000	450
新闻晨报	4	88	周七刊	366	29.56	10819	871988	10819
新闻晚报	4	40	周七刊	366	17.51	6408	377824	6408
上海英文星报	2	4	周一刊	48	20	960	9600	960
上海侨报	4	32	周一刊	47	1.32	62	2486	62
上海商报	4	40	周七刊	308	3.62	1116	55802	737
解放日报	2	20	周七刊	366	32.21	11788	589405	11788
联合时报	2	8	周二刊	100	3.87	387	7748	504

中央及省、自治区、直辖市级综合报纸出版数量(续表2)

平均期印数：万份　印数：万份　印张：千印张　金额：万元

	开张	版数	刊期	期数	平均期印数	总印数	总印张	总金额
天天新报	4	48	周七刊	366	1.85	677	40607	677
新民晚报	4	48	周七刊	366	77.76	28458	1686952	28458
上海日报	4	40	周七刊	363	2.57	934	36842	1867
青年报	4	48	周七刊	366	6.98	2555	153318	2044
东方早报	4	64	周七刊	365	15.97	5828	466216	5828
浦东时报	4	16	周三刊	151	13.43	2028	40560	2028
新华日报	2	16	周七刊	360	35	12600	504000	12600
扬子晚报	4	60	周七刊	364	179	65156	4886700	65156
现代快报	4	72	周七刊	365	59.52	21724	1955186	21724
江南时报	4	24	周五刊	264	3.4	898	26928	898
江南晚报	4	52	周七刊	358	16.5	5907	383955	5907
南京晨报	4	48	周七刊	361	13.73	4958	297496	3471
海门日报	4	16	周六刊	303	2.42	733	14665	477
联谊报	2	4	周三刊	145	9.8	1421	19502	924
钱江晚报	4	64	周七刊	366	177	64782	4010820	64782
青年时报	4	48	周七刊	366	28.06	10270	616198	5135
浙江日报	2	20	周七刊	365	40.92	14934	676337	14934
现代金报	4	32	周七刊	360	18.17	6541	261648	3271
安徽商报	4	24	周七刊	341	48	16368	812640	8184
安徽日报	2	8	周七刊	365	20.67	7544	150880	11316
今日生活报	4	44	周二刊	100	12	1200	66000	2400
东南快报	4	40	周七刊	366	7.99	2926	146298	2048
福建日报	2	12	周七刊	366	35.04	12826	294362	19239
东南早报	4	32	周七刊	365	20	7300	292000	5110
海峡都市报	4	48	周七刊	366	39.84	14582	874946	14582
海峡导报	2	48	周七刊	358	17.71	6339	760633	3169
江南都市报	4	56	周七刊	347	42	14574	1020180	7287
经济晚报	4	16	周五刊	260	5	1300	26000	1144
江西商报	4	68	周一刊	50	3	150	12750	150
信息日报	4	32	周七刊	344	15.88	5463	170009	2732
光华时报	2	4	周二刊	101	2.2	222	2222	116
江西日报	2	12	周七刊	365	22.01	8032	236555	7919
江西晨报	4	104	周七刊	339	11.88	4029	523715	2014
城市信报	2	35	周七刊	260	75	19500	1706250	9750
齐鲁晚报	4	40	周七刊	358	173.7	62184	3328069	31092
联合日报	2	4	周六刊	288	5.3	1526	15264	1221
鲁中晨报	4	40	周七刊	365	9	3285	164250	1643
大众日报	2	12	周七刊	366	42	15372	526680	14603
半岛都市报	4	80	周七刊	358	122	43676	4367600	34941
山东商报	4	56	周七刊	356	55	19580	1256200	9790

中央及省、自治区、直辖市级综合报纸出版数量(续表3)

平均期印数：万份　印数：万份　印张：千印张　金额：万元

	开张	版数	刊期	期数	平均期印数	总印数	总印张	总金额
生活日报	4	36	周七刊	358	12.73	4557	217683	2279
河南日报	2	12	周七刊	356	53.54	19059	571773	19059
大河报	4	64	周七刊	346	83	28718	2297440	28718
东方今报	4	56	周六刊	295	51	15045	1053150	15045
楚天金报	4	40	周七刊	358	56.48	20221	1011074	20221
湖北日报	2	16	周七刊	365	46.04	16804	672162	16804
楚天都市报	4	48	周七刊	359	125	44876	2692532	44876
湖南日报	2	24	周七刊	365	34.13	12459	747552	12459
潇湘晨报	2	28	周七刊	360	61.44	22117	1548212	11059
三湘都市报	4	32	周七刊	356	51.05	18174	726966	9087
湘声报	2	4	周二刊	108	6.39	690	6897	690
当代商报	4	24	周七刊	352	3.4	1197	35904	598
南方周末	2	32	周一刊	52	108	5616	449280	16848
南方日报	2	24	周七刊	365	95	34675	2080500	34675
南方都市报	4	104	周七刊	366	185.3	67820	8816574	67820
羊城晚报	2	32	周七刊	365	105	38325	3066000	38325
新快报	4	88	周七刊	365	97	35405	3894550	35405
南国早报	4	48	周七刊	361	21	7581	476700	6065
当代生活报	2	48	周七刊	361	7.32	2643	317102	1321
南国今报	4	40	周七刊	361	12	4332	216600	2599
广西政协报	2	4	周三刊	159	3	477	4770	601
华声晨报	2	32	周三刊	150	8	1200	96000	1800
广西日报	2	12	周七刊	365	15	5475	148650	4380
南国都市报	4	32	周七刊	352	13	4576	183040	4576
海南日报	2	16	周七刊	366	14.91	5457	218293	5457
重庆日报	2	10	周七刊	365	21	7665	191625	7665
重庆晚报	4	38	周七刊	354	17.4	6160	292581	6160
巴渝都市报	4	16	周七刊	360	3.85	1386	27720	693
重庆商报	2	32	周七刊	353	28.6	10096	807664	5048
三峡都市报	4	20	周七刊	353	5.5	1942	48538	1942
重庆时报	4	40	周七刊	352	58.25	20504	1025200	20504
重庆青年报	4	8	周二刊	96	7.6	730	7296	1459
重庆晨报	4	46	周七刊	354	32	11328	651360	11328
四川日报	2	16	周七刊	365	31.42	11469	458769	11469
天府早报	4	32	周七刊	358	12.95	4635	179429	2317
华西生活周报	4	108	周一刊	50	1.01	50	6798	101

中央及省、自治区、直辖市级综合报纸出版数量(续表4)

平均期印数：万份　印数：万份　印张：千印张　金额：万元

	开张	版数	刊期	期数	平均期印数	总印数	总印张	总金额
华西都市报	2	44	周七刊	359	90.5	32490	3573916	32490
四川政协报	2	4	周三刊	144	3.8	547	5472	487
贵州商报	16	32	周七刊	358	4.15	1487	14870	545
贵州日报	2	12	周七刊	366	14.83	5428	144152	4342
贵州都市报	4	64	周七刊	359	18.47	6631	445487	3315
贵州政协报	2	28	周四刊	197	2.15	423	29639	423
春城晚报	4	64	周七刊	352	27.86	9807	784588	4904
都市时报	4	56	周七刊	350	28.6	10010	700700	10010
生活新报	4	40	周七刊	347	31	10757	537850	5379
云南政协报	2	8	周三刊	147	3.24	477	10318	477
云南日报	2	12	周七刊	365	19.15	6989	160840	5591
西藏日报	2	8	周七刊	365	2.97	1083	21655	650
西藏商报	2	40	周七刊	288	1.65	475	47520	238
西藏日报(藏文版)	2	8	周七刊	365	4.02	1468	29369	587
华商报	2	60	周七刊	354	53	18762	2814300	18762
各界导报	2	12	周六刊	295	3	885	26550	885
三秦都市报	4	24	周七刊	350	15	5250	157500	2520
陕西日报	2	16	周七刊	356	20.31	7231	289234	7303
西部商报	4	36	周七刊	343	8.96	3075	138358	922
甘肃日报	2	8	周七刊	365	14.7	5366	107310	5366
民主协商报	2	4	周一刊	52	1	52	520	31
青海日报	2	8	周七刊	366	3.75	1372	25714	1372
青海日报(藏文版)	4	24	周一刊	52	0.47	24	734	61
西海都市报	4	32	周七刊	365	10.6	3869	186083	1161
海南报(藏文版)	4	4	周一刊	48	0.3	14	72	6
海南报	4	4	周三刊	144	0.4	58	288	23
宁夏日报	2	16	周七刊	366	5.88	2150	58456	2150
华兴时报	2	12	周五刊	243	2.09	508	15227	508
银川晚报	4	32	周六刊	312	4.5	1404	56340	1404
亚洲中心时报	2	4	周三刊	149	0.75	112	2318	67
亚洲中心时报(维文版)	2	4	周二刊	100	0.91	91	910	55
新疆都市报	4	48	周七刊	346	13.61	4710	282585	3297
参考消息(维文版)	4	4	周六刊	302	0.26	79	394	39
参考消息(哈文版)	2	4	周六刊	302	0.14	42	423	21
生活晚报	2	8	周二刊	100	5.4	540	10800	232
都市消费晨报	4	40	周六刊	294	19.87	5842	292089	5842
新疆日报(维文版)	2	8	周七刊	352	7.9	2781	55616	1947
新早报	2	12	周三刊	144	3	432	12960	346
兵团日报	4	8	周七刊	358	7.85	2810	28103	2810
新疆日报(蒙文版)	2	4	周七刊	356	0.46	163	1630	82
兵团日报(维文版)	4	4	周二刊	104	0.85	88	442	18
新疆日报	2	8	周七刊	360	9.15	3294	65886	3294
新疆日报(哈文版)	4	4	周七刊	352	1.07	378	1891	189

主要刊期的报纸出版数量

	周七刊				周六刊			
	种数 （种）	总印数 （万份）	总印张 （千印张）	总金额 （万元）	种数 （种）	总印数 （万份）	总印张 （千印张）	总金额 （万元）
全国总计	507	3254268	182193041	2757347	258	471816	14581739	440785
中　　央	20	459213	12488249	425740	16	106201	4265625	131211
地　　方	487	2795055	169704792	2331607	242	365615	10316114	309574
北　　京	8	101278	7474468	102579	2	5728	48141	3968
天　　津	7	80818	4887011	74702				
河　　北	14	87506	3058104	55896	17	28218	656336	21986
山　　西	16	51017	1415328	50767	13	36874	486275	24963
内　蒙　古	9	8539	180463	7624	13	10505	342845	9563
辽　　宁	12	109644	8692660	82913	17	18596	675659	14443
吉　　林	11	55719	2918905	36368	6	2357	23568	1738
黑　龙　江	15	43133	2301272	27508	11	13474	314187	9646
上　　海	14	92558	5406239	90571	3	7306	313097	10317
江　　苏	37	210650	12543063	194768	14	23235	369672	19366
浙　　江	40	308525	15193746	247519	8	10993	212649	6755
安　　徽	14	83404	4576023	51722	12	14140	261272	9918
福　　建	23	99572	4636656	91085				
江　　西	12	52310	2690848	37680	9	7619	174100	5045
山　　东	37	278757	16941278	169134	11	17770	532773	14456
河　　南	4	57026	3099792	57026	24	65932	3044480	62331
湖　　北	21	158819	8163697	146812	14	17408	460917	20322
湖　　南	21	86364	4110809	50721	3	3290	56350	2082
广　　东	43	376267	37401312	365060	4	7340	401752	13167
广　　西	23	54958	2180306	38776	4	5163	93902	5250
海　　南	5	16924	669558	15971	1	1083	21652	1083
重　　庆	7	59080	3044688	53339	1	1210	48384	968
四　　川	31	118035	7651525	125122	14	21278	364112	15049
贵　　州	10	28761	1458797	22615	5	4916	111732	4251
云　　南	13	53259	2885256	36579	6	4464	78070	4157
西　　藏	4	4106	163345	2555				
陕　　西	9	50527	4115424	46291	8	9272	194287	8545
甘　　肃	15	37497	863844	27140	4	3874	90864	3080
青　　海	3	8157	299277	3991	2	264	2640	103
宁　　夏	2	4934	162136	4934	3	2068	66470	1973
新　　疆	7	16911	518962	13839	13	21238	869928	15049

主要刊期的报纸出版数量(续表)

	周五刊				周四刊			
	种数(种)	总印数(万份)	总印张(千印张)	总金额(万元)	种数(种)	总印数(万份)	总印张(千印张)	总金额(万元)
全国总计	200	281637	6158339	248652	64	59184	1066224	64057
中　　央	33	82846	1539460	83377	7	9490	194012	13267
地　　方	167	198791	4618879	165275	57	49694	872212	50790
北　京	5	11405	332591	3430				
天　津	1	3300	66007	1320	3	1492	23523	1782
河　北	3	1686	36431	1416	3	1506	27339	1198
山　西	3	9518	75160	6038	4	2712	48135	3419
内 蒙 古	11	4657	107712	3923	4	184	1300	72
辽　宁	9	5239	108187	4383	2	709	6105	393
吉　林	5	3070	46880	3254	3	820	13849	1223
黑 龙 江	8	9249	173644	5387	5	2133	18926	1879
上　海	4	14113	510672	14949	4	2711	31176	2085
江　苏	8	18020	369438	14610	5	9824	196484	5975
浙　江	4	5358	103283	4813	2	4595	64561	3501
安　徽	7	5850	83091	4301	1	380	7600	190
福　建	1	266	5310	266				
江　西	5	3941	75626	3595	3	1706	33853	2166
山　东	10	20042	306688	12660	1	2496	49920	1622
河　南	15	18369	395638	15137	2	2328	35762	2112
湖　北	8	6991	166262	7645	1	340	3400	340
湖　南	3	2417	48340	1301				
广　东	9	22739	1084356	34386	1	3057	91709	9173
广　西	1	768	9312	614	1	1980	29700	1980
海　南	1	3960	39600	4752				
重　庆	2	1015	7501	459				
四　川	5	7045	142962	2637	5	7193	95548	7097
贵　州	3	2363	43914	1773	1	423	29639	423
云　南	3	2172	67119	1784				
西　藏	1	76	763	46				
陕　西	2	1462	14620	1080				
甘　肃	6	2582	20418	1782				
青　海	1				2	1721	46890	2874
宁　夏	4	2741	59899	3109	1	231	3461	277
新　疆	19	8377	117455	4425	3	1153	13332	1009

全国少数民族文字报纸出版数量

	种数（种）	平均期印数（万份）	总印数（万份）	总印张（千印张）	总金额（万元）
全国合计	98	112.52	20828	316497	11105
中　央	3	11.5	358	6800	465
地　方	95	101.02	20470	309697	10640
内　蒙　古	13	7.07	1344	16812	1011
辽　宁	2	0.68	61	1150	52
吉　林	8	5.58	665	12250	529
黑　龙　江	2	2.10	370	6890	281
广　西	1	0.30	15	150	11
四　川	3	1.53	233	2327	111
云　南	7	3.30	174	1318	6
西　藏	10	14.40	2728	49936	1304
甘　肃	1	0.36	54	543	57
青　海	7	3.20	141	1378	134
新　疆	41	62.50	14684	216942	7144

全国少数民族文字报纸出版数量与去年相比增减百分比

	种数	平均期印数	总印数	总印张	总金额
全　国	14	22.93	3.78	−2.91	6.36
中　央	3				
地　方	11	10.59	1.99	−5.00	1.91

四、音像、电子出版物出版

按载体形式分类全国各地区录音制品出版品种、数量及发行总量

单位：种、万盒、万张

	录音制品合计					录音带(AT)			
	合计		其中：新版		发行数量	合计		其中：新版	
	种数	数量	种数	数量		种数	数量	种数	数量
全国总计	9591	22789.81	5048	7006.11	23248.17	2681	17265.30	1013	4466.99
中　　央	4129	16244.04	1743	4380.90	13748.45	1250	13899.83	247	3504.41
地　　方	5462	6545.77	3305	2625.21	9499.72	1431	3365.47	766	962.58
北　　京	117	75.92	116	72.92	94.97	17	4.20	17	4.20
天　　津	34	37.60	34	37.60	36.93	2	2.00	2	2.00
河　　北	64	200.58	64	200.58	538.24	54	198.58	54	198.58
山　　西	47	4.70	47	4.70	320.20				
内 蒙 古	36	17.58	35	17.58	23.00				
辽　　宁	374	331.69	204	233.49	585.30	17	8.94	11	4.41
吉　　林	63	45.38	63	45.38	100.61	4	18.34	4	18.34
黑 龙 江	11	4.10	11	4.10	4.60	1	0.00	1	0.00
上　　海	1928	2322.32	770	694.11	2093.96	482	1241.06	106	264.67
江　　苏	382	1148.09	205	180.65	272.65	165	997.11	88	123.56
浙　　江	73	276.69	34	13.24	334.89	46	264.49	7	1.04
安　　徽	54	32.43	52	31.53	10.90	18	8.56	18	8.16
福　　建	26	14.97	17	4.00	60.98	16	11.82	7	0.86
江　　西	203	146.66	67	38.16	203.66	52	33.29	52	33.29
山　　东	68	74.48	67	59.48	1558.29	47	44.30	47	44.30
河　　南	67	242.10	36	18.60	111.60	35	126.90	15	6.90
湖　　北	140	89.43	118	59.36	425.31	48	41.41	45	18.21
湖　　南	228	604.03	83	213.40	761.67	63	80.60	14	33.51
广　　东	950	555.33	856	500.92	1392.08	162	150.77	152	149.24
广　　西	110	62.36	93	59.61	154.08	72	37.94	70	37.66
海　　南	80	14.40	80	14.40	12.70				
重　　庆	110	58.61	33	12.25	142.28	35	29.24	12	5.14
四　　川	13	5.03	12	4.53	23.09	3	2.50	3	2.50
贵　　州	3	0.90	3	0.90	5.00				
云　　南	107	19.20	87	17.45	30.41	50	4.17	30	2.42
西　　藏	4	1.20	4	1.20	1.20				
陕　　西	150	140.74	94	65.82	139.83	42	59.25	11	3.59
甘　　肃	3	3.10	3	3.10	6.00				
青　　海	1	0.70	1	0.70	0.80				
宁　　夏	2	1.20	2	1.20	53.39				
新　　疆	14	14.25	14	14.25	1.10				

按载体形式分类全国各地区录音制品出版品种、数量及发行总量（续表）

单位：种、万盒、万张

	激光唱盘(CD)				高密度激光唱盘(DVD-A)及其他			
	合计		其中：新版		合计		其中：新版	
	种数	数量	种数	数量	种数	数量	种数	数量
全国总计	5029	3545.61	3085	1840.24	1881	1978.90	950	698.88
中　央	1958	1285.86	1091	542.13	921	1058.35	405	334.36
地　方	3071	2259.75	1994	1298.11	960	920.55	545	364.52
北　京	56	59.28	55	56.28	44	12.44	44	12.44
天　津	31	35.30	31	35.30	1	0.30	1	0.30
河　北	10	2.00	10	2.00				
山　西	41	4.10	41	4.10	6	0.60	6	0.60
内蒙古	35	16.38	35	16.38	1	1.20	1	1.20
辽　宁	49	133.69	48	133.65	308	189.06	145	95.43
吉　林	59	27.04	59	27.04				
黑龙江	10	4.10	10	4.10				
上　海	1106	763.43	503	330.20	340	317.83	160	99.24
江　苏	205	145.42	106	52.08	12	5.56	11	5.01
浙　江	27	12.20	27	12.20				
安　徽	25	19.77	25	19.77	11	4.10	9	3.60
福　建	10	3.15	10	3.14				
江　西	151	113.37	15	4.87				
山　东	12	2.30	12	2.30	9	27.88	8	12.88
河　南	32	115.20	21	11.70				
湖　北	72	42.27	66	39.65	20	5.75	7	1.50
湖　南	115	263.38	42	129.73	50	260.05	27	50.16
广　东	745	378.96	661	326.08	43	25.60	43	25.60
广　西	37	22.02	22	19.55	1	2.40	1	2.40
海　南	80	14.40	80	14.40				
重　庆	55	21.51	17	5.31	20	7.86	4	1.80
四　川	8	1.70	8	1.70	2	0.83	1	0.33
贵　州	3	0.90	3	0.90				
云　南	56	13.63	56	13.63	1	1.40	1	1.40
西　藏	4	1.20	4	1.20				
陕　西	23	27.30	13	15.10	85	54.19	70	47.13
甘　肃	2	1.10	2	1.10	1	2.00	1	2.00
青　海					1	0.70	1	0.70
宁　夏	2	1.20	2	1.20				
新　疆	10	13.45	10	13.45	4	0.80	4	0.80

按内容分类全国录音制品出版品种、数量

单位：种、万盒（张）

	AT				DVD－A			
	合计		其中：新版		合计		其中：新版	
	种数	数量	种数	数量	种数	数量	种数	数量
全国	2681	17265.30	1013	4466.99	73	45.27	59	41.35
其中：少儿	174	124.84	110	47.92	6	3.70	6	6.00
一、自编节目	2669	17264.29	1002	4465.99	71	43.66	57	39.45
歌曲	105	151.78	6	13.15	13	8.30	13	8.30
乐曲					3	1.30	3	1.30
戏曲	54	1.32			6	6.00	6	6.00
曲艺	9	0.18			3	1.30	3	1.30
教育	1942	6746.41	889	1961.31	21	11.39	18	8.50
语言	526	10360.36	99	2488.11	15	6.11	4	4.00
科技	2	1.30	2	1.30				
体育	1	0.08	1	0.02				
文学	24	0.66			2	1.21	2	2.00
医药卫生					1	0.10	1	0.10
综合	6	2.20	5	2.10	7	7.95	7	7.95
二、引进节目	11	1.01	10	1.00	2	1.61	2	1.61
歌曲					2	1.61	2	1.61
教育	10	1.00	10	1.00				
语言	1	0.01						
科技								
经济								
体育								
文学								
医药卫生								
军事								
三、对外合作	1	0.00	1	0.00				
语言	1	0.00	1	0.00				

按内容分类全国录音制品出版品种、数量(续表)

单位:种、万盒(张)

	CD				其他			
	合计		其中:新版		合计		其中:新版	
	种数	数量	种数	数量	种数	数量	种数	数量
全国总计	5029	3545.61	3085	1840.24	1808	1933.63	891	661.51
其中:少儿	678	540.22	406	281.93	16	10.11	14	6.81
一、自编节目	4343	3099.97	2539	1501.78	1801	1930.01	889	660.81
歌曲	1319	748.69	1114	498.06	19	241.91	7	102.22
乐曲	717	306.97	306	149.83	37	20.06	19	9.37
戏曲	151	65.51	59	18.38				
曲艺	38	26.12	15	11.67	5	3.93	1	0.71
教育	1509	1523.63	724	611.32	320	422.42	197	128.78
语言	420	324.15	193	136.03	1334	1210.88	580	390.10
科技	1	0.40	1	0.40		0.80		
经济	1	0.20	1	0.20				
体育	15	2.50	15	2.50				
社会科学	2	1.03	1	0.61				
文学	92	58.61	45	32.19	31	9.80	30	9.42
MTV					1	0.30	1	0.30
音乐舞蹈	6	3.91	5	3.51				
医药卫生	10	1.26	2	0.35				
综合	62	36.99	58	36.73	53	14.91	53	14.91
其他		3099.97			1	5.00	1	5.00
二、引进节目	686	445.64	546	338.46	7	3.62	2	0.70
歌曲	463	277.57	423	239.77				
乐曲	159	83.94	73	50.77	2	0.61		
戏曲	1	0.80						
曲艺	6	6.38	4	4.27				
教育	46	60.75	41	36.25	2	0.70	2	0.70
语言	2	1.80	2	1.80	3	2.31		
体育	6	8.80						
文学	1	5.00	1	5.00				
音乐舞蹈	1	0.20	1	0.20				
其他	1	0.40	1	0.40				
三、对外合作								

按内容分类全国各地区录音制品出版品种、数量
（AT）

单位：种、万盒

	自编节目合计		歌曲		戏曲		文学	
	种数	出版数量	种数	出版数量	种数	出版数量	种数	出版数量
全国总计	2669	17264.29	105	151.78	54	1.32	24	0.66
中　央	1250	13899.83	105	151.78				
地　方	1419	3364.46			54	1.32	24	0.66
北　京	17	4.20						
天　津	2	2.00						
河　北	54	198.58						
山　西								
内　蒙　古								
辽　宁	17	8.94						
吉　林	4	18.34						
黑　龙　江								
上　海	482	1241.06			54	1.32	24	0.66
江　苏	165	997.10						
浙　江	46	264.49						
安　徽	18	8.56						
福　建	16	11.82						
江　西	52	33.29						
山　东	47	44.30						
河　南	35	126.90						
湖　北	48	41.41						
湖　南	63	80.60						
广　东	151	149.77						
广　西	72	37.94						
海　南								
重　庆	35	29.24						
四　川	3	2.50						
贵　州								
云　南	50	4.17						
西　藏								
陕　西	42	59.25						
甘　肃								
青　海								
宁　夏								
新　疆								

按内容分类全国各地区录音制品出版品种、数量(续表1)
(AT)

单位:种、万盒

	教育		语言		科技		曲艺		体育		其中(少儿)	
	种数	出版数量	种数	出版数量	种数	出版数量	种数	出版数量	种数	出版数量	种数	出版数量
全国总计	1942	6746.41	526	10360.36	2	1.30	9	0.18	1	0.08	174	124.84
中　　央	712	4212.27	430	9883.00	1	1.20			1	0.08	11	6.10
地　　方	1230	2534.14	96	477.36	1	0.10	9	0.18			163	118.74
北　　京	17	4.20									16	1.60
天　　津			2	2.00							2	2.00
河　　北	54	198.58									17	3.40
山　　西												
内 蒙 古												
辽　　宁	10	4.40	7	4.54							1	0.30
吉　　林	4	18.34										
黑 龙 江											1	
上　　海	379	878.76	16	11.53			9	0.18			29	1.84
江　　苏	153	635.99	11	361.01	1	0.10					7	1.25
浙　　江	46	264.49										
安　　徽	16	8.44	1	0.12							1	0.41
福　　建	10	11.37	6	0.46								
江　　西	52	33.29										
山　　东	36	33.60	6	8.60							4	6.00
河　　南	35	126.90										
湖　　北	46	20.61	2	20.80							27	29.40
湖　　南	62	69.76	1	10.84							1	3.28
广　　东	151	149.77		0.00							12	15.05
广　　西	72	37.94		0.00							14	0.78
海　　南												
重　　庆	35	29.24										
四　　川	3	2.50										
贵　　州												
云　　南	38	3.06	12	1.11							4	0.12
西　　藏												
陕　　西	9	2.90	33	56.35							28	53.31
甘　　肃												
青　　海												
宁　　夏												
新　　疆												

按内容分类全国各地区录音制品出版品种、数量(续表2)
(AT)

单位：种、万盒

	引进节目合计		歌曲		戏曲		教育		语言	
	种数	出版数量	种数	出版数量	种数	出版数量	种数	出版数量	种数	出版数量
全国总计	11	1.01					10	1.00	1	0.01
中　　央	1	0.01							1	0.01
地　　方	10	1.00					10	1.00		
北　　京										
天　　津										
河　　北										
山　　西										
内 蒙 古										
辽　　宁										
吉　　林										
黑 龙 江										
上　　海										
江　　苏										
浙　　江										
安　　徽										
福　　建										
江　　西										
山　　东										
河　　南										
湖　　北										
湖　　南										
广　　东	10	1.00					10	1.00		
广　　西										
海　　南										
重　　庆										
四　　川										
贵　　州										
云　　南										
西　　藏										
陕　　西										
甘　　肃										
青　　海										
宁　　夏										
新　　疆										

按内容分类全国各地区录音制品出版品种、数量(续表3)
(CD)

单位:种、万盒

	自编节目合计		歌曲		乐曲		戏曲		曲艺	
	种数	出版数量	种数	出版数量	种数	出版数量	种数	出版数量	种数	出版数量
全国总计	4343	3099.97	1319	748.69	717	306.97	151	65.51	38	26.12
中　央	1853	1208.96	584	239.43	364	161.97	16	7.90	7	3.10
地　方	2490	1891.01	735	509.26	353	145.00	135	57.61	31	23.02
北　京	56	59.28	15	19.99	3	1.60	3	1.60		
天　津	31	35.30	5	16.00	10	5.40	1	0.10		
河　北	10	2.00								
山　西	41	4.10	1	0.10	2	0.20				
内　蒙　古	35	16.38	33	15.00						
辽　宁	49	133.69	37	122.59	1	3.50				
吉　林	59	27.04	9	1.55						
黑　龙　江	10	4.10								
上　海	783	558.21	135	149.27	181	81.43	89	8.86	14	2.19
江　苏	205	145.42	4	1.00	2	0.50	4	1.10		
浙　江	19	6.20	7	1.60	1	0.10	8	2.30		
安　徽	25	19.77	2	0.97						
福　建	10	3.15	3	0.26			2	0.44		
江　西	151	113.37								
山　东	12	2.30	10	1.90	1	0.10				
河　南	31	114.50	4	43.40	5	10.20	11	40.00		
湖　北	72	42.27	17	4.42	1	0.10			1	0.40
湖　南	106	250.22	3	4.40	18	10.26	2	0.91	13	15.93
广　东	515	238.82	321	89.76	103	27.01	14	2.10	2	0.30
广　西	37	22.02	6	5.15	1	0.20				
海　南	79	13.90	65	12.50	14	1.40				
重　庆	55	21.51	2	2.30	1	0.05				
四　川	8	1.70	6	1.40						
贵　州										
云　南	52	13.21	35	7.50	6	1.60				
西　藏	4	1.20	3	0.90	1	0.30				
陕　西	23	27.30	4	6.30						
甘　肃	2	1.10	1	0.10	1	1.00				
青　海										
宁　夏	1	0.20	1	0.20						
新　疆	9	12.75	6	0.70	1	0.05			1	4.20

按内容分类全国各地区录音制品出版品种、数量(续表4)
(CD)

单位:种、万盒

	经济		体育		文学		医药卫生		综合	
	种数	出版数量	种数	出版数量	种数	出版数量	种数	出版数量	种数	出版数量
全国总计	1	0.20	15	2.50	92	58.61	10	1.26	62	36.99
中　　央	1	0.20	15	2.50	21	8.71	9	1.11	15	15.20
地　　方					71	49.90	1	0.15	47	21.79
北　　京									5	3.90
天　　津										
河　　北										
山　　西									2	0.20
内 蒙 古										
辽　　宁									7	4.40
吉　　林										
黑 龙 江										
上　　海					36	6.63	1	0.15	3	0.49
江　　苏					21	16.83				
浙　　江										
安　　徽										
福　　建										
江　　西										
山　　东										
河　　南										
湖　　北										
湖　　南					5	4.32				
广　　东					6	13.90			19	8.70
广　　西					2	0.42				
海　　南										
重　　庆										
四　　川										
贵　　州										
云　　南									11	4.11
西　　藏										
陕　　西										
甘　　肃										
青　　海										
宁　　夏										
新　　疆					1	7.80				

按内容分类全国各地区录音制品出版品种、数量(续表5)
(CD)

单位:种、万盒

	教育		语言		科技		其中(少儿)	
	种数	出版数量	种数	出版数量	种数	出版数量	种数	出版数量
全国总计	1509	1523.63	420	324.15	1	0.40	678	540.22
中　　央	564	576.33	254	190.47			149	152.69
地　　方	945	947.30	166	133.69	1	0.40	529	387.53
北　　京	30	32.19					20	23.90
天　　津	15	13.80						
河　　北	10	2.00					8	1.60
山　　西	35	3.50	1	0.10				
内 蒙 古			1	0.12			1	0.05
辽　　宁	4	3.20					5	3.24
吉　　林	50	25.49					9	15.77
黑 龙 江	10	4.10						
上　　海	212	255.88	112	53.32			106	63.45
江　　苏	165	121.54	5	2.62	1	0.40	24	15.38
浙　　江	2	2.00					8	6.50
安　　徽	21	17.60	2	1.20			14	11.80
福　　建	5	2.45						
江　　西	151	113.37					151	113.38
山　　东			1	0.30				
河　　南	10	8.40	1	12.50				
湖　　北	45	29.73	8	7.62			31	24.40
湖　　南	57	184.10	8	30.30			1	26.52
广　　东	45	95.45	5	1.60			57	32.77
广　　西	23	12.24	5	4.01			18	12.07
海　　南							51	5.50
重　　庆	52	19.16					6	0.60
四　　川	2	0.30						
贵　　州								
云　　南							2	0.20
西　　藏							1	0.30
陕　　西	1	0.80	17	20.00			15	22.30
甘　　肃								
青　　海								
宁　　夏								
新　　疆							1	7.80

按内容分类全国各地区录音制品出版品种、数量(续表6)
(CD)

单位：种、万盒

	引进节目合计		歌曲		乐曲		教育		语言	
	种数	出版数量	种数	出版数量	种数	出版数量	种数	出版数量	种数	出版数量
全国总计	686	445.64	463	277.57	159	83.94	46	60.75	2	1.80
中　　央	105	76.90	60	25.91	25	12.26	11	23.12	2	1.80
地　　方	581	368.74	403	251.66	134	71.68	35	37.63		
北　　京										
天　　津										
河　　北										
山　　西										
内 蒙 古										
辽　　宁										
吉　　林										
黑 龙 江										
上　　海	323	205.21	226	157.45	97	47.77				
江　　苏										
浙　　江	8	6.00	2	1.50			6	4.50		
安　　徽										
福　　建										
江　　西										
山　　东										
河　　南	1	0.70	1	0.70						
湖　　北										
湖　　南	9	13.17			1	0.31	1	5.68		
广　　东	230	140.14	170	89.89	36	23.60	24	26.65		
广　　西										
海　　南	1	0.50					1	0.50		
重　　庆										
四　　川										
贵　　州	3	0.90	1	0.30						
云　　南	4	0.42	1	0.12			3	0.30		
西　　藏										
陕　　西										
甘　　肃										
青　　海										
宁　　夏	1	1.00	1	1.00						
新　　疆	1	0.70	1	0.70						

按内容分类全国各地区录音制品出版品种、数量(续表7)
(DVD－A及其他)

单位：种、万盒

	文学		体育		戏曲		曲艺		其他	
	种数	出版数量	种数	出版数量	种数	出版数量	种数	出版数量	种数	出版数量
全国总计	1	5.00	6	8.80	1	0.80	6	6.38	1	0.40
中　央	1	5.00	6	8.80						
地　方					1	0.80	6	6.38	1	0.40
北　京										
天　津										
河　北										
山　西										
内　蒙古										
辽　宁										
吉　林										
黑龙江										
上　海										
江　苏										
浙　江										
安　徽										
福　建										
江　西										
山　东										
河　南										
湖　北										
湖　南						1	0.80	6	6.38		
广　东										
广　西										
海　南										
重　庆										
四　川										
贵　州										1	0.40
云　南										
西　藏										
陕　西										
甘　肃										
青　海										
宁　夏										
新　疆										

按内容分类全国各地区录音制品出版品种、数量(续表8)
(DVD-A 及其他)

单位：种、万盒

	自编节目合计		歌曲		乐曲		戏曲		曲艺		综合	
	种数	出版数量	种数	出版数量	种数	出版数量	种数	出版数量	种数	出版数量	种数	出版数量
全国总计	1872	1973.67	32	250.21	40	21.36	6	6.00	8	5.23	60	22.86
中　央	917	1056.34	17	241.69	13	8.05			1	0.69	14	9.71
地　方	955	917.33	15	8.32	27	13.30	6	6.00	7	4.54	46	13.15
北　京	44	12.44		250.01							44	11.00
天　津	1	0.30										
河　北												
山　西	6	0.60	1	0.10					1	0.10		
内 蒙 古	1	1.20	1	1.20								
辽　宁	308	189.07										
吉　林												
黑 龙 江												
上　海	339	317.31	1	0.60	16	6.93					1	2.10
江　苏	12	5.56										
浙　江												
安　徽	11	4.10										
福　建												
江　西												
山　东	9	27.88										
河　南												
湖　北	20	5.75									1	0.05
湖　南	47	257.74	3	1.12	8	4.97			6	4.44		13.15
广　东	42	25.20	4	3.10	2	1.20	6	6.00				
广　西	1	2.40										
海　南												
重　庆	20	7.86										
四　川	2	0.83										
贵　州												
云　南	1	1.40	1	1.40								
西　藏												
陕　西	85	54.19			1	0.20						
甘　肃	1	2.00										
青　海	1	0.70										
宁　夏												
新　疆	4	0.80	4	0.80								

按内容分类全国各地区录音制品出版品种、数量（续表9）
（DVD－A及其他）

单位：种、万盒

	教育		语言		其他		文学		医药卫生		其中(少儿)	
	种数	出版数量	种数	出版数量	种数	出版数量	种数	出版数量	种数	出版数量	种数	出版数量
全国总计	341	433.81	1349	1216.99	1	5.00	33	11.01	1	0.10	22	13.81
中　　央	80	62.07	762	723.31			28	8.52	1	0.10	9	4.61
地　　方	261	371.74	587	493.69	1	5.00	5	2.49			13	9.20
北　　京	1	1.44										
天　　津												
河　　北												
山　　西	4	0.40										
内　蒙　古												
辽　　宁	3	0.55	304	183.52	1	5.00						
吉　　林												
黑　龙　江												
上　　海	172	106.61	149	201.07							2	2.41
江　　苏	1	0.55	9	4.20			2	0.81				
浙　　江												
安　　徽	8	3.20	3	0.90							1	0.60
福　　建												
江　　西												
山　　东	3	19.05	5	8.23			1	0.60			1	2.19
河　　南												
湖　　北	11	4.05	8	1.65							1	0.10
湖　　南	12	210.53	17	37.50			1	0.38				
广　　东	24	13.60	6	1.30							7	2.40
广　　西	1	2.40										
海　　南												
重　　庆	20	7.86										
四　　川			2	0.83								
贵　　州												
云　　南												
西　　藏												
陕　　西	1	1.50	83	52.49							1	1.50
甘　　肃	261	371.74	1	2.00								
青　　海							1	0.70				
宁　　夏												
新　　疆												

按内容分类全国各地区录音制品出版品种、数量（续表10）
（DVD－A 及其他）

单位：种、万盒

	引进节目合计		歌曲		乐曲		教育		语言	
	种数	出版数量	种数	出版数量	种数	出版数量	种数	出版数量	种数	出版数量
全国总计	9	5.23	2	1.61	2	0.61	2	0.70	3	2.31
中　　央	4	3.21	1	1.21			1	0.20	2	1.80
地　　方	5	2.02	1	0.40	2	0.61	1	0.50	1	0.51
北　　京										
天　　津										
河　　北										
山　　西										
内　蒙　古										
辽　　宁										
吉　　林										
黑　龙　江										
上　　海	1	0.51							1	0.51
江　　苏										
浙　　江										
安　　徽										
福　　建										
江　　西										
山　　东										
河　　南										
湖　　北										
湖　　南	3	1.11			2	0.61	1	0.50		
广　　东	1	0.40	1	0.40						
广　　西										
海　　南										
重　　庆										
四　　川										
贵　　州										
云　　南										
西　　藏										
陕　　西										
甘　　肃										
青　　海										
宁　　夏										
新　　疆										

按载体形式分类全国各地区录像制品出版品种、数量及发行总量

单位：种、万盒、万张

	录像制品合计					激光数码视盘（VCD）			
	合计		其中：新版		发行数量	合计		其中：新版	
	种数	数量	种数	数量		种数	数量	种数	数量
全国总计	8894	16576.00	6652	12413.93	11723.28	2207	4850.65	1124	2244.28
中　　央	4164	6569.80	2780	3724.34	6349.64	960	3261.17	276	1474.81
地　　方	4730	10006.20	3872	8689.59	5373.64	1247	1589.48	848	769.47
北　　京	128	133.87	128	133.87	63.05	4	0.50	4	0.50
天　　津	21	50.60	20	50.30	19.60	3	0.70	3	0.70
河　　北	47	25.05	47	25.05	9.15	1	0.15	1	0.15
山　　西	68	101.14	26	78.70	131.78	6	30.93	5	30.00
内 蒙 古	7	2.90	7	2.90	65.00				
辽　　宁	303	4332.77	300	4332.47	116.01	55	34.74	55	34.75
吉　　林	50	13.43	47	10.83	55.78	18	5.76	18	3.76
黑 龙 江	1	0.30	1	0.30	0.50				
上　　海	521	533.92	292	326.70	321.28	107	93.27	6	12.04
江　　苏	245	125.61	131	65.05	109.60	96	48.22	17	6.81
浙　　江	289	124.86	192	66.73	119.80	224	81.55	127	23.42
安　　徽	75	37.29	74	36.99	45.18	16	14.67	16	14.67
福　　建	109	88.60	58	69.25	117.80	21	26.25	14	24.20
江　　西	116	45.35	109	23.95	153.82	106	41.68	99	20.28
山　　东	144	148.86	144	148.86	197.37	3	0.90	3	0.90
河　　南	183	368.68	94	107.58	590.60	28	57.40	10	3.40
湖　　北	287	249.02	281	237.18	203.24	178	150.66	174	140.92
湖　　南	163	352.12	120	316.37	859.02	59	56.66	37	38.36
广　　东	1265	2098.16	1138	1519.30	1133.51	181	732.51	151	229.97
广　　西	92	104.22	84	98.37	90.02	20	38.84	20	38.84
海　　南	19	7.00	19	7.00	4.40				
重　　庆	81	42.76	61	28.77	60.05	20	14.70	1	1.00
四　　川	91	80.35	91	80.35	83.43	6	1.70	6	1.70
贵　　州	6	2.54	6	2.54	25.00				
云　　南	226	831.83	223	830.20	716.63	69	135.80	68	135.60
西　　藏	9	3.90	9	3.90	2.70				
陕　　西	87	54.77	73	39.78	39.57	25	19.89	12	5.50
甘　　肃	36	12.60	36	12.60	18.90				
青　　海	8	23.80	8	23.80	5.00	1	2.00	1	2.00
宁　　夏	2	0.40	2	0.40	6.65				
新　　疆	51	9.50	51	9.50	9.20				

按载体形式分类全国各地区录像制品出版品种、数量及发行总量(续表)

单位：种、万盒、万张

	高密度激光视盘(DVD－V)				录像带(VT)及其他			
	合计		其中：新版		合计		其中：新版	
	种数	数量	种数	数量	种数	数量	种数	数量
全国总计	6553	11592.68	5399	10037.98	134	132.67	129	131.67
中　央	3158	3288.38	2459	2230.08	46	20.25	45	19.45
地　方	3395	8304.30	2940	7807.90	88	112.42	84	112.22
北　京	124	133.37	124	133.37				
天　津	18	49.90	17	49.60				
河　北	46	24.90	46	24.90				
山　西	62	70.21	21	48.70				
内 蒙 古	7	2.90	7	2.90				
辽　宁	226	4215.53	223	4215.22	22	82.50	22	82.50
吉　林	32	7.67	29	7.07				
黑 龙 江					1	0.30	1	0.30
上　海	375	423.95	247	297.96	39	16.70	39	16.70
江　苏	149	77.39	114	58.24				
浙　江	65	43.31	65	43.31				
安　徽	59	22.62	58	22.32				
福　建	88	62.35	44	45.05				
江　西	10	3.67	10	3.67				
山　东	127	144.74	127	144.74	14	3.22	14	3.22
河　南	155	311.28	84	104.18				
湖　北	109	98.36	107	96.26				
湖　南	103	295.26	82	277.81	1	0.20	1	0.20
广　东	1074	1362.15	981	1286.03	10	3.50	6	3.30
广　西	72	65.38	64	59.53				
海　南	19	7.00	19	7.00				
重　庆	61	28.06	60	27.77				
四　川	85	78.65	85	78.65				
贵　州	6	2.54	6	2.54				
云　南	157	696.03	155	694.60				
西　藏	9	3.90	9	3.90				
陕　西	62	34.88	61	34.28				
甘　肃	36	12.60	36	12.60				
青　海	6	15.80	6	15.80	1	6.00	1	6.00
宁　夏	2	0.40	2	0.40				
新　疆	51	9.50	51	9.50				

按内容分类全国录像制品出版品种、数量

单位：种、万盒（张）

	VT				DVD-V			
	合计		其中：新版		合计		其中：新版	
	种数	数量	种数	数量	种数	数量	种数	数量
全国总计	4	0.2			6553	11592.68	5399	10037.98
其中：少儿					1003	1218.05	880	1051.87
一、自编节目	4	0.2			5668	11063.03	4670	9594.54
故事片					191	327.96	187	312.46
电视剧					408	5156.73	392	5102.85
戏曲片					188	134.57	135	70.86
风光片					81	168.40	77	164.74
卡通片					169	251.35	158	227.41
音乐舞蹈					322	287.69	251	210.56
卡拉OK					22	15.01	20	6.01
MTV					109	55.04	109	55.04
社会科学					281	358.08	255	324.58
教育	4	0.2			2049	2411.83	1627	1818.39
语言					123	130.36	81	86.45
科技					70	140.85	39	59.77
经济					53	78.08	48	55.77
体育					128	65.88	98	52.97
文学					34	19.37	23	8.81
医药卫生					194	55.83	140	30.81
农业科学					70	13.88	69	12.88
工业技术					15	10.18	14	10.10
交通					13	2.10	13	2.10
军事					17	4.98	14	3.88
综合					281	644.65	270	548.07
其他					850	730.21	650	430.03
二、引进节目					881	511.35	725	425.14
故事片					537	248.34	488	234.91
电视剧					2	4.30	2	4.30
风光片					19	5.41	7	4.05
卡通片					191	102.61	129	61.15
音乐舞蹈					33	25.34	25	20.54
卡拉OK					4	1.90	3	0.90
MTV					7	1.94	7	1.94
社会科学					3	0.60	3	0.60
教育					14	49.85	14	49.85
语言					10	7.03	2	0.40
科技					19	1.90	19	1.90
体育					17	21.39	5	10.51
交通					1	0.20	1	0.20
其他					24	40.54	20	33.89
三、对外合作					4	18.30	4	18.30
科技					1	0.10	1	0.10
故事片					2	8.20	2	8.20
卡通片					1	10.00	1	10.00

按内容分类全国录像制品出版品种、数量(续表)

单位:种、万盒(张)

	VCD				其他			
	合计		其中:新版		合计		其中:新版	
	种数	数量	种数	数量	种数	数量	种数	数量
全 国	2207	4850.65	1124	2244.28	130	132.47	128	131.67
其中:少儿	469	2124.53	374	1542.96	30	12.42	30	12.42
一、自编节目	2177	4644.95	1107	2210.58	58	100.37	56	99.57
故事片	69	118.30	66	112.30	9	4.40	9	4.40
电视剧	2	3.20	2	3.20	2	60.00	2	60.00
戏曲片	160	139.74	108	109.44				
风光片	3	2.30	3	1.30				
卡通片	44	431.25	29	94.70				
音乐舞蹈	98	102.86	56	67.27	1	0.20	1	0.20
卡拉OK	7	14.10	6	8.10				
MTV	30	59.55	28	58.75	2	0.40	2	0.40
社会科学	15	15.90	10	10.16				
教育	1253	3341.97	542	1556.23	37	26.67	35	25.87
语言	44	76.97	17	13.10	2	1.50	2	1.50
科技	30	50.54	3	3.51	1	0.50	1	0.50
经济	30	26.77	11	4.22	2	0.45	2	0.45
体育	28	17.05	18	14.25	1	0.05	1	0.05
文学	10	10.15	2	8.50				
医药卫生	38	33.52	14	10.07				
农业科学	224	100.00	134	54.61				
工业技术	15	4.10	10	1.30				
交通	3	0.50						
军事	2	0.05	2	0.05				
综合	28	30.90	26	30.00	1	6.20	1	6.20
其他	44	65.23	20	49.52				
二、引进节目	30	205.70	17	33.70	72	32.10	72	32.10
故事片	8	9.20	6	9.00	68	30.10	68	30.10
卡通片	9	181.40	6	19.40				
音乐舞蹈	1	1.48	1	1.48				
教育	4	3.82	4	3.82				
科技					3	1.50	3	1.50
体育	3	3.93						
综合	4	2.17						
其他	1	3.70						
三、对外合作								

按内容分类全国各地区录像制品出版品种、数量
（VT及其他）

单位：种、万张

	自编节目合计		故事片		电视剧		音乐舞蹈		卡拉OK.MTV		教育		语言		其中（少儿）	
	种数	出版数量	种数	出版数量	种数	出版数量	种数	出版数量	种数	出版数量	种数	出版数量	种数	出版数量	种数	出版数量
全国总计	62	100.57	9	4.40	2	60.00	1	0.20	2	0.40	41	26.87	2	1.50	30	12.42
中 央	13	12.00	8	4.30			1	0.20	1	0.10	1	1.66				
地 方	49	88.57	1	0.10	2	60.00			1	0.30	40	25.21	2	1.50	30	12.42
北 京																
天 津																
河 北																
山 西																
内 蒙 古																
辽 宁	11	74.75			2	60.00					9	14.75				
吉 林																
黑 龙 江	1	0.30									1	0.30				
上 海	14	8.00									11	6.54			14	8.00
江 苏																
浙 江																
安 徽																
福 建																
江 西																
山 东	14	3.22									14	3.22			14	3.22
河 南																
湖 北																
湖 南	1	0.20									1	0.20				
广 东	8	2.10	1	0.10					1	0.30	4	0.20	2	1.50	2	1.20
广 西																
海 南																
重 庆																
四 川																
贵 州																
云 南																
西 藏																
陕 西																
甘 肃																
青 海																
宁 夏																
新 疆																

按内容分类全国各地区录像制品出版品种、数量(续表1)
(VT及其他)

单位：种、万盒

	引进节目合计		故事片		科技		经济		体育		对外合作	
	种数	出版数量	种数	出版数量	种数	出版数量	种数	出版数量	种数	出版数量	种数	出版数量
全国总计	72	32.10	68	30.10	1	0.50	2	0.45	1	0.05		
中　央	31	14.00	28	12.50	1	0.50	2	0.45				
地　方	41	18.10	40	17.60					1	0.05		
北　京												
天　津												
河　北												
山　西												
内　蒙古												
辽　宁											1	0.05
吉　林												
黑龙江												
上　海	39	16.70	38	16.20								
江　苏												
浙　江												
安　徽												
福　建												
江　西												
山　东												
河　南												
湖　北												
湖　南												
广　东	2	1.40	2	1.40								
广　西												
海　南												
重　庆												
四　川												
贵　州												
云　南												
西　藏												
陕　西												
甘　肃												
青　海												
宁　夏												
新　疆												

按内容分类全国各地区录像制品出版品种、数量(续表2)
(DVD-V)

单位:种、万张

	自编节目合计		故事片		电视剧		戏曲片		音乐舞蹈		卡拉OK.MTV	
	种数	出版数量	种数	出版数量	种数	出版数量	种数	出版数量	种数	出版数量	种数	出版数量
全国总计	5668	11063.03	191	327.96	408	5156.73	188	134.57	322	287.69	131	70.05
中　　央	2934	3121.38	81	168.00	36	121.75	22	11.08	113	35.70	26	7.19
地　　方	2734	7941.65	110	159.96	372	5034.98	166	123.49	209	251.99	105	62.86
北　　京	118	131.87			8	15.90	5	14.80	1	1.50		
天　　津	18	49.90							3	40.60		
河　　北	46	24.90	2	0.40			13	5.40			1	0.20
山　　西	62	70.21	1	0.10			2	0.20	1	0.20		
内 蒙 古	7	2.90							2	1.40		
辽　　宁	205	4178.68	1	0.29	109	3849.50			6	32.09	2	6.51
吉　　林	32	7.67							8	4.80	1	0.10
黑 龙 江												
上　　海	268	362.90	6	2.40	1	15.00	27	2.53	44	78.16		
江　　苏	147	76.84	3	0.50	2	0.80	5	0.70	5	0.60		
浙　　江	56	35.31	1	13.00			14	4.90	1	0.10		
安　　徽	59	22.62					4	0.51				
福　　建	41	43.85	2	4.10	1	8.00	3	3.70	7	1.10	2	0.92
江　　西	10	3.67										
山　　东	127	144.74	1	0.30	10	42.00	7	2.50	4	1.60		
河　　南	155	311.28	9	18.60			32	60.63	3	3.20	1	0.45
湖　　北	109	98.36	1	0.10	1	1.10			5	2.55	2	8.00
湖　　南	101	291.23	5	2.70	16	222.58			24	17.26		
广　　东	627	1141.08	28	18.30	222	876.10	14	7.12	36	19.02	53	17.32
广　　西	72	65.38	1	0.12			14	10.80	5	3.35	1	2.50
海　　南	19	7.00									9	4.50
重　　庆	61	28.07					1	0.10			1	0.30
四　　川	73	72.05	5	2.10			12	5.20	5	1.65	1	0.50
贵　　州	4	0.60							1	0.10		
云　　南	154	694.47	30	95.70					31	22.42	22	19.11
西　　藏	9	3.90					1	0.30	1	0.30	5	1.50
陕　　西	62	34.88			1	3.60	6	3.30	9	2.39		
甘　　肃	36	12.60					6	0.80			1	0.10
青　　海	6	15.80	1	0.60					5	15.20		
宁　　夏												
新　　疆	50	8.89	13	0.65	1	0.40			2	2.40	3	0.85

按内容分类全国各地区录像制品出版品种、数量(续表3)
(DVD-V)

单位：种、万张

	社会科学		教育		医药卫生		语言		科技		经济	
	种数	出版数量	种数	出版数量	种数	出版数量	种数	出版数量	种数	出版数量	种数	出版数量
全国总计	281	358.08	2049	2411.83	194	55.83	123	130.36	70	140.85	53	78.08
中　　央	147	112.43	1188	1497.34	158	43.37	59	83.57	18	27.40	47	77.17
地　　方	134	245.65	861	914.49	36	12.46	64	46.79	52	113.45	6	0.91
北　　京	15	14.20	66	77.44			1	0.43				
天　　津			12	3.90								
河　　北			23	12.40								
山　　西	2	0.20	54	69.31								
内　蒙　古												
辽　　宁	1	40.00	44	156.57	2	1.09	5	3.01				
吉　　林	1	0.10	20	1.95								
黑　龙　江												
上　　海	2	0.63	123	121.34	6	2.43	4	5.89	2	0.54	1	0.41
江　　苏	37	9.75	34	35.12	12	4.84					3	0.30
浙　　江	5	0.70	7	7.30	6	0.70			1	1.00		
安　　徽	5	0.55	23	7.59			6	3.10				
福　　建			6	17.75					1	0.30		
江　　西			8	3.02								
山　　东	24	27.80	19	7.34	2	0.40	2	2.40	1	2.10		
河　　南	1	2.45	70	119.10	1	0.45			33	103.90		
湖　　北			64	51.16								
湖　　南	2	0.40	45	36.34								
广　　东			104	58.12	3	1.10	34	15.19				
广　　西			33	30.54			1	1.00	3	2.93		
海　　南	5	1.40										
重　　庆	9	4.66	34	17.51								
四　　川			30	58.35			1	0.30	5	1.20		
贵　　州											1	0.10
云　　南	5	124.61	5	9.52	3	0.65	1	13.20	2	1.23		
西　　藏												
陕　　西	9	12.40	16	8.32			9	2.27	1	0.10	1	0.10
甘　　肃	7	4.90	12	3.70								
青　　海												
宁　　夏												
新　　疆	4	0.90	9	0.80	1	0.79			3	0.15		

按内容分类全国各地区录像制品出版品种、数量(续表4)
(DVD-V)

单位：种、万张

	体育		文学		医药卫生		农业科学		风光片		卡通片	
	种数	出版数量	种数	出版数量	种数	出版数量	种数	出版数量	种数	出版数量	种数	出版数量
全国总计	128	65.88	34	19.37	194	55.83	70	13.88	81	168.40	169	251.35
中　　央	85	40.24	12	3.48	158	43.37	38	6.00	17	36.88	56	70.95
地　　方	43	25.65	22	15.89	36	12.46	32	7.88	64	131.53	113	180.40
北　　京	20	4.90					1	0.20				
天　　津												
河　　北			1	0.20							1	5.00
山　　西							1	0.10	1	0.10		
内　蒙　古							1	0.10			3	0.60
辽　　宁	7	6.69			2	1.09					2	65.00
吉　　林												
黑　龙　江												
上　　海	2	0.15	2	0.70	6	2.43			40	121.00		
江　　苏	1	0.30	14	6.09	12	4.84			1	0.20	2	2.20
浙　　江					6	0.70	4	0.40			3	2.00
安　　徽									1	0.21	13	9.40
福　　建							2	0.72	5	3.91	1	0.25
江　　西							1	0.15				
山　　东					2	0.40					3	2.80
河　　南					1	0.45			1	0.20		
湖　　北	1	0.10	2	2.00					2	1.00	1	1.80
湖　　南			1	6.00					1	0.10		
广　　东	6	3.60			3	1.10			6	1.91	72	89.05
广　　西	3	8.50					1	0.50				
海　　南							3	0.30				
重　　庆					2	0.90			1	0.50	1	0.20
四　　川	2	0.20							2	0.90	1	0.10
贵　　州									1	0.20		
云　　南	1	1.20			3	0.65	12	4.20	2	1.30	1	0.70
西　　藏												
陕　　西											1	0.50
甘　　肃							6	1.20				
青　　海												
宁　　夏												
新　　疆					1	0.79					8	0.80

按内容分类全国各地区录像制品出版品种、数量(续表5)
(DVD－V)

单位：种、万张

	工业技术		交通		军事		综合		其他		其中(少儿)	
	种数	出版数量	种数	出版数量	种数	出版数量	种数	出版数量	种数	出版数量	种数	出版数量
全国总计	15	10.18	13	2.10	17	4.98	281	644.65	850	730.21	1003	1218.05
中　　央	14	9.38	12	2.00	13	1.98	110	151.57	682	613.90	279	391.22
地　　方	1	0.80	1	0.10	4	3.00	171	493.07	168	116.31	724	826.83
北　　京									1	2.50	19	20.50
天　　津							1	2.10	2	3.30		
河　　北									5	1.30	15	10.50
山　　西												
内　蒙　古									1	0.80	3	0.60
辽　　宁							14	12.08	12	5.86	30	232.37
吉　　林									2	0.72	7	1.00
黑　龙　江												
上　　海	1	0.80					4	1.36	3	9.57	69	109.54
江　　苏							22	12.20	6	3.23	15	11.04
浙　　江							6	4.40	8	0.81	17	12.50
安　　徽							5	0.87	2	0.40	36	17.53
福　　建							1	0.40	10	2.70	27	27.07
江　　西							1	0.50			4	2.00
山　　东							52	55.20	2	0.30	17	10.80
河　　南					1	0.50	1	1.00	2	0.80		
湖　　北							25	30.05	5	0.50	60	44.90
湖　　南							3	2.60	4	3.25	10	8.84
广　　东					2	1.00	9	1.95	38	31.28	339	242.29
广　　西							2	2.68	8	2.45	2	3.30
海　　南							1	0.20	1	0.60		
重　　庆							2	0.70	10	3.20	6	1.50
四　　川							9	1.55			8	3.80
贵　　州									1	0.20		
云　　南							6	361.75	33	38.89	9	56.10
西　　藏					1	1.50			1	0.30		
陕　　西			1	0.10			1	0.30	7	1.50	21	9.13
甘　　肃							2	0.20	2	1.70		
青　　海												
宁　　夏												
新　　疆							4	0.99	2	0.15	10	1.52

按内容分类全国各地区录像制品出版品种、数量(续表6)
(DVD-V)

单位：种、万张

	引进节目合计		故事片		卡通片		教育		其他	
	种数	出版数量	种数	出版数量	种数	出版数量	种数	出版数量	种数	出版数量
全国总计	881	511.35	537	248.34	191	102.61	14	49.85	24	37.31
中　　央	220	180.33	141	77.60	5	12.20	6	46.20	11	9.70
地　　方	661	331.02	396	170.74	186	90.41	8	3.65	13	27.61
北　　京	6	1.50							5	1.40
天　　津										
河　　北										
山　　西										
内　蒙　古										
辽　　宁	21	5.20	2	0.45	19	4.75				
吉　　林										
黑　龙　江										
上　　海	107	61.05	67	35.60	14	7.20				
江　　苏	2	0.55	2	0.55						
浙　　江	9	8.00			2	1.00	6	3.00	1	4.00
安　　徽										
福　　建	47	18.50	24	8.60	23	9.90				
江　　西										
山　　东										
河　　南										
湖　　北										
湖　　南	2	4.04								
广　　东	447	221.06	291	122.14	128	67.56	1	0.03	4	20.65
广　　西										
海　　南										
重　　庆										
四　　川	12	6.60	10	3.40						
贵　　州	2	1.94								
云　　南	3	1.56							3	1.56
西　　藏										
陕　　西										
甘　　肃										
青　　海										
宁　　夏	2	0.40								
新　　疆	1	0.62					1	0.62		

按内容分类全国各地区录像制品出版品种、数量(续表7)
(DVD-V)

单位：种、万张

	电视剧		风光片		音乐舞蹈		卡拉OK		MTV	
	种数	出版数量	种数	出版数量	种数	出版数量	种数	出版数量	种数	出版数量
全国总计	2	4.30	19	5.41	33	25.34	4	1.90	7	1.94
中　　央	1	0.80	3	0.60	1	0.10			6	1.80
地　　方	1	3.50	16	4.81	32	25.24	4	1.90	1	0.14
北　　京					1	0.10				
天　　津										
河　　北										
山　　西										
内　蒙　古										
辽　　宁										
吉　　林										
黑　龙　江										
上　　海			5	0.12	19	16.80	1	1.00		
江　　苏										
浙　　江										
安　　徽										
福　　建										
江　　西										
山　　东										
河　　南										
湖　　北										
湖　　南					2	4.04				
广　　东	1	3.50	9	1.49	8	3.90	3	0.90		
广　　西										
海　　南										
重　　庆										
四　　川			2	3.20						
贵　　州									1	0.14
云　　南										
西　　藏										
陕　　西										
甘　　肃										
青　　海										
宁　　夏					2	0.40				
新　　疆										

按内容分类全国各地区录像制品出版品种、数量(续表8)
(DVD-V)

单位：种、万张

	社会科学		语音		科技		体育		交通	
	种数	出版数量	种数	出版数量	种数	出版数量	种数	出版数量	种数	出版数量
全国总计	3	0.60	10	7.03	19	1.90	17	21.89	1	0.20
中　　央	3	0.60	8	6.63	19	1.90	17	21.89	1	0.20
地　　方			2	0.40						
北　　京										
天　　津										
河　　北										
山　　西										
内 蒙 古										
辽　　宁										
吉　　林										
黑 龙 江										
上　　海										
江　　苏										
浙　　江										
安　　徽										
福　　建										
江　　西										
山　　东										
河　　南										
湖　　北										
湖　　南										
广　　东			2	0.40						
广　　西										
海　　南										
重　　庆										
四　　川										
贵　　州										
云　　南										
西　　藏										
陕　　西										
甘　　肃										
青　　海										
宁　　夏										
新　　疆										

按内容分类全国各地区录像制品出版品种、数量(续表9)
(VCD)

单位：种、万张

	自编节目合计		故事片		电视剧		音乐舞蹈		卡拉OK.MTV		戏曲片	
	种数	出版数量	种数	出版数量	种数	出版数量	种数	出版数量	种数	出版数量	种数	出版数量
全国总计	2177	4644.95	69	118.30	2	3.20	98	102.86	37	73.65	160	139.74
中　　央	956	3247.57	3	2.10	1	2.00	27	31.46	12	6.80	14	15.10
地　　方	1221	1397.38	66	116.20	1	1.20	71	71.40	25	66.85	146	124.64
北　京	4	0.50					1	0.10				
天　津	3	0.70										
河　北	1	0.15										
山　西	6	30.93										
内蒙古												
辽　宁	55	34.73										
吉　林	18	5.76										
黑龙江												
上　海	98	82.88					17	9.67			34	2.20
江　苏	96	48.22					1	0.39			9	2.60
浙　江	223	78.55					1	0.20			18	6.70
安　徽	16	14.67										
福　建	20	26.05									12	18.90
江　西	106	41.68									8	2.70
山　东	3	0.90										
河　南	28	57.40							1	6.00	2	10.50
湖　北	178	150.66					4	3.30				
湖　南	59	55.17					6	2.39	1	0.40	30	36.00
广　东	166	555.50	53	108.60	1	1.20	16	12.20	1	0.10	11	5.80
广　西	20	38.84									20	38.84
海　南												
重　庆	20	14.70										
四　川	6	1.70	1	0.30			3	0.85	1	0.25		
贵　州												
云　南	69	135.80	11	5.30			22	42.30	21	60.10	2	0.40
西　藏												
陕　西	25	19.89										
甘　肃												
青　海	1	2.00	1	2.00								
宁　夏												
新　疆												

按内容分类全国各地区录像制品出版品种、数量(续表10)
(VCD)

单位：种、万张

	科技		经济		体育		文学		医药卫生		风光片		卡通片	
	种数	出版数量	种数	出版数量	种数	出版数量	种数	出版数量	种数	出版数量	种数	出版数量	种数	出版数量
全国总计	30	50.54	30	26.77	28	17.05	10	10.15	38	33.52	3	2.30	44	431.25
中　央	4	0.35	30	26.77	15	10.30	2	0.60	22	22.86	1	0.90	17	42.15
地　方	26	50.20			13	6.75	8	9.55	16	10.66	2	1.40	27	389.10
北　京														
天　津														
河　北														
山　西														
内蒙古														
辽　宁					5	1.15			12	9.27				
吉　林														
黑龙江														
上　海	16	30.00					6	1.55						
江　苏														
浙　江														
安　徽	2	0.20												
福　建														
江　西														
山　东														
河　南	8	20.00												
湖　北							2	8.00					1	1.40
湖　南														
广　东					4	1.70					2	1.40	24	385.10
广　西														
海　南														
重　庆														
四　川														
贵　州														
云　南					4	3.90							2	2.60
西　藏														
陕　西									4	1.39				
甘　肃														
青　海														
宁　夏														
新　疆														

按内容分类全国各地区录像制品出版品种、数量(续表11)
(VCD)

单位：种、万张

	社会科学		教育		语言		农业科学		其他		其中（少儿）	
	种数	出版数量	种数	出版数量	种数	出版数量	种数	出版数量	种数	出版数量	种数	出版数量
全国总计	15	15.90	1253	3341.97	44	76.97	224	100.00	44	65.23	469	2124.53
中　　央	3	5.00	589	2907.01	12	46.37	148	76.64	27	35.31	106	1276.15
地　　方	12	10.90	664	434.96	32	30.60	76	23.36	17	29.92	363	848.38
北　京			3	0.40							4	0.50
天　津			1	0.30					2	0.40		
河　北			1	0.15								
山　西			6	30.33								
内蒙古												
辽　宁			38	24.31							35	24.11
吉　林	1	0.15	12	1.20					5	2.41	1	0.01
黑龙江												
上　海			23	39.55	1	0.30			1	0.51	33	42.26
江　苏	1	1.41	84	42.52							9	0.65
浙　江			204	71.65							1	3.00
安　徽			3	1.10	6	9.00	5	4.07			7	9.10
福　建			8	8.05							2	6.20
江　西			30	26.90			65	11.58			7	21.40
山　东			3	0.90							3	0.90
河　南			17	20.90								
湖　北	1	0.10	151	112.95	1	0.80	6	7.71			146	114.90
湖　南			22	16.39								
广　东	3	2.50	35	24.91	8	5.00			5	6.60	86	601.20
广　西												
海　南												
重　庆	4	5.54	16	9.15							2	0.55
四　川			1	0.30							1	0.30
贵　州												
云　南	2	1.20	1						4	20.00	8	5.70
西　藏												
陕　西			5	3.00	16	15.50					18	17.60
甘　肃												
青　海												
宁　夏												
新　疆												

按内容分类全国各地区录像制品出版品种、数量(续表12)
（VCD）

单位：种、万张

	引进节目合计		故事片		卡通片		教育		音乐舞蹈		体育		综合		其他	
	种数	出版数量	种数	出版数量	种数	出版数量	种数	出版数量	种数	出版数量	种数	出版数量	种数	出版数量	种数	出版数量
全国总计	30	205.70	8	9.20	9	181.40	4	3.82	1	1.48	3	3.93	4	2.17	1	3.70
中　央	5	13.63			1	6.00					3	3.93			1	3.70
地　方	25	192.07	8	9.20	8	175.40	4	3.82	1	1.48			4	2.17		
北　京																
天　津																
河　北																
山　西																
内　蒙古																
辽　宁																
吉　林																
黑龙江																
上　海	8	10.39	2	7.80			2	0.42					4	2.17		
江　苏																
浙　江	1	3.00					1	3.00								
安　徽																
福　建	1	0.20					1	0.20								
江　西																
山　东																
河　南																
湖　北																
湖　南	1	1.48							1	1.48						
广　东	14	177.00	6	1.40	7	175.20	1	0.40								
广　西																
海　南																
重　庆																
四　川																
贵　州																
云　南																
西　藏																
陕　西																
甘　肃																
青　海																
宁　夏																
新　疆																

全国电子出版物出版品种、数量汇总表

单位：种、万张

	电子出版物					只读光盘(CD－ROM)			
	合计		其中：新版		发行数量	合计		其中：新版	
	种数	数量	种数	数量		种数	数量	种数	数量
全国总计	11822	26344.86	7821	9633.45	21686.68	7620	20335.38	4685	5330.97
中　　央	7896	18644.99	5011	7245.16	12759.54	4614	13935.13	2668	3512.27
地　　方	3926	7699.87	2810	2388.29	8927.14	3006	6400.25	2017	1818.70
北　　京	87	44.01	87	44.01	23.76	32	31.31	32	31.31
天　　津	186	93.14	185	92.84	87.91	111	64.84	110	64.54
河　　北	47	79.40	47	79.40	19.15	17	8.30	17	8.30
山　　西	194	21.45	193	21.35	12.50	1	0.20	1	0.20
内 蒙 古									
辽　　宁	260	314.87	161	49.94	412.55	234	307.54	144	46.68
吉　　林	103	19.35	103	19.35	26.50	103	19.35	103	19.35
黑 龙 江									
上　　海	634	1559.41	329	418.03	2209.23	506	1460.01	241	367.81
江　　苏	452	1922.83	139	430.91	1427.67	392	1844.99	116	375.99
浙　　江	307	576.81	240	210.83	536.93	173	556.55	106	192.17
安　　徽	7	2.26	7	2.26	4.82	4	0.96	4	0.96
福　　建	63	19.06	19	14.65	19.63	58	7.06	14	2.65
江　　西	16	14.30	16	14.30	113.08	11	13.90	11	13.90
山　　东	320	157.54	297	130.65	815.96	314	155.43	291	128.54
河　　南	65	402.50	53	6.60	450.70	60	401.30	48	5.40
湖　　北	175	230.35	136	146.91	247.87	137	190.56	100	107.74
湖　　南	91	326.94	54	122.68	389.09	75	293.87	38	89.61
广　　东	189	744.09	107	94.82	929.97	153	713.62	71	68.85
广　　西	33	782.31	26	151.78	782.55	14	97.29	14	97.02
海　　南	2	0.50	2	0.50	1.00	1	0.20	1	0.20
重　　庆	126	51.31	52	13.54	103.77	78	26.24	32	4.28
四　　川	415	51.75	414	51.65	160.31	404	38.69	403	38.59
贵　　州									
云　　南	47	15.42	47	15.42	10.29	38	7.94	38	7.94
西　　藏									
陕　　西	96	177.90	85	163.50	54.61	87	158.93	79	145.50
甘　　肃	4	1.30	4	1.30	1.50	2	1.10	2	1.10
青　　海	4	0.40	4	0.40	0.30				
宁　　夏	3	90.67	3	90.67	85.49	1	0.07	1	0.07
新　　疆									

全国电子出版物出版品种、数量汇总表(续表)

单位:种、万张

	高密度只读光盘(DVD-ROM)				交互式光盘(CD-I)及其他			
	合计		其中:新版		合计		其中:新版	
	种数	数量	种数	数量	种数	数量	种数	数量
全国总计	3352	5058.44	2609	3918.35	850	951.04	527	384.13
中　央	2599	3816.76	1980	3405.73	683	893.10	363	327.16
地　方	753	1241.68	629	512.62	167	57.94	164	56.97
北　京	20	11.00	20	11.00	35	1.70	35	1.70
天　津	62	24.40	62	24.40	13	3.90	13	3.90
河　北	18	68.80	18	68.80	12	2.30	12	2.30
山　西	190	21.25	189	21.15	3	0.00	3	0.00
内 蒙 古								
辽　宁	18	7.13	9	3.06	8	0.20	8	0.20
吉　林								
黑 龙 江								
上　海	82	97.94	42	48.76	46	1.46	46	1.46
江　苏	59	77.54	22	54.62	1	0.30	1	0.30
浙　江	133	20.25	133	18.65	1	0.01	1	0.01
安　徽	1	0.30	1	0.30	2	1.00	2	1.00
福　建	5	12.00	5	12.00				
江　西	5	0.40	5	0.40				
山　东	6	2.11	6	2.11				
河　南	4	0.70	4	0.70	1	0.50	1	0.50
湖　北	23	11.59	21	10.97	15	28.20	15	28.20
湖　南	16	33.07	16	33.07				
广　东	9	13.07	9	8.57	27	17.40	27	17.40
广　西	19	685.02	12	54.76				
海　南	1	0.30	1	0.30				
重　庆	48	25.07	20	9.26				
四　川	11	13.06	11	13.06				
贵　州								
云　南	9	7.48	9	7.48				
西　藏								
陕　西	6	18.00	6	18.00	3	0.97		
甘　肃	2	0.20	2	0.20				
青　海	4	0.40	4	0.40				
宁　夏	2	90.60	2	90.60				
新　疆								

五、出版物发行

全国新华书店系统、出版社自办发行单位出版物发行进、销、存情况

单位：万册（张、份、盒）、万元

	购进		销售		库存	
	数量	金额	数量	金额	数量	金额
全国总计	1890434	21609143	1900761	21598845	559953	8418751
中　央	240130	4807897	238126	4649471	120431	3326893
地　方	1650303	16801246	1662634	16949374	439522	5091858
北　京	15312	393688	14893	385174	7372	181726
天　津	10338	142937	10552	146653	4752	104602
河　北	83198	640361	73108	606655	42805	155085
山　西	45472	566713	47864	564935	13927	135786
内　蒙　古	17935	152703	20446	161182	3045	25645
辽　宁	30709	416778	29832	383401	10899	234188
吉　林	33840	375462	33993	356907	7405	105753
黑　龙　江	19569	202168	19574	205605	5747	50910
上　海	44674	603670	50963	756581	15990	360326
江　苏	164969	1661266	179867	1677795	53659	643759
浙　江	109314	1270950	99260	1147333	58315	753432
安　徽	92568	1051105	93218	1046974	7698	147796
福　建	37132	384470	37420	389107	7198	71844
江　西	76111	703394	77649	696060	6688	108957
山　东	133904	1107054	138648	1122505	39400	328229
河　南	110341	893447	114438	914667	19578	208224
湖　北	69356	665843	69489	665645	14720	204835
湖　南	119182	1514276	114740	1422637	36034	363857
广　东	49024	515684	48744	652116	11300	102123
广　西	69133	532748	69625	557523	3919	51387
海　南	12394	128286	12242	127474	1829	18894
重　庆	27797	324527	26705	376793	6779	67302
四　川	64633	627063	61603	641473	15559	206082
贵　州	35187	231953	38929	249606	5058	29958
云　南	40476	443436	40705	442395	9300	120894
西　藏	3234	20178	2083	17405	2070	7603
陕　西	62745	533285	63023	533201	16445	193109
甘　肃	37434	299556	39100	302759	3767	40960
青　海	3044	24569	3033	23347	756	5761
宁　夏	3366	64292	3176	62488	688	13626
新　疆	27912	309385	27713	312976	6821	49208

注：1. 本表中购进、销售为总购进、总销售（按国家商品流通企业统计口径，包括新华书店系统内购销）。
　　2. 纯销售额：指向读者实际销售的出版物以及直接向国外出口的出版物。

全国新华书店系统、出版社自办发行单位出版物纯销售情况

单位：万元

	总计	零售			批给县以下单位或个人	其他	出口
		合计	市、县	县以下			
全国总计	7125801	6480018	5385518	1094500	315181	308985	21617
中 央	509181	371815	367881	3934	15536	106806	15025
地 方	6616619	6108203	5017637	1090566	299645	202179	6593
北 京	139959	133336	131508	1828	2661	3324	638
天 津	42257	41576	41419	157	4	217	460
河 北	228473	228316	160162	68154	130	26	
山 西	243509	231976	164878	67098	7942	3591	
内 蒙 古	87115	87097	87097			18	
辽 宁	108145	93777	89977	3800	2512	11857	
吉 林	53507	38986	38986			14521	
黑 龙 江	85767	83916	82752	1164	417	1434	
上 海	162253	154508	134061	20447	2	4727	3016
江 苏	566217	542853	340176	202677	11051	12107	206
浙 江	516722	468685	444335	24350	4534	43503	
安 徽	385976	384985	329051	55935	598		393
福 建	176133	170205	136139	34065	1802	2680	1446
江 西	293954	278606	253401	25205	14583	766	
山 东	436484	419546	336582	82964	157	16781	
河 南	327956	326682	181273	145409	1124	150	
湖 北	226463	194778	177908	16870	1266	30181	239
湖 南	550718	545260	441014	104245	2985	2474	
广 东	321998	259667	234433	25233	62331		
广 西	251115	102236	85023	17213	148732	147	
海 南	12772	12772	12772				
重 庆	187520	147200	127254	19946	1252	39068	
四 川	351052	342117	341593	524	2972	5951	12
贵 州	132139	111022	79450	31572	15052	6064	
云 南	194042	193795	139493	54302	22	43	182
西 藏	7414	7414	5347	2067			
陕 西	218504	200750	159798	40952	17229	525	
甘 肃	128244	126020	81720	44300	200	2024	
青 海	10037	10037	10037				
宁 夏	2392	2392	2392				
新 疆	167781	167694	167607	87	87		

全国新华书店系统、出版社自办发行单位出版物销售分类情况

单位：万(册、张、份、盒)、万元

	2011 年		2012 年		增减（%）		2011年各类所占百分比		2012年各类所占百分比	
	数量	金额	数量	金额	数量	金额	数量	金额	数量	金额
销售总计	1781734	19534916	1900761	21598845	7	11	-	-	-	-
零售合计	595371	5823950	627889	6480018	5	11	100.00	100.00	100.00	100.00
图书	582629	5588102.8	615454	6171319	6	10	97.86	95.95	98.02	95.24
哲学、社会科学	21846	368581	25929	459439	14	17	3.67	6.33	4.13	7.09
文化、教育	224918	2153834	503464	4421529	124	105	37.78	36.98	80.18	68.23
其中：中小学课本及教参	262279	1992716	287211	2284918	10	15	44.05	34.22	45.74	35.26
教辅读物	139732	1235188	154421	1421741	25	22	23.47	21.21	24.59	21.94
文学、艺术	20143	287816	25741	387874	28	35	3.38	4.94	4.10	5.99
自然科学、技术	15030	283362	18450	341416	23	20	2.52	4.87	2.94	5.27
综合	13626	152099	41870	561062	207	269	2.29	2.61	6.67	8.66
少年儿童读物	15120	178595	18931	238937	25	34	2.54	3.07	3.02	3.69
大中专教材、业余教育及教参	9667	171100	10402	182931	8	7	1.62	2.94	1.66	2.82
期刊	1684	44398	2029	117485	21	165	0.28	0.76	0.32	1.81
报纸	846	5748	1881	18836	122	228	0.14	0.10	0.30	0.29
音像制品	6901	92733	6525	84221	-5	-9	1.16	1.59	1.04	1.30
电子出版物	3310	92964	1888	86793	-43	-7	0.56	1.60	0.30	1.34
数字出版物	-	-	111	1363	-	-	-	-	0.02	0.02
非出版物商品		550123		541583		-2				

注：1. 非出版物商品销售额不含在销售总额中。
2. 2011年中小学课本及教参未算入文化教育中。

全国出版物发行网点数量和人数

单位：处、人

	发行网点								新华书店系统出版社、自办发行从业人数	
	合计	新华书店及其发行网点	供销社	出版社	网上书店	文化教育广电邮政系统	新华书店系统外批发网点	集个体零售	全部职工	其中：新华书店及其发行网点
全国总计	172633	9403	748	446	619	37821	7505	116091	149647	140268
中　　央	131	3		128					3195	1304
地　　方	172502	9400	748	318	619	37821	7505	116091	146452	138964
北　　京	8998	124		17	538	2053	1773	4493	4449	3951
天　　津	3060	71		13			158	2818	1829	1703
河　　北	7272	376		7		2107	214	4568	8368	7585
山　　西	2945	396	12			445	123	1969	5579	5579
内 蒙 古	1942	227		7			49	1659	2121	2121
辽　　宁	5964	294		12		487	284	4887	6194	5899
吉　　林	2600	113		4	16	243	227	1997	2967	2869
黑 龙 江	3031	239	59	5	1	582	138	2007	3945	3880
上　　海	8526	144		71	24	2285	345	5657	4200	2484
江　　苏	14497	875		18	2	2470	232	10900	6170	6028
浙　　江	11057	558		10	1	2607	321	7560	7400	7036
安　　徽	8588	649		11	12	3560	306	4050	4923	4773
福　　建	4387	233		5	9	1083	437	2620	3906	3802
江　　西	3414	326	28	6		21	157	2876	3210	3074
山　　东	7127	520		5		905	161	5536	7847	7822
河　　南	8938	1068		12		2310	280	5268	12646	12479
湖　　北	4933	236		16	6	664	404	3607	5214	4888
湖　　南	7711	390		14		4682	125	2500	11008	9778
广　　东	13180	398	568	19			453	11742	9593	9410
广　　西	5007	255	81	20		1924	78	2649	4553	4293
海　　南	723	28		4		371	45	275	981	957
重　　庆	3486	267		3		601	127	2488	2703	2658
四　　川	10565	214			1	3270	240	6840	9370	9370
贵　　州	3736	221		2	1	839	132	2541	1715	1617
云　　南	8769	241		8		1812	121	6587	3607	3591
西　　藏	131	52		1		8		70	299	295
陕　　西	4680	205		25		1600	240	2610	4369	4073
甘　　肃	2203	295		2		82	210	1614	3119	2830
青　　海	1052	55				183	28	786	656	624
宁　　夏	989	31		1	6	457	42	452	742	726
新　　疆	2991	299			2	170	55	2465	2769	2769

六、出版物印刷

全国出版物印刷生产情况

指标名称	企业家数	工业销售产值	印刷产量		装订产量	用纸量
			黑白	彩色		
计量单位	个	万元	万令	万对开色令	万令	万令
全国总计	8714	14098802.15	32654.34	164712.99	29740.21	63821.20
北京	796	1058827.33	3020.90	15955.78	3144.66	5665.38
天津	122	134910.57	2374.30	3550.50	150.36	2341.90
河北	586	724624.82	1687.37	2816.79	2253.49	3159.61
山西	179	152669.75	345.48	1920.58	312.91	659.01
内蒙古	95	43816.00	71.35	374.79	88.70	212.23
辽宁	215	221938.07	2037.78	2768.10	757.72	431.35
吉林	246	327966.65	1434.27	2601.91	543.78	1272.39
黑龙江	177	140202.25	320.07	2203.74	392.32	707.93
上海	279	934797.05	1027.19	14616.92	608.85	1356.66
江苏	415	849501.25	1295.08	7108.53	1213.33	3642.74
浙江	805	2016466.92	1634.31	22451.03	1807.05	5234.60
安徽	268	430320.71	1011.90	2774.73	1292.13	1472.60
福建	312	305127.00	472.63	1713.79	293.09	658.60
江西	136	240413.43	868.73	1534.32	849.93	698.45
山东	460	982939.83	2590.50	25169.90	3729.30	7505.50
河南	410	418250.81	1026.41	3271.12	1116.91	2254.73
湖北	349	431073.78	1628.28	3488.98	1377.46	2770.93
湖南	484	770757.45	1143.06	4325.29	1509.23	7978.86
广东	859	2267226.91	3792.54	30368.45	4264.01	8170.06
广西	185	205048.47	1852.67	3271.15	722.88	2364.78
海南	27	12923.00	77.54	425.26	52.59	109.29
重庆	184	225973.11	356.01	875.80	332.94	519.64
四川	206	254623.69	1146.96	4383.89	1384.89	1662.28
贵州	178	78617.47	170.20	1885.24	154.09	369.33
云南	145	202689.15	273.51	1282.73	237.84	622.84
西藏	12	12814.50	28.71	59.52	16.92	34.71
陕西	215	462400.43	554.85	2035.62	622.42	1095.45
甘肃	102	79022.43	257.67	463.20	244.70	368.63
青海	50	26050.39	31.67	165.02	33.42	107.10
宁夏	92	25563.89	36.84	100.17	43.85	80.75
新疆	125	61245.05	85.56	750.13	188.42	292.86

七、出版物进出口

全国图书、期刊、报纸进出口情况

载体	类别	出口 数量（万册、份）	出口 金额（万美元）	进口 数量（万册、份）	进口 金额（万美元）
	总　　计	1639.27	4863.15	3138.07	30121.65
图书	合　　计	1325.69	4250.09	743.51	13707.99
图书	哲学、社会科学	131.58	826.47	45.93	1861.68
图书	文化、教育	177.72	669.34	138.78	2420.40
图书	文学、艺术	196.53	778.54	165.18	1861.16
图书	自然科学、技术	81.29	390.25	107.74	3593.28
图书	少儿读物	489.54	446.79	76.14	440.31
图书	综合性图书	249.03	1138.70	209.74	3531.16
	期　　刊	220.31	556.00	490.33	14120.03
	报　　纸	93.27	57.06	1904.23	2293.63

注：以上数据为全国有出版物进口经营许可证的出版物进出口经营单位数据。

全国音像、电子出版物进出口情况

载体	分类	出口 数量（万册、份）	出口 金额（万美元）	进口 数量（万册、份）	进口 金额（万美元）
	总　　计	93448	33.54	185646	16685.95
录音	合　　计	136	0.04	123396	103.73
录音	录音带（AT）	136	0.04		0.00
录音	激光唱盘		0.00	123396	103.73
录音	数码激光唱盘		0.00		0.00
录像	合　　计	93312	33.50	62093	42.37
录像	VT		0.00		0.00
录像	DVD-V	91574	30.97	62093	42.37
录像	VCD	1738	2.53		0.00
	电子出版物	——	0.00	157	106.73
		——	0.00	——	16433.12

注：以上数据为全国有出版物进口经营许可证的出版物进出口经营单位数据。

八、版权管理及贸易

全国版权合同登记情况统计

单位：份

	合 计	图 书	期 刊	音像制品	电子出版物	软 件	电 影	电视节目	其 他
合 计	18645	16554	199	319	417	1085	24	14	33
北 京	9587	9162	192		63	170			
天 津	305	272				15			18
河 北	128	127			1				
山 西	25	25							
内 蒙 古									
辽 宁	279	266		2	1	10			
吉 林	298	298							
黑 龙 江	50	50							
上 海	1177	909		136	119	13			
江 苏	1283	837		181	7	246	12		
浙 江	1192	886			197	109			
安 徽	161	158				3			
福 建	150	131			18	1			
江 西	592	592							
山 东	368	365				3			
河 南	179	179							
湖 北	252	236				16			
湖 南	627	616	3					8	
广 东	167	122			1	12	12	6	14
广 西	301	301							
海 南									
重 庆	223	223							
四 川	259	240	4		10	5			
贵 州	78	78							
云 南	204	204							
西 藏									
陕 西	702	220				482			
甘 肃									
青 海									
宁 夏	23	22							1
新 疆	35	35							

- 259 -

全国作品自愿登记情况统计

单位：件

	合计	文字	口述	音乐	曲艺	舞蹈	杂技	美术	摄影	建筑	影视	设计图	地图	模型	其他
合　　计	560583	179471		3901	58	40	4	85873	239801	102	30335	3968	227	13	16790
北　　京	370724	156065		2014	1	18		13280	170471		18286	61	169	1	10358
天　　津	38	38													
河　　北	227	73		12				132				1			9
山　　西	211	57		31				77	9		34	2			1
内 蒙 古	280	16		17	2	2		211		1	2	1			28
辽　　宁	20901	7365		462		9		2250	232	7	6720	14			3842
吉　　林	1400	565		39	1			119	40			4			632
黑 龙 江	346	165		71				81			6	1			22
上　　海	70663	3886		140				5448	60345	9	165	55	1	1	613
江　　苏	20558	3969		54	15	6	1	13965	1191	65	532	400	5		355
浙　　江	15090	300		41				14358	6		177	75	23		110
安　　徽	568	100		6				183			132	145	1		1
福　　建	15343	206		41	8			14998	2	1	2	18	11		56
江　　西	347	23		24				281							19
山　　东	16018	909		42	17			4381	4673	3	3987	1993	2		11
河　　南	190	85		7	1	1	1	78	2		8	3	2		2
湖　　北	448	244		29			1	152	1		12	1	4		4
湖　　南	633	119		43	9			446			16				
广　　东	8237	461		178	2			6517	84	16	210	332	18		419
广　　西	239	88		57				92	1						1
海　　南															
重　　庆	15024	3846		61		1		7468	2659		26	761	1		200
四　　川	1031	461		28		1		478	4		4	55			
贵　　州	212	43		4		2		161	1		1				
云　　南	260	49		78				133							
西　　藏															
陕　　西	268	86		46				118				12	1		5
甘　　肃	64	36		9				16	1			1			1
青　　海	11	11													
宁　　夏	186	14		8	2			63				3		1	95
新　　疆	1066	191		359				387	79			44			6

全国作品自愿登记情况统计（续表）

单位：件

	摄影	建筑	影视	设计图	地图	模型	其他
合计	311897	62	1243	559	44	2	604
北京	311156		11	10			61
天津	0						
河北	0		3	1			
山西	0		10	9			1
内蒙古	1		3	3			1
辽宁	0		550	21			84
吉林	2						90
黑龙江	0		2	3			3
上海	72		48	47			32
江苏	497		70	183	8		12
浙江	3		19	65			48
安徽	4		16	1			2
福建	6		60	46			5
江西	0						
山东	0		18		24		
河南	1		39	3			2
湖北	9		5	5		2	
湖南	25		50	114			12
广东	15		118	8	12		207
广西	0	44		3			
海南	0						
重庆	0						40
四川	13	17	8	15			1
贵州	1	1	3	20			
云南	0			1			2
西藏	0		2				
陕西	1		7	1			
甘肃	0		196				
青海	1						
宁夏	0						1
新疆	90		5				

引进版权汇总表

原版权所在国家或地区	合计	图书	录音制品	录像制品	电子出版物	软件	电影	电视节目	其他
本季引进版权总数（项）	17589	16115	475	503	100	189	12	190	5
原版权所在国家或地区名称									
美国	5606	4944	128	444	13	34		42	1
英国	2739	2581	42	34	3	4		73	2
德国	941	874	38	1	10	16		2	
法国	846	835	3	1	1	4		2	
俄罗斯	61	48			1		12		
加拿大	138	122	11			5			
新加坡	293	265	2					26	
日本	2079	2006	23	7	25	15		1	2
韩国	1232	1209	6		10	3		4	
香港地区	590	413	85	5	1	62		24	
澳门地区	5	5							
台湾地区	1558	1424	108	8	15	3			
其他	1501	1389	29	2	22	43		16	

输出版权汇总表

原版权所在国家或地区	合计	图书	录音制品	录像制品	电子出版物	软件	电影	电视节目	其他
本季输出版权总数（项）	9365	7568	97	51	115	2		1531	1
原版权所在国家或地区名称									
美国	1259	1021	5	23	18			192	
英国	606	606							
德国	354	352						1	1
法国	130	130							
俄罗斯	104	104							
加拿大	122	104		14	1			3	
新加坡	292	173	2		16			101	
日本	405	401	3					1	
韩国	310	282	24		4				
香港地区	511	440	2	1	2			66	
澳门地区	1	1							
台湾地区	1796	1781			12			3	
其他	3475	2173	61	13	62	2		1164	

# 九、出版机构、人员及单位名录

各地区图书、音像、出版物印刷、物资机构数及职工人数

单位：处、人

	图书出版社		出版物印刷厂	印刷物资公司		音像出版单位	
	机构数	职工人数	机构数	机构数	职工人数	机构数	职工人数
全国总计	580	67125	8714	28	1303	369	4563
中　央	220	29511				146	1173
地　方	360	37614	8714	28	1303	223	3390
北　京	17	699	796			10	104
天　津	12	1100	122	1	52	7	89
河　北	8	877	586			5	45
山　西	8	528	179	2	130	3	70
内　蒙　古	7	529	95			1	30
辽　宁	18	1566	215			13	152
吉　林	15	2036	246			8	79
黑　龙　江	13	1014	177	1	71	6	6
上　海	38	3829	279	1	80	27	678
江　苏	18	2267	415	1	229	7	131
浙　江	14	964	805	6		7	61
安　徽	11	946	268			7	75
福　建	11	695	312	1	15	5	237
江　西	7	744	136	1	59	5	125
山　东	17	1456	460	1	213	13	209
河　南	12	1208	410	1	72	5	104
湖　北	14	1786	349	1	139	7	152
湖　南	13	1230	484	1	140	12	126
广　东	19	1254	859	5	60	24	325
广　西	8	2992	185	1		4	32
海　南	4	433	27			2	
重　庆	3	1891	184			6	30
四　川	16	2121	206	1		10	149
贵　州	5	310	178	1	43	2	15
云　南	8	763	145	1		8	63
西　藏	2	78	12			2	11
陕　西	17	1842	215			9	65
甘　肃	9	289	102			3	55
青　海	2	141	50			2	12
宁　夏	3	997	92			1	17
新　疆	11	1029	125	1		2	143

注：全国图书出版社580家，其中含副牌社33家，新疆包含新疆生产建设兵团数据。

全国图书出版社名录

中央出版社

出版社名称	出版社名称	出版社名称
人民出版社	中国工商出版社	人民卫生出版社
东方出版社（副牌）	光明日报出版社	人民邮电出版社
生活·读书·新知三联书店	国际文化出版公司	社会科学文献出版社
人民文学出版社	国家行政学院出版社	石油工业出版社
天天出版社	海洋出版社	时事出版社
商务印书馆	航空工业出版社	世界知识出版社
中华书局	红旗出版社	台海出版社
人民美术出版社	华龄出版社	团结出版社
人民音乐出版社	华文出版社	外文出版社
华乐出版社（副牌）	华夏出版社	华语教学出版社
中国大百科全书出版社	化学工业出版社	海豚出版社
知识出版社（副牌）	机械工业出版社	万国学术出版社
中国对外翻译出版公司	教育科学出版社	世界图书出版公司
印刷工业出版社	金城出版社	文化艺术出版社
现代出版社	经济管理出版社	文物出版社
荣宝斋出版社	经济科学出版社	五洲传播出版社
连环画出版社（副牌）	经济日报出版社	西苑出版社
中国书籍出版社	九州出版社	线装书局
中国盲文出版社	开明出版社	新华出版社
求真出版社（副牌）	科学出版社	新世界出版社
中国ISBN中心	龙门书局（副牌）	新星出版社
商务印书馆国际有限公司	科学技术文献出版社	学习出版社
东方出版中心	科学普及出版社	学苑出版社
国家图书馆出版社	中国科学技术出版社（副牌）	冶金工业出版社
兵器工业出版社	煤炭工业出版社	中国宇航出版社
朝华出版社	民主与建设出版社	语文出版社
大众文艺出版社	民族出版社	原子能出版社
当代世界出版社	企业管理出版社	中共党史出版社
当代中国出版社	气象出版社	中共中央党校出版社
党建读物出版社	群言出版社	中国标准出版社
地震出版社	群众出版社	中国财政经济出版社
地质出版社	人民法院出版社	中国藏学出版社
电子工业出版社	人民交通出版社	中国城市出版社
法律出版社	人民教育出版社	中国大地出版社
方志出版社	人民日报出版社	中国地图出版社
高等教育出版社	人民体育出版社	测绘出版社（副牌）

全国图书出版社名录(续表1)

中央出版社

出版社名称	出版社名称	出版社名称
中华地图学社	中国少年儿童出版社	北京大学医学出版社
中国电力出版社	中国摄影出版社	对外经济贸易大学出版社
中国电影出版社	中国社会出版社	清华大学出版社
中国商务出版社	中国社会科学出版社	外语教学与研究出版社
中国发展出版社	中国时代经济出版社	中国农业大学出版社
中国法制出版社	中国石化出版社	中国人民大学出版社
中国方正出版社	中国水利水电出版社	中国人民公安大学出版社
中国纺织出版社	中国税务出版社	中国政法大学出版社
中国妇女出版社	中国铁道出版社	中央广播电视大学出版社
中国工人出版社	中国统计出版社	中央民族大学出版社
中国广播电视出版社	中国文联出版社	解放军出版社
中国国际广播出版社	中国文史出版社	长虹出版公司(副牌)
中国和平出版社	中国市场出版社	解放军文艺出版社
中国华侨出版社	中国物资出版社	昆仑出版社(副牌)
中国画报出版社	中国戏剧出版社	金盾出版社
中国环境科学出版社	中国协和医科大学出版社	军事科学出版社
中国计划出版社	中国言实出版社	军事医学科学出版社
中国质检出版社	中国医药科技出版社	军事谊文出版社
中国检察出版社	中国友谊出版公司	蓝天出版社
中国建材工业出版社	中国致公出版社	人民军医出版社
中国建筑工业出版社	中国中医药出版社	星球地图出版社
中国金融出版社	中华工商联合出版社	长城出版社
中国经济出版社	中信出版社	长征出版社
中国劳动社会保障出版社	中央编译出版社	国防大学出版社
中国林业出版社	中央文献出版社	国防工业出版社
中国旅游出版社	中医古籍出版社	新时代出版社(副牌)
中国民航出版社	知识产权出版社	海潮出版社
中国民主法制出版社	紫禁城出版社	中国航海图书出版社(副牌)
中国民族摄影艺术出版社	宗教文化出版社	华艺出版社
中国农业出版社	作家出版社	研究出版社
农村读物出版社(副牌)	北京大学出版社	中国海关出版社
中国农业科学技术出版社	中国传媒大学出版社	北京交通大学出版社
中国青年出版社	北京航空航天大学出版社	人民武警出版社
中国轻工业出版社	北京理工大学出版社	中国长安出版社
中国人口出版社	北京师范大学出版社	中央音乐学院出版社
中国人事出版社	北京体育大学出版社	现代教育出版社
中国三峡出版社	北京邮电大学出版社	
中国商业出版社	北京语言大学出版社	

- 267 -

全国图书出版社名录(续表2)

地方出版社

出版社名称	出版社名称	出版社名称
北京	**河北**	辽宁教育出版社
北京出版社	河北人民出版社	辽宁科学技术出版社
北京人民出版社(副牌)	河北教育出版社	辽宁美术出版社
北京教育出版社(副牌)	河北科学技术出版社	辽宁民族出版社
北京美术摄影出版社(副牌)	河北美术出版社	辽宁少年儿童出版社
北京少年儿童出版社(副牌)	河北少年儿童出版社	大连出版社
北京十月文艺出版社(副牌)	花山文艺出版社	沈阳出版社
文津出版社(副牌)	河北大学出版社	大连海事大学出版社
同心出版社	燕山大学出版社(2011年11月成立)	大连理工大学出版社
北京科学技术出版社	**山西**	东北财经大学出版社
北京工艺美术出版社	山西人民出版社	东北大学出版社
北京燕山出版社	书海出版社(副牌)	辽宁大学出版社
北京联合出版公司	北岳文艺出版社	辽宁师范大学出版社
中国书店	三晋出版社	白山出版社
北京工业大学出版社	山西教育出版社	**吉林**
首都经济贸易大学出版社	山西经济出版社	吉林出版集团有限责任公司
首都师范大学出版社	山西科学技术出版社	吉林人民出版社
旅游教育出版社	希望出版社	北方妇女儿童出版社
天津	**内蒙古**	吉林教育出版社
天津人民出版社	内蒙古人民出版社	吉林科学技术出版社
百花文艺出版社	内蒙古科学技术出版社	吉林美术出版社
天津古籍出版社	内蒙古少年儿童出版社	吉林摄影出版社
天津教育出版社	内蒙古文化出版社	吉林文史出版社
新蕾出版社	远方出版社	时代文艺出版社
天津科学技术出版社	内蒙古大学出版社	长春出版社
天津人民美术出版社	内蒙古教育出版社	延边人民出版社
天津社会科学院出版社	**辽宁**	延边教育出版社
天津杨柳青画社	辽宁人民出版社	东北师范大学出版社
天津科技翻译出版公司	春风文艺出版社(副牌)	吉林大学出版社
南开大学出版社	辽海出版社	延边大学出版社
天津大学出版社	万卷出版公司	**黑龙江**

全国图书出版社名录(续表3)

地方出版社

出版社名称	出版社名称	出版社名称
黑龙江人民出版社	学林出版社	南京大学出版社
北方文艺出版社	上海科学技术文献出版社	南京师范大学出版社
黑龙江朝鲜民族出版社	上海科学普及出版社	苏州大学出版社
黑龙江教育出版社	立信会计出版社	中国矿业大学出版社
黑龙江美术出版社	上海财经大学出版社	广陵书社
黑龙江少年儿童出版社	上海社会科学院出版社	**浙江**
哈尔滨出版社	文汇出版社	浙江人民出版社
哈尔滨地图出版社	复旦大学出版社	杭州出版社
黑龙江科学技术出版社	华东理工大学出版社	宁波出版社
东北林业大学出版社	华东师范大学出版社	浙江古籍出版社
黑龙江大学出版社	上海交通大学出版社	浙江教育出版社
哈尔滨工程大学出版社	上海外语教育出版社	浙江科学技术出版社
哈尔滨工业大学出版社	同济大学出版社	浙江人民美术出版社
上海	上海大学出版社	浙江少年儿童出版社
上海人民出版社	上海浦江教育出版社	浙江摄影出版社
上海中西书局	东华大学出版社	浙江文艺出版社
格致出版社	第二军医大学出版社	西泠印社出版社
上海人民美术出版社	上海音乐学院出版社	浙江大学出版社
上海三联书店	中国福利会出版社	中国美术学院出版社
上海辞书出版社	**江苏**	浙江工商大学出版社
上海古籍出版社	江苏人民出版社	**安徽**
上海锦绣文章出版社	凤凰出版社	安徽人民出版社
上海教育出版社	江苏教育出版社	安徽教育出版社
上海科技教育出版社	江苏科学技术出版社	安徽科学技术出版社
上海科学技术出版社	江苏美术出版社	安徽美术出版社
上海书店	江苏少年儿童出版社	安徽少年儿童出版社
上海书画出版社	江苏文艺出版社	安徽文艺出版社
上海文艺出版社	译林出版社	黄山书社
上海文化出版社	南京出版社	安徽大学出版社
上海音乐出版社	古吴轩出版社	中国科学技术大学出版社
上海译文出版社	东南大学出版社	合肥工业大学出版社
上海远东出版社	河海大学出版社	安徽师范大学出版社
少年儿童出版社	江苏大学出版社	**福建**

全国图书出版社名录(续表4)

地方出版社

出版社名称	出版社名称	出版社名称
福建人民出版社	中国海洋大学出版社	湖南人民出版社
鹭江出版社（副牌）	山东大学出版社	湖南地图出版社
福建科学技术出版社	中国石油大学出版社	湖南教育出版社
福建美术出版社	黄河出版社	湖南科学技术出版社
福建少年儿童出版社	**河南**	湖南美术出版社
海峡书局出版社	河南人民出版社	湖南少年儿童出版社
海峡文艺出版社	文心出版社（副牌）	湖南文艺出版社
福建教育出版社	大象出版社	岳麓书社
福建省地图出版社	海燕出版社	湖南大学出版社
厦门大学出版社	河南科学技术出版社	湖南师范大学出版社
海风出版社	河南美术出版社	中南大学出版社
江西	河南文艺出版社	国防科技大学出版社
江西人民出版社	中原农民出版社	湘潭大学出版社
百花洲文艺出版社	中州古籍出版社	**广东**
二十一世纪出版社	河南大学出版社	广东人民出版社
江西教育出版社	郑州大学出版社	广东教育出版社
江西科学技术出版社	黄河水利出版社	广东经济出版社
江西美术出版社	**湖北**	广东科技出版社
江西高校出版社	湖北人民出版社	花城出版社
山东	崇文书局	岭南美术出版社
山东人民出版社	长江文艺出版社	广东新世纪出版社
齐鲁书社	湖北教育出版社	广东高等教育出版社
明天出版社	湖北科学技术出版社	广东旅游出版社
山东画报出版社	湖北美术出版社	广东省地图出版社
山东教育出版社	湖北少年儿童出版社	广州出版社
山东科学技术出版社	武汉出版社	海天出版社
山东美术出版社	中国地质大学出版社	汕头大学出版社
山东文艺出版社	华中科技大学出版社	中山大学出版社
山东友谊出版社	华中师范大学出版社	华南理工大学出版社
泰山出版社	武汉大学出版社	暨南大学出版社
济南出版社	武汉理工大学出版社	羊城晚报出版社
青岛出版社	长江出版社	南方日报出版社
山东省地图出版社	**湖南**	

全国图书出版社名录(续表5)

地方出版社

出版社名称	出版社名称	出版社名称
深圳报业集团出版社	西南财经大学出版社	西北大学出版社
广西	西南交通大学出版社	西北工业大学出版社
广西人民出版社	**贵州**	第四军医大学出版社
漓江出版社	贵州人民出版社	西北农林科技大学出版社
广西教育出版社	贵州教育出版社	**甘肃**
广西科学技术出版社	贵州科学技术出版社	甘肃人民出版社
广西美术出版社	贵州民族出版社	甘肃少年儿童出版社（副牌）
接力出版社	贵州大学出版社	甘肃教育出版社（副牌）
广西民族出版社	**云南**	甘肃科学技术出版社（副牌）
广西师范大学出版社	云南人民出版社	甘肃民族出版社（副牌）
海南	晨光出版社	甘肃人民美术出版社（副牌）
海南出版社	云南教育出版社	敦煌文艺出版社（副牌）
三环出版社（副牌）	云南科学技术出版社	甘肃文化出版社
南方出版社	云南美术出版社	兰州大学出版社
南海出版公司	德宏民族出版社	**青海**
重庆	云南民族出版社	青海人民出版社
重庆出版社	云南大学出版社	青海民族出版社（副牌）
重庆大学出版社	**西藏**	**宁夏**
西南师范大学出版社	西藏人民出版社	宁夏人民出版社
四川	藏文古籍出版社	阳光出版社（副牌）
四川人民出版社	**陕西**	宁夏人民教育出版社（副牌）
巴蜀书社	陕西人民出版社	**新疆**
成都地图出版社	三秦出版社	新疆人民出版社
成都时代出版社	陕西科学技术出版社	喀什维吾尔文出版社
四川辞书出版社	陕西人民教育出版社	新疆人民卫生出版社
四川教育出版社	陕西人民美术出版社	新疆科学技术出版社
四川科学技术出版社	太白文艺出版社	新疆美术摄影出版社
四川美术出版社	未来出版社	克孜勒苏柯尔克孜文出版社
四川民族出版社	西安出版社	新疆教育出版社
四川少年儿童出版社	陕西旅游出版社	新疆青少年出版社
四川文艺出版社	西安地图出版社	伊犁人民出版社
天地出版社	陕西师范大学出版社	新疆大学出版社
电子科技大学出版社	西安电子科技大学出版社	新疆生产建设兵团出版社
四川大学出版社	西安交通大学出版社	

全国音像出版社名录

中央出版社

出版社名称	出版社名称	出版社名称
人民卫生电子音像出版社	中国妇女音像出版社	中央文献音像出版社
地质出版社（国土资源电子音像出版社）	中国对外翻译音像出版公司	中影音像出版发行有限责任公司
北京语言大学出版社有限公司	（中国对外翻译出版公司）	北京中科新世纪音像出版社有限责任公司
生活读书新知三联书店	中国少年儿童音像电子出版社	中纺音像出版社
三辰影库音像出版社有限公司	宗教文化出版社	中经录音录像中心
世图音像电子出版社有限公司	中国广播影视音像出版中心	九洲音像出版公司
北京世界知识音像电子出版社	中国广播音像出版社	五洲传播音像出版社
东方音像电子出版社	中国录音录像出版总社	中国人民大学出版社有限公司
中信出版股份有限公司	中国文采声像出版公司	人民交通音像电子出版社
中华书局有限公司	中国旅游出版社	人民体育音像出版社
中华医学电子音像出版社	中国时代经济音像电子出版社	人民教育电子音像出版社
中国人口出版社	中国检察出版社	人民法院电子音像出版社
中国人民公安大学出版社	中国民族音像出版社	人民邮电出版社
中国传媒大学出版社	《中国汽车报》社	人民音乐电子音像出版社
中国农影音像出版社	中国电力音像电子出版社	农业教育声像出版社
中国劳动社会保障出版社	中国电子音像出版社	北京中电电子出版社
中国华侨出版社	中国盲文出版社有声读物部	北京东方影音公司
中国卫生科教音像出版社	中国科学文化音像出版社有限公司	北京中轻生活音像出版社
中国原子能出版传媒有限公司	中国职工音像出版社	北京交通大学电子音像出版社
中国和平出版社有限责任公司	中国质检出版社（原中国标准出版社）	北京体育大学音像电子出版社
（中国和平音像电子出版社）	中国青少年音像出版社	北京协和医学音像电子出版社
中国国际传播音像出版社	中国青年出版社	北京南海音像出版社
中国国际广播音像出版社	中国青年教育音像出版社	北京国际音像出版社
中国国际电视总公司（节目代理部）	中央广播电视大学音像出版社有限责任公司	北京外语音像出版社
中国大百科全书电子音像出版社	中央教育科学研究所音像出版社	北京大学音像出版社有限公司

全国音像出版单位名录(续表1)

中央出版社

出版社名称	出版社名称	出版社名称
北京天盛科学技术音像出版社	新影音像出版社	中国音乐家音像出版社
北京对外经济贸易大学出版社有限责任公司	红旗音像电子出版社	中国医药科技音像出版社
北京师范大学音像出版社	民族音像出版社	清华同方光盘电子出版社
北京环球音像出版社	中共中央党校求索音像出版社	中国康艺音像出版社
北京科影音像出版社	清华大学出版社有限公司	建设音像出版社
北京科海电子出版社	现代教育出版社	北京伟地电子音像出版社
中航出版传媒有限责任公司	电化教育电子音像出版社有限责任公司	煤炭工业音像出版社
(原北京航宇音像出版社)	北京社科智库电子音像出版社	时代传播音像出版社
北京财经电子音像出版社	科学普及出版社	人民出版社
北京北影录音录像公司	纵横电子音像出版社	中国方正出版社
华信音像出版社	中电报(北京)音像出版社有限公司	中国文联音像出版社
华录出版传媒有限公司	英华电子音像出版社	北京卓众出版有限公司
华盛音像出版社	语文音像出版社	海豚出版社有限责任公司
商务印书馆国际有限公司	金城音像出版社	中国书店
商务印书馆电子音像出版中心	金报电子音像出版中心	中国石化出版社有限公司
国家行政学院音像出版社	隆兴音像出版社	**总政**
国际文化交流音像出版社	中国唱片总公司	中国华艺音像实业有限公司
外文出版社有限责任公司	高等教育电子音像出版社有限公司	武警音像出版社
奔流电子音像出版社	法制音像出版社	解放军卫生音像出版社
中国建筑工业出版社	先行音像出版社	解放军外语音像出版社
开明文教音像出版社	中国金融出版社	解放军音像出版社
当代中国音像出版社	学习出版社	金盾音像出版社
文物出版社	北京理工大学出版社	国防工业音像出版社
新世界出版社有限责任公司音像部	大恒电子音像出版社	南海潮音像出版社
新华音像中心	中国电影音像出版社	中国三环音像社

全国音像出版单位名录(续表2)

地方出版社

出版社名称	出版社名称	出版社名称
北京	**内蒙古**	黑龙江文化电子音像出版社
北京市青少年音像出版社有限责任公司	内蒙古文化音像出版社	黑龙江省教育音像出版社
北京文化艺术音像出版有限责任公司	**辽宁**	黑龙江省教育音像出版社
北京电子音像出版社	东北大学音像出版社	**上海**
北京电影学院音像出版社	半岛音像出版社	上海中医药大学音像出版社
北京联合出版有限责任公司	大连理工大学电子音像出版社	上海同济大学电子音像出版社有限公司
北京音像公司	大连音像出版社有限公司	上海城市动漫出版传媒有限公司
北京高教电子音像出版社有限责任公司	实用医学音像出版社	上海声像出版社有限公司
北京旅游教育出版社有限责任公司	沈阳电子出版社	上海外语音像出版社有限公司
北京电视艺术中心音像出版社有限公司	辽宁广播电视音像出版社	上海尚世影业有限公司
北京科学技术出版社有限公司	辽宁教育出版社	上海世纪出版股份有限公司教育声像出版社
天津	辽宁教育电子音像出版社	上海教育音像出版社有限责任公司
天津北洋音像出版社有限公司	辽宁文化艺术音像出版社	上海文艺音像电子出版社有限公司
南开大学出版社电子音像部	辽宁科学技术出版社有限责任公司	上海海文音像出版社
天大电子出版社	辽宁辽沈音像出版社	上海世纪出版股份有限公司科技音像出版社(上海科技音像出版社)
天津外语电子音像出版社有限责任公司	辽宁音像出版社有限责任公司	上海电影音像出版社
天津市文化艺术音像出版社有限公司	**吉林**	上海科学技术文献出版社有限公司
天津音像公司	长春音像电子出版社	上海世纪出版股份有限公司译文电子音像出版社
新蕾音像出版社	吉林音像出版社	上海音像出版社有限公司
河北	东北师范大学音像出版社	上海音像有限公司
方圆电子音像出版社有限责任公司	吉林大学音像出版社	上海高教电子音像出版社有限公司
河北教育音像出版社有限责任公司	吉林教育音像出版社	东方出版中心
河北文化音像出版社	吉林民族音像出版社	中国唱片上海公司
河北百灵音像出版社	吉林文化音像出版社	华东师范大学电子音像出版社有限公司
河北音像出版社	吉林银声音像出版社有限公司	华东理工大学电子音像出版社
山西	**黑龙江**	上海复旦大学电子音像出版社有限公司
山西教育音像出版社有限责任公司	哈尔滨工业大学音像教材出版社	上海世纪出版股份有限公司少年儿童电子音像出版社
山西广电音像出版有限责任公司	哈尔滨商业大学音像教材出版社	浦东电子出版社
山西春秋电子音像出版社	黑龙江广播电视音像出版社	上海交通大学电子音像出版社有限公司

全国音像出版单位名录(续表3)

地方出版社

出版社名称	出版社名称	出版社名称
上海科学普及出版社	福建教育音像出版社有限责任公司	湖北
上海音乐学院出版社	福建省文艺音像出版社有限责任公司	宜昌三峡电子音像出版社有限责任公司
江苏	福建电子音像出版社有限责任公司	华中科技大学电子音像出版社
东南大学电子音像出版社	江西	湖北省扬子江影音有限责任公司
南京音像出版社	二十一世纪音像电子出版社	武汉大学音像出版社
南京大学电子音像出版社	江西教育音像电子出版社	武汉影视艺术传媒有限公司
苏州江南电子音像出版社	江西音像出版社	湖北音像艺术出版社
江苏凤凰电子音像出版社有限公司	江西高校出版社	湖北九通电子音像出版社有限公司
江苏文化音像出版社	红星电子音像出版社有限责任公司	湖南
江苏音像出版社	山东	中南大学音像出版社
浙江	大众音像出版社	湖南国风电子音像出版社有限公司
浙江音像出版社有限公司	黄海数字出版社	湖南大学出版社
浙江文艺音像出版社有限公司	明天出版社有限公司	湖南少年儿童音像出版社有限责任公司
浙江电子音像出版社有限公司	齐鲁电子音像出版社	湖南师范大学出版社
浙江大学电子音像出版社	青岛电子音像出版社	湖南教育音像电子出版社
杭州汉书数字出版传播有限公司	山东电子音像出版社有限公司	湖南文化音像出版社
宁波东海岸电子音像出版社	山东教育电子音像出版社	湖南电子音像出版社有限公司
嘉兴吴越电子音像出版有限公司	山东科学技术出版社有限公司	湖南科学技术电子音像出版社有限公司
安徽	山东商报电子音像出版社	湖南美术电子音像出版社有限公司
时代新媒体出版社有限责任公司	山东文化音像出版社	潇湘电影制片厂音像出版社
安徽音像出版社	中国石油大学音像电子出版社有限公司	湖南金蜂音像出版社
安徽教育电子音像出版社	山东农业大学电子音像出版社	广东
安徽新华音像出版社	山东大学音像出版社有限公司	中国唱片广州公司
中国科学技术大学音像出版社	河南	中国唱片深圳公司
安徽科技音像有限公司	河南教育电子音像出版社有限责任公司	中山大学音像出版社
合肥工业大学出版社有限责任公司	河南电子音像出版社有限公司	华南理工大学出版社有限公司
福建	河南省文化艺术音像出版有限责任公司	太平洋影音公司
厦门音像出版有限公司	黄河音像出版社	广东嘉应音像出版有限公司
海峡世纪(福建)影视文化有限公司	河南科学技术出版社有限公司	广东大音音像出版社

全国音像出版单位名录(续表4)

地方出版社

出版社名称	出版社名称	出版社名称
广东岭南美术出版社有限责任公司	西南师范大学电子音像出版社	**陕西**
广东惠州音像出版社	重庆音像出版社有限责任公司	陕西师范大学出版总社有限公司
广东新世纪音像电子出版社有限公司	重庆电子音像出版社有限公司	陕西文化音像出版社
广东珠江音像出版社	**四川**	西安外语音像教材出版社有限公司
广东语言音像电子出版社有限公司	四川党建音像出版社	西安出版社有限责任公司
广东音像出版社有限公司	华科音像出版社	西北工业大学音像电子出版社
广东音像教材出版社有限公司	四川大学出版社有限责任公司	西安电影制片厂录音录像出版社
广州出版社有限公司	四川文艺音像出版社	陕西电子音像出版社
广州外语音像出版社有限公司	四川音像出版社	陕西音像出版社
深圳市书城电子出版物有限责任公司	峨眉电影制片厂音像出版社	西安交通大学音像出版社有限公司
深圳市激光节目出版发行公司	成都音像出版社有限公司	**甘肃**
深圳音像公司	四川省教育电子音像出版社	甘肃省音像出版社有限公司
珠江电影制片公司白天鹅音像出版社	四川数字出版传媒有限公司	飞天电子音像出版社
珠海特区音像出版社	成都西南交大出版社有限公司	甘肃省声像教材出版社有限责任公司
珠海百年电子音像出版社	**贵州**	**青海**
广东海燕电子音像出版社有限公司	贵州文化音像出版社	青海昆仑音像出版社
广东教育出版社有限公司	贵州省东方音像出版社有限公司	西海民族音像出版社
广西	**云南**	**宁夏**
广西工学院音像电子出版社有限责任公司	云南科技出版社有限责任公司	宁夏黄河电子音像出版社
接力音像电子出版社	云南人民电子音像出版社	**新疆**
广西音像教材出版社有限公司	云南教育音像电子出版社有限公司	新疆电子音像出版社
广西金海湾电子音像出版社有限公司	晨光音像电子出版社	新疆音像出版社
海南	云南民族文化音像出版社有限公司	
南方音像出版社	云南音像出版社	
海南省电子音像出版社	云南大学电子音像出版社	
重庆	德宏民族出版社	
天健电子音像出版社(重庆天健电子音像出版有限公司)	**西藏**	
重庆大学电子音像出版社有限公司	西藏音像出版社	
重庆中电电子音像出版有限责任公司	雪域音像电子出版社	

图书在版编目（CIP）数据

中国新闻出版统计资料汇编. 2013／国家新闻出版广电总局规划发展司编. —北京：中国书籍出版社，2013.8
ISBN 978-7-5068-3697-5

Ⅰ. ①中… Ⅱ. ①国… Ⅲ. ①出版社—出版物—统计资料—汇编—中国—2013 Ⅳ. ①G239.21

中国版本图书馆 CIP 数据核字（2013）第 198115 号

2013 中国新闻出版统计资料汇编
国家新闻出版广电总局规划发展司　编

责任编辑	庞　元
责任印制	孙马飞　张智勇
封面设计	嘉玮伟业
出版发行	中国书籍出版社
地　　址	北京市丰台区三路居路 97 号（邮编：100073）
电　　话	（010）52257143（总编室）　　（010）52257153（发行部）
电子邮箱	yywhbjb@126.com
经　　销	全国新华书店
印　　刷	河北高碑店鑫宏源印刷有限公司
开　　本	787 毫米×1092 毫米　1/16
字　　数	330
印　　张	17.75
版　　次	2013 年 9 月第 1 版　2013 年 9 月第 1 次印刷
书　　号	ISBN 978-7-5068-3697-5
定　　价	105.00 元

版权所有　翻印必究